U0007299

交易者的超級心流訓練

華爾街頂尖作手的御用心理師，
教你在躺椅上重建贏家心態，
直線提升投資績效！

Brett N. Steenbarger

著——布瑞特・史丁巴格

譯——林奕伶

Contents 目錄

- 行為治療的第一步：放鬆訓練
- 行為治療的第二步：找出觸發因素
- 行為治療的第三步：從意識層面處理觸發因素
- 暴露治療：加強意識的作用
- 暴露治療的第一步：產生「尤達狀態」
- 暴露治療的第二步：在「尤達狀態」中漸進暴露
- 適當的訓練是最好的治療

序言

揭開高績效者的
心智發展地圖

困難愈大，克服困難的榮耀就愈大。技術高明的舵手是從狂風暴雨中贏得聲譽的。

——愛比克泰德（Epictetus），古羅馬哲學家

這是一本從狂風暴雨中錘煉出來的書。大約在《從躺椅上操作：交易心理學》出版一年後，我離開了受到重重保護的學術醫界，前往芝加哥在競爭激烈的自營交易世界拼搏。過去在雪城辦公室那種井然有序的心理治療時程從此不復出現。如今我的一天從清晨4:05分開始，一直進行到晚間：持續不斷地追蹤海外市場、更新研究、通勤入城，在交易員做交易的期間從一個辦公室移動到另一個辦公室幫助他們，然後回家準備迎接下一個交易時段。如果說《從躺椅上操作》是我在象牙塔裡的見解、整合學術心理學和實際交易操作的心得，那麼你手上的這本書就是我「身在戰壕中」的觀點。而這個視野實在令人歎為觀止……

從交易心理學到交易者績效的曲折道路

　　自從2002年底，我坐在魏格曼（Wegman）食品超市的美食區一邊啜飲著咖啡，一邊在筆記型電腦上敲敲打打完成這本書以來，發生了太多事。現在我電子郵件收件匣的信比當時滿了許多，在我寫作的此刻達到432封；我遇到的交易者，幾乎來自所有你想像得到的背景和市場。我的個人網站和研究部落格每週有數千次點閱，而且有驚人的數量是來自歐洲、亞洲與環太平洋地區。每一天我都聽到全世界交易者的希望、夢想、挫折及困難。在這樣的戰壕中工作是莫大的榮耀，也是挑戰。

　　不過，無論什麼都無法讓我做好充分準備，迎接在芝加哥金斯崔（Kingstree）[1]交易公司直接暴露在前線的壓力。我不再只是跟交易員討論交易；如今我就**身在**交易之中，做最即時的第一手交易。手上有1,000口合約的交易員陷入不利的市場波動，討論交易員「應該怎麼辦」是一回事；當那1,000口合約每跳動1點就要虧損1萬2,500美元，與之合作就是另外一回事了。日復一日站在那樣的前線，就會對交易和交易員有更深刻的認識，同時也會對自己有更深刻的了解。

　　本書就是在反思這些我學習到的心得。

　　每一本有價值的書就像一首交響樂：用一個主題串連起一

1　作者所隸屬的交易自營機構。

個整體，探索並發展這個主題。我身為作家的重大樂趣之一，就是《從躺椅上操作》這本書至今依然如最初出版時暢銷。我認為這是因為那本書的中心主題——交易員面對的情緒問題，也是我們處理生活中的風險與不確定性因素時，需要面對的問題——它獨一無二又充滿力量，超越一般說起「交易心理學」就會聯想到的過分簡單之建議。

　　因此，在出現同樣大有可為的主題之前，我並沒有打算再寫書。對我們這些專心寫作的人來說，一本書是珍貴的寶貝，是我們和那些「永遠遇不到的人」溝通的機會。等我們離開人世，幾乎不會留下什麼永垂不朽的東西，只不過，比起財富或家族後代，書籍更有可能延續得更久，讓至今尚未出生的人都能知曉。如果你是作者，必然不會想浪費那樣的機會：你會希望把這件事做好。

　　然而，寫一本書就像重新經歷一段人生，必須先從腦海裡條理分明的一套計畫開始，事後回顧這段歷程時，往往會好奇自己是怎麼走到這個地步的。大自然中鮮少會出現直線，包括葉片的邊緣、雲朵的輪廓、山丘、平原等，大自然的線條通常凹凸不平、崎嶇曲折；也許不整齊分明，但這就是「真實」——真實得像經歷過的人生，真實得像從作者手中流瀉而出的字句。我們對書籍抱持的最大期望，也跟人生一樣，就是忠實面對自己的中心思想，誠實遵循它們的彎曲轉折。

　　這本書的路徑確實有許多彎曲轉折，但主題始終如一：**交**

易是一種績效表現的專業領域，而交易績效是可以培養的，同樣的訓練活動也能在體育競技、西洋棋或表演藝術等各種不同領域產生專業技能。這個主題引導我去徹底搜尋有關績效的研究；仔細檢視運動員、軍事菁英部隊與醫療專業人士的訓練方案，特別是研究那些曾與我共事過的交易員，他們全都在想方設法找出交易永久成功的要素。

如果要用一句話總結這場探索的成果，我的結論大概是：**交易績效與其說是交易者學到的心得所致，倒不如說是他們的學習方法所造成的結果。**專業技能是一段流程的結果，這段流程有清楚可辨認的特徵，而且對交易者的發展有重要影響。我們看到這個流程在奧運運動員身上發揮作用，也曾在世界級的製造業工廠及教育方案中親眼見證。學習的「心得內容」一直在改變：物理學家必須跟上最新的研究；交易者每隔幾年就要面對不同的市場境況。不過，培養專業技能的「方法」卻是恆常不變的。在古希臘創造典範楷模的流程，如今也出現在以「結果」為重的所有領域。

這段曲折的績效研究和與交易員的日常合作，帶給我最大的衝擊或許是體認到：**影響交易者的情緒問題，有很大一部分是源自於偏離健全訓練的原則。**交易者若是沒有找到符合他們天賦和個人性格的市場和交易風格，若是沒有按部就班的做「將天賦轉換成能力」的訓練，若是急切想要快速獲利而違背了謹慎的風險管理，就會製造不必要的挫折，甚至是創傷。

那些與我共事的交易員，他們從未接受過系統化的心理訓練流程，並從這樣的學習當中建立能力與信心，當然也就沒有充分的裝備能適應變化無常的市場情況。這一點無疑是在「交易」這個激烈競爭的世界中，最令我大開眼界的經驗：現在交易成功，鮮少能保證未來也能成功。市場情況及那些我們在市場發現的優勢瞬息萬變，以致於沒有人能保證會一直成功。交易世界中的**贏家**，不但要受過訓練，更要長期保持強化學習的流程。所以說，這本書不光是給那些追求成功的交易者看的，還是寫給那些尋求「重塑自己」的交易者看的。

書中的內容汲取自研究人員和從業人員的真知灼見，他們對專業技能的培養比我浸淫得更久，我希望能幫交易者思考、以及重新思考，在這個回報最大、也最有挑戰性的競技場上，達成菁英表現需要哪些要素？交易世界中給你帶來成功的大多取決於你學到了**什麼**，例如：圖表型態、指數判讀、軟體顯示，以及自助技巧等。但是**如何**得到專業技能，卻極少有可依循的指引。我最深刻的期望就是本書能成為一個可依循的指引，不單是能應用在交易方面，還可用在生活中所有重視績效表現的領域。

展望未來

交易者的未來正在快速變化。程式自動化交易、套利、全

球化等問題方興未艾，它們創造出新的機會領域，卻也榨乾了其他領域的機會。光是知道要在什麼時候交易、要如何交易已經不夠：要交易**什麼**──去哪裡發現最大的機會──同樣重要。畢竟就算是最好的漁夫，如果是在沒有魚的池塘拋出釣魚線，還是會空手而歸。

在我寫作之際，許多交易者正空手而歸。老舊的交易方式，即堅守密集的股價指數和動量、趨勢交易型態等，這些都已不再奏效。不久前，我在「交易市場」（Trading Markets）網站寫了一篇文章，追蹤過去四十年來S&P 500指數2日趨勢期的比例，得出的圖表為穩定向下傾斜。不過，許多個股，尤其是程式交易和套利所用的一籃子股票一般不會納入的個股，卻出現了向上走勢，與那些精選的另類交易工具無異。未來的績效表現可能需要在媒合交易風格與市場上多點創意。我個人的研究與交易已經朝此方向轉變，也邀請大家透過這個網站保持聯繫，一起來追求第一。

我希望這本書不但能幫助散戶交易者，也能促進交易行業的內部發展。大部分的交易教育結構，迄今仍是以提供內容為主，包括：研討會、文章及資訊等，但我相信這個結構漸漸會朝向「持續訓練」發展，並將交易變成一個專門學科。我們已經在軟體領域看到這種發展的開端──只不過是幾年前，市場分析、圖表、選股、執行買賣單還是分別使用不同的應用程式，但如今我們看到有供應商將這些功能打包整合成單一應用程

式，把從交易構想發展到交易管理的整個流程加以精簡。不久前，我在芝加哥一家星巴克和CQG公司的喬‧寇南（Joe Kohnen）一起喝咖啡，檢視他的公司採取的路線：市場深度、圖表、分析與買賣單執行等，如今都放在單一頁面上，買賣單輸入就像是在圖表的柱狀上鬆開滑鼠那麼簡單。很快地，這些執行效能將成為所有電子交易者的常態。

我相信在這些發展中，最偉大的將是透過現實模擬、以詳細績效指標追蹤績效表現、根據過往市場數據檔案重演市況和重新交易等，進行密集練習，達到教育和訓練的整合。我們還將看到教育及訓練整合到即時訂單執行平台，如此一來，每一個可信賴的平台也都是精密成熟的交易者發展工具。

交易的歷史也是一種民主化的歷史。過去機構法人才能接觸到的東西，最終也會成為投資大眾觸手可得的東西，包括：取得資訊和研究、電子媒介提供的公平賽場和交易費用調降，以及即時監看多項市場事件和執行複雜的交易策略等。我無比確信這個趨勢將會持續不斷。目前只有幾家專業的公司有資源聘用內部的交易心理學家和輔導員，但是再過不久，那些多功能交易平台將會透過視訊會議，把菁英訓練帶給交易大眾，發揮即時教育和輔導的作用。如果本書能成為小小的催化劑，促成這樣的發展，我將心滿意足也深感榮幸。

不過，最重要的是關注你的未來。如果你的志向是培養交易專業技能，那麼有適當的流程引導你發展嗎？你知道要達到

長期成功需要什麼技能嗎？你就像有希望獲得奧運獎牌的選手，介於你和奪牌機會之間的就是訓練：**將天賦化為技能，並將技能化為績效表現**。如果你看出了我的言外之意，就會知道這是一本關於「交易者培養成長」的書，但也和任何領域達成績效目標的成長培養息息相關。你也許會選擇交易者這條路，也可能不會，但我希望你能找到自己的路，也就是最有可能發展成「高績效者」的奮鬥領域。在精通掌握績效表現的過程中，我們必須掌握自己，同時變得比自己更強大。還有什麼比這個更偉大的使命呢？

布瑞特・史丁巴格博士
寫於伊利諾州內珀維爾

作者的提醒

和我的前一本書《從躺椅上操作》一樣，本書會提出許多真實案例，大部分的案例都是綜合我實際共事過的交易員和交易情境而成，但是將能夠辨認身分的細節加以修飾，以確保其身分保密。這些綜合案例只會以虛構的名字顯示。而提到我曾經合作過的專業交易員時，則會以真實姓名顯示，當然，這是徵求當事人同意的。為了確保訊息準確無誤，本書提到相關交易員的內容都會請他們審查，並按照他們的想法修改，取得他們對最終定稿的核可。值得讚揚的是，沒有一位交易員企圖粉飾文中跟他們有關的描述。你看到的就是他們拿到的文本。

最後是免責聲明：我在本書提到的商業產品及服務，都是我覺得有用的績效輔助工具，但這些內容都不是清單中的公司或個人向我懇求索要的，在我提及的公司或個人中，我也沒有持有任何商業利益或接受報酬。

第一章

專業技能的起點

尋找績效表現的利基

我深信要從高標準開始,而且要提高標準。只有將自己推向最高水準,才會有所進步。

——丹·蓋博(Dan Gable),職業摔角手

他在高二那一年被球隊裁退,爭取大學獎學金的希望隨即變得渺茫。胸懷大志的運動員會接受打擊,加入地方聯賽或校內代表隊,延續自己的運動生涯。然而,麥可·喬丹(Michael Jordan)卻和大多數的年輕運動員不一樣。被球隊裁退後,他的回應是「日復一日的練習」。覺得累到無以為繼時,他就強迫自己回想被球隊裁退的情景,逼迫自己更努力。

兩年後,喬丹奪下麥當勞高中全明星賽冠軍,而且還是該場比賽的最有價值球員(MVP)。隔年,他為北卡羅來納大學

在NCAA決賽投出致勝一球。等到他在NBA的生涯結束，喬丹共投出驚人的二十五次致勝球，但或許沒有一次致勝球，比1998年6月14日，對上猶他爵士隊的那次跳投更令人難忘了。在比賽還剩5.2秒，全場沒有人想到會有人投中那逆轉比分的一球時，他為芝加哥公牛隊奪得他的第六座總冠軍。

喬丹的表現是頂級菁英，也是我們在本書中將會遇到的眾多菁英之一。然而麥可‧喬丹並非一直都是麥可‧喬丹。從被淘汰的高中生崛起成為大學明星，很有戲劇性但並不算是極度出色。他在大學期間的每場比賽，平均得分從未超過二十分，1984年的NBA選秀，他在第三輪才被選進──所有跡象都指向他有明星的潛力，但不是「超級巨星」。不過，喬登和其他少數運動員，如今都是巍然矗立的專家級表現象徵。

促成這種專家級表現的原因是什麼呢？他們和表現一般的人有什麼差別？專業技能是源自於與生俱來的自有天賦？還是可以靠後天培養？還有最重要的是，研究其他領域的專家級表現，可以學到什麼樣的交易專業技能？我們將在本書找出西洋棋專家、奧運選手、世界級表演藝術家，以及成功交易員獲得成功的共同因素。這些因素的關鍵之一，就是找到自己的「績效表現利基」：**最有可能充分利用天賦與興趣的具體活動**。麥可‧喬丹的利基在籃球，他在棒球沒有找到利基；丹‧蓋博的運動生涯是從平凡的游泳選手開始，後來發現他有世界級摔角選手的天分，又再發現他有摔角教練的資質──能否找到交易

利基的差別，在於你是否能走向名人堂等級的交易生涯，還是永遠無法達到巔峰而心灰意冷。遺憾的是，大多數交易者都是偶然與他們的市場和交易風格相遇，從來沒有找到他們真正的機遇所在。

兩個交易員的故事

艾爾和米克是一家專業交易公司的短線交易員。兩人都在交易迷你S&P 500指數期貨合約（以下稱E-Mini S&P 500），他們也都容許我在市場開盤期間，隨意地站在他們的螢幕旁，讓我協助他們進行交易。

這一天我先觀察艾爾。一大早在企圖反彈失敗後，市場在狹幅區間震盪。前一天的平均價格比當前的市場水準低了約3點，而我有強烈的感覺（根據我的歷史研究），我們會跳出那個平均價。艾爾、米克，以及其他幾位交易員在開盤前和我開過會，我們討論利用市場可能觸及該水準的可能性，將之當成可能的交易構想。不過，艾爾偏向多方。我則心存懷疑，但決定不堅持己見。

隨著行情走低，艾爾的部位出現赤字，他搖頭承認自己的錯誤。然而沒過多久，他就停損部位，轉為做空；在市場再次反轉而對他不利之前，還可以撿到幾個點位。一整個早上市場都溫和的起伏，維持向下的趨勢。艾爾很有耐心，但這天並沒

有賺到太多錢。他在午餐時休息了一會兒，跟我說希望下午的交易能好轉。一整個上午他都保持平靜沉著，在艱困的交易中堅持不退。他展現出樂觀精神，表示他在午餐休息後，又讓腦袋清醒了，這有助於集中精神，好好把握下午的機會。他從未失去鎮定、冷靜或積極的態度。

不過，米克那裡的情況卻完全不同。米克也賭市場會上漲，卻發現他的部位資不抵債。憤怒之下，他抱著部位直到過了停損點仍不放手，眼睜睜看著損失擴大。我勸告米克，「如果早上的損失還算小，下午仍有機會彌補。」他最後出脫部位離場，但中午拒絕休息。他檢查自早盤起的每一筆市場數據，重播拙劣的決策；他在座位上一直坐立不安，用力捶著桌子，提高音量或是用其他方式表達挫折。在用錄像回顧上午的交易時，他的情緒尤其焦躁激動。「我不敢相信自己這麼蠢，」他火冒三丈。接著又告訴我，他本該從行情中看到五件事，判斷市場要走低。總之，他幾乎是大聲叫嚷著下午要專心關注那五件事。

艾爾和米克：兩個迥然不同的交易者。其中一人那天下午賺到了將近六位數；另一個一整天下來勉強達到不賺不賠。

一個是專業交易者，另一個在苦苦掙扎。

艾爾保持心平氣和，遭受挫折之後會離開螢幕一段時間。他嚴謹認真地進行停損，沒有因為損失而生氣。他始終表現出對自己的發展心存樂觀，以及對交易的熱愛。

　　米克卻一點也不心平氣和，幾乎把虧損當成個人的奇恥大辱。他不時違反危機管理準則，直到所有錯誤都重蹈覆轍、又對每一次錯誤大為光火了，這才退出市場。這個時候，他說起市場與自己都是一樣的奚落嘲諷。

　　你讀過的交易心理學書籍大多會認為交易優勢在艾爾這一邊，這個人是比較遵守紀律、比較不情緒化的執行者。但是身為新手的艾爾，交易卻不曾取得成功。米克反而一直都是績效達到數百萬美元的人。和許許多多的米克及艾爾共事的經驗，以及一次又一次看到有關交易成功的常見觀點被駁倒，讓我相信自己應該要寫這本書。

專業技能的基石

　　毫無疑問，米克的身上有一點麥可・喬丹年輕時的樣子。他不輕易接受挫敗，而且會「利用虧損驅使自己前進」。我們知道這是菁英表現者的特徵，但還有更基礎的東西區分出米克和艾爾的不同。事實上，因為太過基礎，以致於或許稱得上績效領域最有創造力的研究者安德斯・艾瑞克森（K. Anders Ericsson）都認為那是專業技能的基石。

　　把艾爾與米克的差別，當成一年大約二百五十個交易日、每天發生的事。艾爾和米克的交易頻率夠高，所以每天的交易有贏有輸。艾爾將虧損拋到腦後，讓腦袋清醒，專注在接下來

的交易。米克牢騷滿腹又怒氣衝天，但他會利用虧損來檢討自己的交易，了解市場（以及自己的錯誤）後，再把錢贏回來。

　　在一年的時間裡，米克藉由檢討，不用多費力就有比艾爾多一倍的市場行為經驗。此外，米克也系統性地檢討自己的績效表現，並且不時做調整。而艾爾雖然比較放鬆，卻沒有多少探查及糾正錯誤的基礎；米克雖然情緒化，卻成了一部「學習機器」，利用虧損改進交易。艾瑞克森稱此為「**刻意練習**」（deliberative practice），是專家級表現者的標誌。透過引導式練習，專家願意接受回饋意見而成為更優秀的決策者。

　　我們經常聽到「熟能生巧」這句話，但運動界的績效專家強調的是「**造就完美的完善練習**」。練習時間如何安排，造就了一個有十年經驗的執行者，和一個僅有一年經驗卻重複十次的執行者之分別。

　　所有表現者都面臨先有雞還是先有蛋的兩難：他們需要信心和動機才能贏，但是又需要贏才能發展出這種「贏」的心態。**這就是預演排練如此重要的原因：預演排練讓人可以重複熟練精通的經驗，提供正式競賽與績效表現需要的情緒燃料**。米克不肯休息，直到檢討過每一個錯誤並了解自己哪裡做錯為止。艾爾則更關心要保持頭腦冷靜。等到午盤開始，艾爾感覺到平靜，米克則感覺到自信。米克已經弄清楚情況且瞭若指掌。此外，他還知道自己只要檢討的時間足夠，就能把市場摸索清楚。他的情緒化在許多人看來是交易的負擔，但卻是競賽者的

長處。文斯・隆巴迪（Vince Lombardi）[1] 曾經評論說，好的失敗者常常失敗。米克和艾爾也是一樣。

心智訓練　　Tips

能力先於信心：贏的心態源自於熟練精通，而非熟練精通來自贏的心態。

　　丹・蓋博就不是一個好的失敗者。他也知道「練習」是專業技能的基礎。在精疲力盡的漫長練習之後，他會命令摔角選手進行「背兄弟」（buddy carries）的活動，就是背著其他選手走上體育館的台階。作家諾蘭・薩沃拉爾（Nolan Zavoral）談到蓋博教練對摔角選手的驚人訓練，「他要選手們騎上健身腳踏車，卻在腳踏車的塑膠傳動裝置下鋪了好幾層汗巾；直到傳動裝置拿開，汗巾都能倒出成桶的水。」摔角選手渾身上下都叫囂著想下車喝口水，但他們堅持下來了。等到了比賽現場，他們已經遭遇過所有想像得到的生理挑戰。他們筋疲力竭地戰到了第三節，依然可以在勢均力敵的對陣中傾盡全力，因為他們早已在日復一日的練習中熟練掌握類似的身體逆境。

　　練習是專業技能的基礎，因為練習能成倍增加經驗。練習給我們的經驗遠比正式演出或競賽得到的多。蓋博的摔角選手

1　NFL國家美式足球聯盟總教練，被譽為是美國運動史上最偉大的領導者之一。

拜嚴格刻苦的練習之賜，執行閃避動作的次數比競爭對手高出許多。米克在虧損時一次又一次地回顧市場；但艾爾沒有。猜猜下次出現同樣令人洩氣的行情，是誰早有準備且滿懷自信呢？

我們在本書會看到專業交易者之一的史考特・帕希尼（Scott Pulcini），他在芝加哥的自營交易公司金斯崔從事 E-mini S&P 500 的交易。我在加入金斯崔擔任交易員發展主任時認識史考特，從此有幸加入他的專業發展團隊。史考特最初給我的印象，並不是他在我加入的前一年賺了 1,000 萬美元，而是他每一天都會坐在螢幕前緊盯委託簿的每一筆進出單，直到市場收盤為止。請注意：我並不是說他緊盯每一次價格跳動，這一點自然不用說。他追蹤的是成交的每一筆買賣單，以及沒有成交的買賣單。天天如此。而且在市場變化時，他會用錄像回顧當天的交易，追蹤市場的變化。

比起史考特相對較少的交易年資，他等於看過了多少年的市場數據？而當交易員情緒爆發、離開螢幕或休假期間，又等於失去了多少年的經驗？

我剛到金斯崔時，對公司的遊戲室和存糧充足的廚房印象深刻。而在這些地方流連的人，以及不在這些地方出沒的人，也都令我印象深刻。

漸漸地，我恍然大悟：我從未看過那些真正優秀的交易員在外閒晃。他們永遠都在螢幕前面。他們是米克，不是艾爾。

學習循環：驅動績效表現的引擎

我們注意到「刻意練習」的第一個重點，就是它永遠發生在正式競賽或表演以外的地方。想想籃球隊或劇團的練習。練習的目標是排練在比賽哨音響起、或簾幕升起時要用到的技能。表現者收到練習活動的回饋意見，就能在實際表現之前做出適當的調整。

相對孤獨的表現活動，比如西洋棋，表現者是靠自己獲得回饋意見。他們記錄自己下的棋步，然後復盤比賽，觀察不同的走法最後會有什麼結果。他們還花費無數時間研究西洋棋大師的比賽。在這樣的研究中，他們不只是研究棋譜走法，還要自己實際重演比賽，以便預判專家的走法。學生的走法如果和專家的走法不同，學生可以順著專家的思路推論，了解那樣走為什麼更好。

大部分的團隊表現活動有賴教練或指導員安排發展流程。籃球教練觀看球隊的練習並不時打斷，以修正球員的動作或是協調團隊合作。同樣的，導演會聽演員讀劇本，並在聲調或動作沒有捕捉到編劇的意思時打斷。立即而準確的回饋意見，是學習過程的要點。

刻意練習的基本要素就是我說的**學習循環**（learning loop）。學習循環是一種嘗試性表現，之後會針對表現的成敗提出具體的回饋意見，然後才是吸收回饋意見、重新嘗試（請

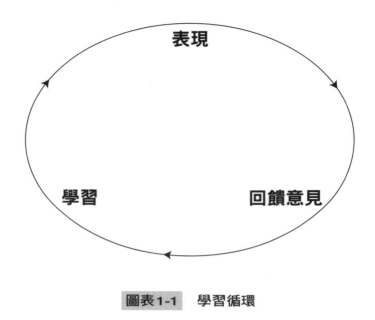

圖表 1-1　學習循環

見圖表 1-1）。米克利用自己虧損的買賣單檢討做過的交易，找出自己哪裡做錯了，在重回螢幕之前做出調整，這就建立了一個學習循環。西洋棋冠軍每次在練習賽中犯錯，並強迫自己以其他攻擊路線重演比賽，也是進入學習循環。在團隊練習中，籃球、足球、摔角、游泳教練為運動員開啟學習循環。軍隊中的基礎訓練在很大程度上，也是一連串由指揮官的回饋意見激發的學習循環。

　　溫蒂・韋倫（Wendy Whelan）是紐約市芭蕾舞團的舞者，咸認是美國最優秀的舞者。奇普・布朗（Chip Brown）在《紐

約時報雜誌》（*New York Times Magazine*）一篇趣味盎然的文章中描述，韋倫如此形容她從一個有脊椎側彎的舞蹈學生到躋身世界頂尖菁英的過程：「如果我不確定自己表現出來的形象，或者當我需要學習新舞步，我會去看錄影帶。跳舞時，我看不到自己的表現，只能感覺到⋯⋯」這和積極交易頗為相似：當我們沉浸在市場之中，看不到自己在做什麼；我們感覺到市場動態，但是看不到自己。芭蕾舞者會刻意地踏出步伐，站到自己之外的地方，觀察自己的表現，糾正錯誤，啟動學習過程。想想諾蘭・萊恩（Nolan Ryan）[2] 觀看打擊者的錄像，找出誰會追打高角度速球、誰會被曲球壓制；想想認真的舉重選手，問問自己他們為什麼總是在有鏡子的房間中做訓練？

　　答案再明白不過。我們觀察那些發生在教室、演奏廳、體育館裡的學習循環。只要是專業技能，就能找到透過刻意練習學習的證據。

　　那麼，為什麼在交易者之中鮮少看到這樣的練習呢？

讓交易者避開「學習循環」的原因

　　再回到運動史上最優秀的競賽者之一，丹・蓋博。說他是專家級表現者顯然太保守了。還是高中摔角選手的他，三度贏

2　MLB美國職棒大聯盟的投手，曾八度入選明星賽，保有多項聯盟紀錄。

得州冠軍，連續六十四場比賽不敗；在愛荷華州立大學連續贏得一百一十七場比賽，兩度贏得全國冠軍。他是奧運金牌得主，在最後的二十一場資格賽和奧運比賽中，以130比1的比分大幅領先對手。在愛荷華大學擔任摔角教練時，他的隊伍取得355比21比5的成績，贏得了四十五個全國冠軍。體育記者諾蘭・薩沃拉爾在《摔角墊上的賽季》（*A Season on the Mat*）一書中給了蓋博簡單的評價：「沒人比他訓練得更刻苦。」蓋博的訓練出了名地刻苦，可以說每次都是爬著離開練習室的。然而，在他爬行時，他往往又找到力量，回頭繼續訓練。

　　菁英表現者花費的努力未必都像蓋博那樣誇張，但一定都付出良多。1869年，法蘭西斯・高爾頓爵士（Sir Francis Galton）[3]指出，卓越能力與成就的元素是「刻苦的本能」，是一種達到更高水準表現的內在強烈動力。

　　比起丹・蓋博在摔角墊上拼盡全力的職業道德，持續記錄交易日誌幾乎不需要刻苦的本能。然而，絕大多數的交易者甚至連這種程度的投入都無法維持。為什麼會這樣？

　　諷刺的是，這個問題有部分原因在於，菜鳥交易者將交易看成是一種「反績效表現活動」，因為他們看到和自己差不多的年輕人在市場上獲得成功，於是以為自己也做得到。我共事的一位交易員日復一日地虧損，開始擔心公司會解雇他。「我

3　十九世紀末期英國遺傳學家，率先提出「優生學」的概念。

不希望發生那種事，」他解釋，「我想當交易員。我不想朝九晚五地為別人工作。」

就是這樣。

這樣的交易員不是像蓋博強烈擁抱摔角、或是和喬丹追求籃球一般，受到市場所吸引的交易員。他想做交易只是因為不喜歡其他選擇；其他選擇意味著一天要努力八小時，還失去做自己想做的事情的自由。**但菁英表現者卻是一天工作勞動超過八小時的同時，也是在做自己想做的事情。**芭蕾舞者溫蒂・韋倫熱愛高強度的排練。「我就像一頭威瑪獵犬，」她對奇普・布朗說，「我每天都得在公園跑步。這樣能幫我冷靜下來。」我怎樣都無法用言語如此精準地預測那位交易員最後的失敗。沒有發自內心對表現活動本身的熱愛，就不可能維持高爾頓說的刻苦本能「苦惱焦躁及努力奮鬥」，克服成功的障礙。

現實情況就是，專家級表現需要努力投入學習。造就完美的完善練習，是靠刻苦的本能和追求完美的驅動力維繫的。但是那樣的刻苦本能是靠什麼維繫的呢？為什麼有些交易者能從一個學習循環進展到另一個學習循環，而其他人卻只能在同一個圈子裡打轉，或者乾脆停止打轉？

從享受樂趣到專業技能：菁英表現的發展歷程

並非所有表現不佳的交易者都在尋找輕鬆的致富方法。其

實，絕大多數交易者無法維持學習循環，是出於一個迥然不同的原因，一個很少人會意識到的原因。

　　通常當我們說到「專業技能」，都覺得那似乎是一種個人擁有的特質。一個人是專家，另一個人不是。這樣的說法彷彿專業技能是一種全有或全無的**東西**。然而研究告訴我們，專業技能是一種**過程**，是在一段時間漸漸展現的。此外，專業技能是按階段進展的，一個階段和下一個階段有重要差異。專業技能的早期階段要尋求進步，需要的步驟和後期階段需要的步驟大不相同。

　　芝加哥大學的班傑明‧布魯姆（Benjamin Bloom）博士在1980年代統籌協調人才研究發展計畫（Development of Talent Research Project），追蹤由專業同行認可的世界級人才一百二十人，這些人包括鋼琴演奏家、雕刻家、數學家、奧運游泳選手、網球選手與神經學家等。這個非比尋常的計畫，特點是訪問菁英表現者，以及他們的父母與老師，藉此深入了解他們是怎樣發展專業技能的。調查人員發現，優越的表現是透過三個階段發展而來的（請見圖表1-2）：

● **早期階段**：在一個表現領域的**啟蒙**這些年，菜鳥做的是玩耍和探索。他們追求的主要是樂趣價值，而且是靠當下環境中唾手可得的資源來維持。表現活動的啟蒙大多發生在社交背景中，有家人、教師、同儕的鼓勵，提供

圖表1-2　專業技能的發展階段

	早期階段	中期階段	後期階段
主要動機	好玩	培養能力	增進專業技能
主要活動	玩耍	練習技能	磨練技巧
導師的角色	支持鼓勵	教導核心技能	安排加強練習
投入時間	低	中	高
主要目的	啟蒙	發展	精通熟練

＊改編自布魯姆的研究，1985 年

積極正面的關注與支持。通常早期的成功會讓人有一種與眾不同的感覺，維持表現者的動機和興趣。這個時期選擇的老師很少是因為他們的特殊成就，比較偏重在他們有能力以支持鼓勵的態度安排學習。這個階段的表現純粹是玩樂：沉浸在表現者喜歡且拿手的活動中。

● **中期階段：**在**發展**的這個時候，表現者集中針對一個或多個具體的表現領域，有了嚴肅認真的追求。比方說，一個年輕運動員在高中時擅長多種運動，大學時可能就只專注一種運動。表現者在這個時期學到大量基本知識和技能，玩樂的一面如今又加上了有方向、需要努力的活動，學習該表現領域特有的技巧。教師或教練在這個階段非常重要，提供表現成果的回饋意見，並安排成就完美的完善練習。能力的培養及由此帶來的自豪，是有

天賦者開始相對優於同儕的中期階段一個重要動機。家人的支持同樣很重要，需要生活中有重大影響力的人，配合適應訓練方式逐漸增多的要求。

- **後期階段**：對少數人來說，熟練精通表現活動成了主要的生活重心。目標不再是能力，而是充分開發個人的天賦與技能。這時候需要全心投入自我發展，通常是由公認專門與菁英表現者合作的導師指導。這時候的表現領域已經成為這位天才的身分中意義重大的一部分：密集的練習占據了一天中大部分的時間。練習的目的就是將複雜的技能吸收內化，讓高水準的表現變成尋常慣例。雖然這樣專注且時間密集的努力，需要家人及重要他人的大量支持，但到了這個階段，追求卓越才是表現者的內在動機。

其實，布魯姆的階段說描繪出我們一生許多努力嘗試的事物。舉例來說，階段說就刻劃出戀愛關係的發展情況。我們從約會階段開始，先是覺得開心，漸漸熟悉了解另一個人。這個過程有新鮮、刺激，和一種特別的感覺在醞釀。如果一切都進行順利，接著中間是更嚴肅認真的排他性約會階段，情侶在這階段建立相互承認的關係。再往後，這段關係會轉變成主要生活重心，有婚姻的承諾且決心共組家庭。就像專業技能的發展培養，以玩耍樂趣為起始點，隨著時間推進而成了嚴肅且全心

投入的奉獻努力。

　　不管是在職業生涯、戀愛關係或高績效表現領域，布魯姆的研究成果顯示：**持續努力完成發展過程的早期步驟，是朝後期階段邁進的必要行為**。沒有培養能力的中間階段，就無法做好準備迎接精通熟練的嚴酷艱辛。少了最初探索階段的樂趣，就沒有培養技能的持續投入。

　　最重要的是，布魯姆的研究成果強調，**頂尖表現的成就不可能從強迫追求精通熟練開始，而是得從簡單的探索過程開始**：偶然遇到一個領域，從中獲得樂趣，看看它是否能和你對話。

　　這個精闢見解似乎符合常識，但是在交易界卻鮮少獲得認可──說到發展交易者的專業技能時，焦點會自然集中在最後的精通熟練階段。我們試著教育菜鳥進場、退場、解讀委託單流向、停損、掌握市場氣氛等細微差別。這些要素乍看之下似乎相當合理，但是從布魯姆的觀點來說卻是可笑的倒退。

　　為什麼我們會讓交易者從發展過程的**最後**步驟開始？

　　這樣想吧：我們會建議一對年輕情侶在第一次約會時就宣布訂婚、加速他們的關係成熟嗎？

　　事實上，最能破壞一段剛萌芽戀愛關係的，莫過於人為加速一段感情進展到婚姻。一對情侶面對這樣的壓力當然會抗議，他們需要更多時間了解彼此；他們還沒有準備好面對這樣的承諾。

但交易者也是這樣嗎？過早專注在專業技能的培養，進行像丹‧蓋博或溫蒂‧韋倫那般的密集練習，會破壞交易者與職業的關係嗎？這有沒有可能是許多交易者抗拒記錄日誌、和嚴格強制要求執行紀律的一個原因，特別是在他們的生涯早期？在約會交往初期，一對一排他性承諾的「紀律」可能會讓人覺得麻煩；但是到了後來反而會熱切追求。或許交易者在培育過程中對紀律也是類似的看法。

布魯姆的研究支持這樣的分析。他發現在表現發展最早期的啟蒙階段，有兩個關鍵影響因素：（一）玩樂，以及（二）獲得社交環境的支持。沒有最初的樂趣，年輕人永遠培養不出興趣，支持他們通過後續完善練習的嚴苛要求。活動早期的樂趣，無疑就是獲得來自家人、朋友、老師的讚美與關注。另一個部分就是天賦：很難想像參與一個自己沒有相關天資的活動，還能夠樂在其中。早期成功加上早期鼓勵的組合，提供激勵動機持續下去，而這又反過來推動未來的發展。

即使在發展的後期階段，樂趣因素依然是重要的動機。在一個頗引人深思的研究計畫中，麥克馬斯特大學（McMaster University）的珍娜‧史塔克斯博士（Dr. Janet Starkes）發現，體育界的專業表現者認為，與他們的發展最相關的練習活動，也是最有樂趣的活動。這個發現在摔角選手、溜冰選手、足球與曲棍球選手、武術學生中屢見不鮮。其實，專家運動員證明了，全力以赴，與發展相關性最高的活動、最有樂趣的活動有

強烈正相關。

　　對大部分的人來說，培養花式溜冰或武術專業技能的日常身心要求，是難以承受的負擔。然而，這些項目的菁英表現者始終表示他們「熱愛訓練過程」。布魯姆對此提出精闢見解，認為**他們並不是以那樣的方式開始。這是因為表現與戀愛關係一樣，發展過程是從外在享樂的動機，漸漸轉變成內在努力的動機。**從增進技能之同時還獲得樂趣，變成從增進技能本身中獲得樂趣。

心智訓練　　　Tips

績效表現和戀愛關係一樣，始於表現者與表現領域之間的正面化學反應。

　　這一點含意深遠：要發展交易者的專業技能，應該做的第一步**不是**執行紀律和刻意練習。第一步，也是菜鳥交易者常常忽略的一步，**僅是獲得樂趣**。

　　如果布魯姆的研究結果正確，我們必須在與自己的表現領域結合之前，先和這個領域約會交往。

時間：表現發展的共同要素

　　另一個交易者常常忽略的常識，就是專業技能的發展是隨

著時間推進的。發展專業技能要花多少時間？研究告訴我們最少需要十年。其實，這個「十年定律」是涵蓋運動、藝術與科學、西洋棋、醫學的專業技能研究，長久受認可的研究結果之一。大多數領域都需要大量的知識和技能，以致於要達到菁英表現需要多年時間發展。

為了建立發展的捷徑，交易者企圖從與中、後期階段快速啟動職業生涯，卻屢遭挫折。

年輕的艾德瑞克・伍茲（Eldrick Woods，即老虎伍茲）如果太早進入 PGA 巡迴賽，無疑在孩童時期就會遭到勸阻。考慮到那種挫折對動機的影響，他可能不會繼續發展，成為這個領域的「老虎」；丹・蓋博對大學摔角的指導方法創造驚人的成功，但是可能會嚇倒第一次接觸這種運動的中學生。

如果有捷徑可以產生頂尖水準的表現，那麼至今還沒有任何科學研究找到這個捷徑。

不久前，我和琳達・拉許克（Linda Raschke）有過一段頗具啟發意義的談話，拉許克數十年來一直保持成功的交易生涯。她被公認是傑克・史瓦格（Jack Schwager）筆下的金融怪傑之一，長久以來她就以在線上即時交易室輔導交易者聞名，如今她管理的一檔基金從一開始就一鳴驚人。當話題轉到如何在交易領域長盛不衰時，琳達說：「經驗太重要了。」倒不是說她每個月都賺錢，其實她提到了自己的大部分獲利可能是出自於一年中績效非常好的某幾個月。不過，她是這樣指出自己

的績效表現：「我了解週期循環。」她知道有景氣好的時候，也會有不景氣的時候。經驗讓她對這些起起落落有自己的思考方式，因此她在不景氣的時候依然謹守紀律，景氣好的時候就大膽加碼。若缺乏時間和經驗，就無法期待表現者將這些思考觀點吸收內化。

是什麼因素造就像琳達這樣的專業交易者呢？布魯姆和同事在其研究計畫結束時，發現在他們研究的各種領域中，有三個因素可以區分出何者有高水準表現：

1. 對特定領域的強烈興趣和情感投入。
2. 渴望在該領域達到高水準的成就。
3. 願意為了高水準的成就，投入必要的大量時間和努力。

一個人要投入達到「熟練精通」所需的大量時間和努力，必定對這個天資領域有情感連結，建立長期的關係。在發展的啟蒙階段，我們的任務就是將情感連結鑄造得十分牢固，以便熬過學習曲線中不可避免的挫折和機會成本。

心智訓練　💡 Tips

偉人並非因為努力奮鬥而變得偉大；他們努力奮鬥是因為找到了絕好的利基：一個能抓住他們的天賦、興趣與想像的領域。

交易：許許多多的利基

在通往「頂尖表現」的這條路，你的旅程始於自我發現，以及初步體認到交易並非是需要單一技能組合與人格特質的個人活動。交易的世界裡有許許多多的利基點，其中一些可能非常適合你，其他則不然。有些交易形式永遠不會是你能夠建立穩固關係的；其他則可能完美契合你的性格與天賦。我們來看看以下四個交易員：

● **雪莉**是頂尖MBA學程的畢業生，在一家跨國金融組織擔任外匯交易員。根據全球／宏觀考量，她在現貨（現金）市場長期持有部位。她的工作時間大多用來跟博學多才的銀行與避險基金交易員聊天，還有研究世界主要地區和國家的經濟統計數據。雪莉可以告訴你世界上大部分主要港口的航運費率及運量；同樣也可以輕而易舉地總結每個國家的貨幣政策、債務水準、利率。每年只要幾個好的構想就能為她貢獻大部分的獲利。雪莉不常進行交易，但是交易時會建立大量部位，並利用每日的市場動態，以有利的價格建立部位。久而久之，雪莉建構了一個同行人脈網，分享市場上大型買賣方的消息。她認為這種消息蒐集形式，在去中心化的全球市場是不可或缺的；所以她相信人脈網就是自己的優勢。她從不

考慮根據短期的價格波動做決策，也沒有將交易視為是一門科學。她認為，市場反映的資本流入與流出，源於大型銀行、基金、各國央行所做的決策；她的職責就是在一個透明度有限的環境裡追蹤這些事。她把自己當成連續性狩獵的叢林探險者，悄悄地追蹤資訊。

- **大衛**早前是大學明星運動員，在芝加哥一家自營交易公司工作，角色相當於E-mini S&P 500期貨市場的造市者。他大部分的時間都待在市場內，通常以高於市場行情賣出，低於市場行情買進。他的目標是藉由買賣價差獲利。他持有部位的時間很少會超過幾秒鐘。偶爾在市場快速波動時會「溢時」（run over），但他通常可以靠著幾個跳動點做短線搶帽交易，賺取不錯的利潤。大衛不了解經濟走向也不在乎。他積極進取，是以行動為導向的交易員。他的世界就是市場上買價與賣價時時刻刻的變化。大衛將交易比喻為玩撲克牌；藉由監看每筆交易的成交量，觀察大型交易商在做什麼，並判斷他們什麼時候有好牌或爛牌。他的交易不時穿插著高聲歡呼和挫敗尖叫，而他鄰近同組交易員工作站的辦公隔間，比起職業交易員的辦公室，更像個更衣室。在他離開辦公桌時，他的市場交易時間就算結束。他謹慎地避免思考市場，以免隔天被困在各種意見之中。他認為圖表是在浪費時間，他唯一追蹤的新聞就是盤中發布的經濟報告。

他認為，市場波動是因為場內自營商和法人每天的操作造成的。他的職責就是像撲克牌玩家解讀對手的無意識行為一樣，釐清他們的行為和意圖。

- **派特**是一家區域性製造業公司的業務開發經理，也是個積極度中等的兼職股票交易者，他仰賴的是動量交易型態，平均持續時間為三至四週。他每個週末會檢視幾十張圖表，審視自己的微型股領域，尋找相對強弱訊息和成交量趨勢。很少有分析師涉及他交易的股票，但他覺得沒什麼關係；他不希望有分析師的意見干擾他解讀供需情況。派特說他並不清楚這些公司各自是做什麼的，只知道他們的短期交易型態。最能吸引他的股票，是近期有新聞事件及價格突然上漲的公司。他最大的成功，是趁著小型個股發布獲利報告和驚人發展之後，利用這些個股的成交量和變動獲利。他的個股並未緊貼主要市場的平均水準，因此他很少會花時間留意經濟報告；反而是利用每日數據，追蹤順勢指標（Commodity Channel Index, CCI）的動量型態。他培養出對順勢指標型態的感覺，並以此找出進場與出場的時間。派特白天專注在銷售的本業；晚上則概略瀏覽圖表，並按照需要調整投資組合。他每次持有部位的時間都是數天或數週，並且將守在螢幕前的時間限制在晚間，這樣有助於他區別交易和家庭與工作的責任，但這也為他帶來額外

的收入。他認為圖表能捕捉到市場的心理，而且小型股會避開大型法人在市場進出所造成的雜訊干擾。他視自己為心理學家：他的職責就是抓住市場心理的動向，從價格趨勢中獲利。

- **艾倫**在前東家被併購之後，從軟體工程師的職位退休。她用股票選擇權折換的現金，以交易開啟事業第二春。她從歷史資料研究市場型態，然後測試這些型態，判斷她的交易是否可行。她最後在固定收益市場發現一種週期型態，是以清晨的強弱價格趨勢行為作為基礎。艾倫開發自動化程式，按照這些型態進行10年期政府公債及30年期債券的交易，這樣在交易進行時，她就不用一直守在螢幕前。不久前，她找了一家經紀公司幫她用這些系統進行交易，讓她有更多時間開發其他市場的機械系統。艾倫的目標是用她表現最佳的系統交易一籃子商品，分散風險。她的研究充滿了風險預測和系統參數評估：資金回撤、損益表等等。她常常修改現有的系統並測試新的系統；但她很少研究市場動態背後的基本面，也鮮少和其他人互動交流交易看法。對艾倫來說，交易本身是一種沒有情感的工作，最好交給電腦。系統開發是她的最愛，是源源不絕的挑戰和沉迷的來源。她認為市場不斷在演變，她的系統也需要不時進化。她的職責就是看出市場什麼時候有變化，並在有更多交易者

發現之前，盡快找出新型態。她視自己為科學家，在隨機無序中找出模式。

這四位交易者是以我自己認識、在市場上卓有成就的人融合組成的畫像。身為心理學家，我覺得看看他們怎樣在市場上找到符合自己性格與生活方式的利基很有趣。派特是完美的生意人，人際交往的能力不在話下。很難想像他成為全職交易者，他實在太享受業務開發中的社交過程了；我也難以想像艾倫在交易聊天室出沒。對她來說，真理是在實證研究中發現的，不是一般人的隨機印象。

看著大衛，就像看著街上的路人甲。他到辦公室時穿著短褲，反戴棒球帽。沒有交易的時候，他跟朋友喝酒打撲克牌，或是在地方聯賽打籃球。驅動他的力量，顯然是交易的競爭因素及毫不間斷的節奏。不管是哪一天，他都可能交易超過一百次；至於雪莉，則是更精於算計。她將這個世界分成有資訊和沒有資訊的人。她認為自己的技能就是將大量資訊匯集成條理清晰的圖像。對她來說，市場的漲跌是沒有規則的噪音，掩蓋了市場驅動者真正的作為。她認為交易真正的工作是從人脈網擷取消息，就像艾倫認為交易真正的工作是研究和系統開發。對她們來說，其他的就只是下委託單；但是對大衛和派特來說，解讀市場是交易的根本，其他一切都無關緊要。

我們將雪莉、大衛、派特、艾倫都稱為「交易者」，**但是**

他們的職業生涯卻幾乎沒有重疊。他們各自找到利基，就像精神科醫師、外科醫生、放射科醫生在醫學領域找到自己的利基。我的女兒迪芳創立了一間模特兒學校，我一直認為模特兒就是模特兒。結果卻發現，截然不同的天賦和技能，決定了誰會成功成為伸展台模特兒、平面模特兒或髮型模特兒。所幸，交易就像醫學或模特兒界，範圍廣大足以包含各種職業發展，各自吸引特定的技能組合和興趣。**這給了交易者機會，尋找能證明自己，而且還能得到報酬的市場種類和市場活動。**

心智訓練　🔅 Tips

成功反映的是個人與某個表現環境的契合程度。

　　找到適合你的利基，對你未來績效表現的影響非常深遠。一位足以名列棒球名人堂的投手去當打擊手，很可能搞砸而失敗；美式足球裡的棄踢手（punter）鮮少是優秀的線衛；商業平面模特兒到了伸展台上未必有優勢；最優秀的醫學研究者不見得能成為最優秀的教師：我們一次又一次地看到，成功與失敗的差別就在合適的利基。雪利和艾倫進行短線搶帽交易股票可能會輸得很慘；要大衛等上幾個月靜待部位發展的結果，他大概會發瘋；派特其實嘗試過全職交易，卻失去了動機還有一大筆錢，因為這樣的感受太與世隔絕了。不過，他們都透過結合自己的個性特質和對待市場的態度方法，各自找到成功。

　　前述的四個交易者都辛勤努力地做自己的工作，但沒有人真的認為那是工作。每個人在做了自己熱愛的事情而得到報酬後，都有驚奇的感覺。大衛是賭徒；雪莉是獵人——他們做那些事，是因為他們就是那樣的人。在他們的表現發展中，關鍵步驟不是發現重大指標，或是運用某種神祕的交易訣竅：**只不過是在交易的世界裡，發現有一種活動能讓他們發揮自己的天賦與興趣**。因此，交易成了本身就是有趣且報酬高的活動，讓他們能繼續保持學習曲線。若是人格特質、能力，以及成為戰鬥機飛行員的挑戰沒有某種程度的契合，就不能造就一流的飛行員；一流交易者身上也能發現這種契合度。

交易者如何找到自己的利基？

　　奇怪的是，這個主題在交易教科書裡幾乎從未被探討過。在醫學界，「尋找利基」是最重要的考量：學生們輪流到每個專科領域親自體驗。在六週的小兒科、六週的一般外科、六週的放射科、六週的精神科之後，學生們開始有點概念，知道哪一種的醫學實踐契合他們的長處和興趣。**最重要的是，他們明白了哪個領域有趣。**注定要從事外科和急診科的學生有點像大衛，他們受積極實踐的領域吸引；臨床研究醫師則比較像艾倫，從解決問題和分析過程中找到成就感。每一種人都會透過發展過程找到自己的路，培養天生做來輕鬆又最有樂趣的事。

　　交易者鮮少有機會追求樂趣和嘗試不同的專業。有多少人像雪莉嘗試波動性工具的倉位交易，又像大衛在電子市場上短線搶帽操作？想像把交易當成醫學教育：像派特一樣交易一籃子股票六個星期，接下來六個星期開發出一套針對貴金屬期貨的交易系統，然後花上十二個星期根據宏觀分析建立外匯部位。情況極可能跟醫學生一樣，討厭其中一些經驗，卻熱愛其他經驗。那些情緒反應提供很有用的訊息，因為那些經驗會啟動我們走上在偏好的領域自我發展的軌道。

　　這正是走上績效表現之路的第一步。在投入一個市場或交易方式之前，必須親身體驗頻繁交易是什麼樣子，以及跟持有部位做長線有什麼不一樣，包括認知上與情感上的差異。必須讓自己沉浸在不同的市場中，感受交易如大型股指數、微型股、能源期貨、美國國庫券、歐洲貨幣、股權選擇權等工具的差別——這樣的經驗能教你多了解自己，也多了解市場。

　　若沒有接觸不同的交易活動，交易者就有點像媒妁婚姻中的伴侶，也許被安排的是合適的對象，也有可能是將面臨一場災難。後者大概不是什麼有趣的事。而且就像布魯姆發現的，沒有情感聯結很難持久投入。**試問：有多少交易者從未進展到「熟練精通」的階段？並不是因為他們懶惰，而是因為他們根本就站錯位置了！**如果說即便經歷了一段追求過程、訂下山盟海誓，有一半的婚姻最後還是以離婚收場，我們該如何期待你能在那些沒有約過幾次會的市場中，能夠做出更好的決定呢？

心智訓練　　Tips

重點不是你到底能不能成為優秀的交易者，而是你能不能
找到自己擅長的交易。

　　我們先從區分專家和新手開始，你可以發現專家忙著進行
由刻意練習激發的學習循環。隨之而來的問題就是：為什麼沒
有度過這些循環的交易者比較多？

　　渴望輕鬆的生活方式和快速致富，無疑妨害了一些交易者
追求卓越績效；但布魯姆的研究指出另一個可能性：或許一開
始就把密集練習當作重點並不合宜。許多交易者有紀律方面的
問題，這和年輕人戀愛難以專心投入是同一個道理：**他們只是
還沒有準備好。**

　　如果你在交易上遇到績效表現的問題，與其用恪守紀律來
苛責自己，或許應該找出這個問題的答案：什麼樣的經驗可以
幫你通過發展過程，讓你最終願意對自己的工作做出遵守紀律
的承諾，甚至迫切渴望做這樣的承諾？

　　美國著名的發明家愛迪生曾說：「天才是1％的靈感，99％
的汗水。」他說，許多人錯失機會，是因為機會穿著工作服，
看起來像工作。但他也說：「我這輩子沒有做過一天工作。全
都是在玩。」那是專業技能的悖論：既是工作，**也是**玩樂。其
實因為太好玩了，所以我們在那上面花費了漫長的時光，因而

變得非常熟練。如果你只是專注在工作的部分，就只會看到工作服，錯過了人生機運。如果只有玩樂，所有靈感也彌補不了汗水的匱乏。

　　但是，為了完全是玩樂的事情辛苦流汗——那只有找到人生利基的人才有可能。

　　在交易的世界裡，你存在這樣的利基嗎？現在我們就來找找看。

第二章

啟動你的交易天能

如何找到正確的交易利基？

> 聽著，孩子，永遠不要——永遠不要讓人隨意誘使你揮棒。
>
> ——泰德·威廉斯[1]對年輕時的
>
> 卡爾·雅澤姆斯基[2]之勸戒

極少有大聯盟選手的揮棒動作會像卡爾·雅澤姆斯基一樣。他揮舞球棒的高度在頭部之上，揮動時的巨大弧形會產生力量。

對於像泰德·威廉斯這樣的教練和打擊技巧精湛的大師來

---

[1] 泰德·威廉斯（Ted Williams），MLB美國職棒大聯盟球員，效力於波士頓紅襪隊，曾兩度獲選為美聯打擊三冠王，並入選名人堂。

[2] 雅澤姆斯基（Carl Yastrzemski）繼承紅襪隊傳奇球星泰德·威廉斯的位置，在1967年拿到聯盟的打擊三冠王。

說，卡爾的非正統姿勢應該像夢魘一般恐怖。然而，泰德從來不曾想過要改變卡爾的揮棒風格。

他只是提出建議，表示大聯盟投手的球速會比小聯盟投手來得更快，打者在本壘板上沒有空間去做無關緊要的動作。其他的就留給卡爾自己去體會。威廉斯知道雅澤姆斯基已經找到自己在打擊區的利基，最好不要隨便干擾他。

如果我們都能在童年時期找到自己的「揮棒方式」，也就是我們人生中的天然位置，那就太好了。因為如此一來，我們在小小年紀時就可以開始恣意大膽地追求夢想、發展潛力。莫札特很早就展現他對音樂的興趣，早慧的才華震驚旁觀者；老虎伍茲一歲時就拿起高爾夫球桿，沒多久就開始推桿；鮑比・菲舍爾（Bobby Fischer）六歲時第一次下西洋棋，八年後，他成了美國冠軍。

不過，大部分專業表現者並非一開始就是神童，有些人的早年生涯甚至意外地平庸。

林肯（Abraham Lincoln）和邱吉爾（Winston Churchill）原本都是平凡的政治人物，直到他們在危機時刻找到自己的領導力利基；雷・克洛克（Ray Kroc）[3]原本是一個籍籍無名的奶昔機器業務員，直到他收購他手上最好的顧客——麥當勞兄弟

3　速食業龍頭麥當勞創辦人。

擁有的一家漢堡餐廳；保羅‧高更（Paul Gauguin）[4]起初是一名銀行家兼股票經紀人，只不過在三十多歲時，他將繪畫的興趣轉為全職去追求；安娜‧瑪麗‧羅伯森（Anna Mary Robertson），也就是我們所知的民間藝術家「摩西奶奶」（Grandma Moses），在她七十多歲時因為關節炎而無法繼續刺繡，這才開始執筆畫畫；名人堂四分衛兼踢球員喬治‧布蘭達（George Blanda），在最初五個球季還不是球隊的先發選手，反而是當他真正退休之後，才又在新的美式足球聯盟中回鍋擔任四分衛。他一直到四十歲才加入這支提供他利基的球隊：奧克蘭突擊者隊（Oakland Raider）。

　　要不是美國發生內戰，我們會記得林肯嗎？高更當股票經紀人會打出名氣嗎？我們喜歡把「偉大」想成是個人人格特質所產生的作用，但實際情況遠遠更為複雜——**那是個人與產生專業技能的表現環境互相契合。**就像喬治‧布蘭達在芝加哥熊隊（Chicago Bear）是板凳球員，到了休士頓油人隊（Houston Oiler）卻成了稱職的四分衛和踢球員。然而在奧克蘭突擊者隊時，布蘭達是一人部隊，最後關頭的壯舉使他在1970年的球季激動人心。

　　成功與平庸之間的差別，往往只是一個表現環境與另一個

4　法國印象派畫家。

環境的差別。一種生物在利基生態中可以繁盛發展；但在另一個生態中，則有滅絕的威脅。**跟其他動物不同的是，我們可以選擇自己的利基生態**——我們可以找到培養和擴展自己天賦的環境。

什麼乘數效應？

天賦才華是基因問題，還是可以靠後天學習而來？或許在有關績效表現的討論中，沒有一個問題比這更有影響力。大多數菁英表現者確實早早就展現才華，但也的確有相當高比例天資聰慧的年輕人始終未能達到卓越傑出，不符合他們早年給人的期望。近來的研究顯示，先天與後天都不足以解釋專業技能的出現；**反而是這兩者的相互作用為專業技能的發展增加動力。**

心理學家仙朵拉·絲卡（Sandra Scarr）針對智力進行的開創性研究，提供一個絕佳的例子說明這種相互作用。我們知道智商有強烈的遺傳基礎，在所有條件相同下，高智商的父母比低智商的父母更有可能生出天生智力過人的孩子。不過有意思的是，等到孩子入學之後，高智商與低智商孩子的認知功能落差會明顯擴大。這是因為比起智商低的孩子，智商高的孩子通常會尋找更能刺激智力的同儕和環境。他們的**基因型**（genotype），也就是他們天生的認知天賦，有助於決定他們的**表現型**（phenotype），也就是他們選擇的環境。日復一日，年

復一年，這樣的差異化刺激導致智商高的孩子發展遠比智力差的同儕快上許多。

　　這種基因型／表現型相互作用有一個十分有趣的例子，來自珍娜・史塔克斯的運動研究。該研究指出，技能純熟的年輕運動員有相當大的比例出生在日曆年的年初。原因是非常年幼的體育運動初學者，成熟程度與同年稍後出生的同儕相較之下有顯著差別。這導致父母和教練認為早出生的孩子較有天賦，促使他們將這些孩子送到有助於發展的表現環境。等到孩子長大，生日早與生日晚的差距就很巨大了。根據生物學（出生月份）而分配差異化環境，在塑造表現發展中扮演關鍵角色。

　　心理學家史蒂芬・塞西（Stephen Ceci）及康乃爾大學的附屬研究員，將這種現象稱為「**乘數效應**」（multiplier effect）。天生的生物優勢，也就是個人的基本優點，會帶領他們走向肥沃的環境，創造快速成長。想像兩個年輕交易員，在芝加哥尖端交易中心（Acme Trading Arcade）起步入門。一個交易員因為心智處理速度優異，比另一個更快發展出市場觸覺。這個交易員被公司的一位團隊領導人挑選參加專門培訓；另一個速度較慢的交易員則沒有受到額外輔導。等到培訓課程結束，速度較快的交易員因為有導師輔導和團隊的支持，已經能賺取利潤且能自信地解讀市場。至於速度較慢的交易員，因為缺乏這種協助，不但沒賺錢還賠了交易資本。透過乘數效應，小小的初始優勢以幾何倍數擴張，創造出提升程度很高的

結果。塞西總結指出，即使輕微的遺傳基因優勢，在優異環境的放大之下，也可能如滾雪球般擴大成顯著的能力差異。

研究人員解釋道，天賦是成功的必要條件，但不是充分條件。可以說，能力就像肌肉，缺乏鍛鍊的話，天賦條件好的肌肉組織也不會有明顯發展。不過，若有適當的環境刺激，就有可能達到頂尖程度的力量和體格。適當的環境能鍛鍊我們的天賦，為豐富的發展環境創造條件，並刺激更進一步的成長。

當交易者找到自己的利基，就會欣然接受天賦與環境的相互作用，創造龐大的乘數效應。這就是為什麼一種運動可以誘使某位運動員展現名人堂等級的表現，而他在另一種運動得到的卻只是平庸的成績；以及為什麼我們可以在一些市場的交易績效有如金融怪傑，而在某些市場的表現卻像是菜鳥。有多少1990年代末期賺大錢的科技股交易者，在他們的利基消失後就無法蓬勃發展？技能組合從交易場所轉移到螢幕的困難重重，因此交易所會設立教育課程幫忙過渡。產生優秀偉大的乘數效應需要的不光是合適的人，還需要合適的人處在「合適的位置」。

心智訓練　Tips

透過乘數效應產生的差異，就是從正常學習到加強發展專業技能。

交易者的乘數效應

當初我到金斯崔公司擔任交易員開發主任，老闆兼創辦人麥克艾文（Chuck McElveen）推薦給我的第一批書當中，就有詹姆·柯林斯（Jim Collins）的《從A到A+》。這本書從整個公司的層次，非常清楚地闡述績效表現的概念；作者探討是什麼原因讓一些優秀的公司變成卓越的公司，而其他公司卻衰退了。柯林斯的關鍵研究結果就是「**刺蝟原則**」（Hedgehog Concept）概念：卓越的公司靠著集中力量來精簡。刺蝟原則的三個要素為：

1. 你對什麼事最擅長？
2. 你在什麼地方最有利可圖？
3. 你對什麼最有熱情？

柯林斯發現，始終達不到卓越的優秀公司，就是在這些要素界定的圈圈之外游離徘徊；卓越的公司則是將所有心力集中在這三個圈圈的交集處。柯林斯描述的「飛輪原則」（flywheel principle），類似我稍早形容的乘數效應：公司融合了熱情的動機和專注實力，結果就是超速成長。成功孕育更多成功。

金斯崔創立初期就經歷過這樣的飛輪，當初它開始交易股票時，是伊利諾州埃文斯頓的一家優秀公司。等麥克艾文察覺

到電子交易的潛力，就成了 Trading Technologies 新交易平台的早期採用者，用來交易相對較新的 E-mini S&P 500 合約。公司很快就發現這是個良機，全力投注在這上面，並招募受這個新工具吸引的交易員。短短幾年，金斯崔的成交量在芝加哥商品交易所（CME）裡數一數二。金斯崔在交易個股方面並不突出；但是在電子交易利基上找到了從優秀到卓越之路。

　　長年待在這個行業的交易者也有類似的飛輪過程。他們藉由發現能發揮自身天賦、而且十分吸引他們的交易方式，進而能堅持密集的學習過程，讓自己落在刺蝟的圈子裡。以我稱為辛蒂和喬伊絲的兩位交易者為例。這兩人都參與我為金斯崔安排的訓練課程，也都是勤奮認真的學生。辛蒂非常聰明，希望在拿錢冒險之前先徹底分析交易。她難以適應金斯崔的短線交易風格，最後離開公司，尋找其他機會。不過，喬伊絲經歷競爭之後，熱愛快速決策並親身上陣冒險的過程。她發現一個市場的走勢不錯，第一年就有獲利。

　　俗稱「搶帽子」（scalping）的極短線買賣無法發揮辛蒂的優勢。她了解市場，但始終沒有感受到乘數效應。但是喬伊絲的學習曲線卻有飛輪軌跡，從培訓的一開始，就能看出她學得很開心。這是玩樂，因為善用她做來游刃有餘的事，於是促使她堅持下去。

　　如果交易結果不是你希望的結果，你可能會用新的交易方法追求成功。你可能期望從交易心理學找到答案。不過，你很

可能沒有注意到柯林斯的圈圈交集：天賦、機會與熱情交會的
那一點。

你的天賦是什麼？市場哪裡有機會？是什麼讓你激動振
奮？你在那裡會發現學習因乘數效應而加速增長，產生的不只
是能力，還有專業知識。

Step by Step 找出自己的利基

交易者無法像摩西奶奶到了七十多歲、或是喬治‧布蘭達
到了四十多歲，才找到自己的利基。不說其他，經濟壓力會迫
使交易者倉促決定要交易什麼、如何交易，這降低了他們找到
乘數效應的可能性。

如果絲卡和塞西的研究無誤，理想的利基應該是你的天生
能力與特徵，適合特定市場的具體機會和該市場的交易方式。
除非你知道自己的天賦是什麼，以及這樣的天賦和交易界的眾
多潛在利基會有什麼交互作用，否則要從滾雪球般的乘數效應
中獲益的機會其實很小。

或者說，如果我們可以認清自己的長處和市場機會，特別
是兩者的交集，那就是有充分的準備，能找到可維繫熱情的交
易種類。

接下來，我們就來尋找利基。

要在交易領域中找到你的獨特位置，第一個步驟就是自我

評估。圖表2-1提供簡短的交易經驗檢查清單。請花一點時間在每個項目回答「是」或「否」，就能看出你的定位，接著再用這個結果計畫你的表現發展路線。

　　請先從前三個問題開始。這些是交易的「約會交往」問題：你曾經參與這個領域嗎？你是否像醫學生一樣，完成輪科實習並嘗試過該領域中的許多專業呢？

圖表2-1　交易經驗檢查清單

	是	否
你嘗試過持續交易不同的時間段嗎（當沖、波段、長期）？		
你嘗試過持續交易不同的市場嗎（股票、期貨、大宗商品）？		
你可曾持續實驗不同的交易方式（技術分析、盤勢判讀、量化交易、程式交易）？		
你可曾定期交易一年或更長的時間？		
當交易結果不如預期時，你可曾大幅調整自己的交易方法？		
你是否有始終奉為圭臬的交易方法？		

　　如果這些問題有哪一個的答案為「否」，接下來要思考的就是：**你怎麼知道你的交易方式適合你的天賦和性格？**也許你正好遇到時間段、市場、交易風格的正確組合。倘若如此，你知道是運氣給你錦上添花，因為你會覺得在你選定的市場、以你選定的模式交易是水到渠成。你的交易會感覺順理成章，就像美好的關係或事業感覺契合一樣。不過，要是你覺得交易令

人挫折或是無利可圖，以及前三題你有任何一題的回答為「否」，或許你的績效表現問題，答案不在心理學。也許你就像雷・克洛克跑去賣Mixmasters或喬治・布蘭達被丟去為芝加哥熊隊踢球一樣——**你根本是在錯誤的利基上求表現。**

　　現在我們進行到第四個問題：你可曾定期交易至少一年的時間？同樣的，答案如果為「否」，後續的問題自然就是：**你真的有充分的時間和經驗去試驗不同的市場、交易風格、時間段組合嗎？**要是我女兒約會交往的經驗總計不到一年，卻告訴我她找到了一生摯愛，我會恭喜她。然後我會鼓勵她先經營這段關係一陣子，再決定是否要做出終生的承諾。交易員若是在一家公司接受了幾週的培訓、或是參加過一場盛大的研討會，就投入一個市場或一種交易方法，我的建議也是一樣。的確要試試看，但記得要保持開放的心態。如果你竭盡所能卻還是行不通，那就得考慮其他方案。損失80％的交易資本去追求不適合你的東西沒有意義。如果你遇到合適的利基，那就像一段合適的戀愛關係：吸引你全部的心神，讓你心情激動，成了你一心嚮往的事。如果初期沒有熱烈光芒，以後肯定也不會有。**就像談戀愛，千萬別將就。**承諾應該是在墜入情網之後；戀愛絕對不是出自承諾。

　　第五個問題是評估不同種類的經驗。我所知且共事過的最佳交易者是「修補者」。他們會隨著時間經過而不斷琢磨改進交易，並且將失敗當成老師。久而久之，他們會變得多面向，

學會適應不同的市場情況。如果你有至少一年不曾交易和調整交易方法，極有可能（還）不曾經歷劇烈的市場轉變。「不要將技能和牛市混為一談」是一句老話，而且我們看過太多1990年代「技術純熟」的當沖交易者，在世紀之交時發生了什麼事。如果你去一家服飾店，可能得多待一會兒試穿許多衣服，才能找到最適合的那一件。這需要再三努力和多方調整，才能將你的表現列車調整到最佳狀態。**你是透過體驗不夠理想的交易風格和市況，再提升改進方法，才學到自己理想的交易方式**。如果「當交易結果不如預期時，你可曾大幅調整自己的交易方法？」這一題你的答案為「否」，你找到的舒適區可能只是暫時性的，即反映的是目前的市場但並非整體市場。極有可能你現在認為的利基，未必是幾年後占據的利基。你的挑戰可能不是了解市場，而是在情況變化時要重新學習了解市場。

接著來到最後一個問題：「你是否有始終奉為圭臬的交易方法？」

這一題得花一點時間。這其實是一個容易混淆的問題。

從「不協調」中學到的東西

戴爾最初是因為交易遇到難題而聯繫到我。他是職業軍官，看似非常適合從事交易。他了解紀律，而且知道刻意練習對成就績效的作用。聰明有創意的他，在戰場上領導軍隊，並

規劃執行許多任務。他可以不假思索地快速決斷，也有能力迅速行動，而且是致命的行動。

聽戴爾說，他的問題是「不一致」。雖然他過去一年發展出一套交易方法，但他對檢查清單最後一個問題的答案肯定是「否」。他會一再偏離策略，在達到停損點和目標價之前退出部位。有時候，他沒能在其實是撿便宜的價位完成交易。「我的情緒成了阻礙，」戴爾解釋道，「我一直在想自己的性格是否適合交易。你有沒有我能做的性格測試？」

我會說，這是我最常收到讀者來問的問題。交易者聽說個人性格（以及更廣泛來說，心理）對交易成功很重要，因此他們自然會猜想，自己的性格是不是「適合交易」。

但願現在你看出這個問題沒有意義。那就像醫學生問，她是否「性格適合」當醫生。說不定她的性格適合急診醫學，但不適合醫學研究；性格適合麻醉學，但不適合家庭醫學。問題不在於一個人擁有總體適合交易、醫學、運動，或任何廣泛表現領域的性格。而是說找到個人性格與具體從事的交易、行醫，或體育類別之間的**合適契合點**。戴爾有適合在陸軍步兵團擔任領導人的性格，但是他在海軍潛艇或是戰鬥機駕駛艙，可能就會一敗塗地。

當一個人非常適合一種專業領域，卻不得不在另一個迥然不同的領域求表現，會發生什麼事？**結果就是矛盾不協調。**幾年前，一個非常適合精神醫學的醫學生，在外科實習期間被轉

介紹給我。原來，她的家人一心期望她當外科醫師，於是她在壓力之下報名了輪科實習。結果怎麼了呢？這個學生和手術病人及親屬談話談太久了。原來，她竟然錯過了兩場排期手術，因為她忙著安慰憂心忡忡的病人家屬。她強烈同情他們的苦難，這對精神科醫生來說是美好的特質，但是對外科醫生來說不是太有幫助。我想像自己躺在手術室裡等待開刀時，大概會希望我的外科醫生沉穩而不帶情感。

這個學生被轉介給我，就是因為她在輪科實習期間表現得「不協調」。他們覺得，她在外科手術時的缺席，顯示有「職業精神」和「專心投入」的問題。他們還覺得這透露出，她對外科實習生和有意教她的住院醫師缺乏尊重。但其實她沒有這些意思。她只是做了天性會做的事，避開不是天生會做的事。

這也正是戴爾的問題所在。我蒐集他表現不協調的細節，發現他選擇的方法包括價差交易（spread trading）。他研究過價差，這種藉由買進強勢商品同時賣出弱勢商品來限制風險的概念吸引了他。因此，他認為能源相關之類的股票在通貨膨脹的環境中可能會表現得很好，而科技相關股票的走勢則會放緩。他也許因此買進能源類股 ETF（XLE），賣出半導體類股 ETF（SMH）。他喜歡這樣想像：就算市場因為意外消息而暴跌，他也能賺錢。只要 XLE 的表現超越 SMH，他就能獲利。

他「缺乏紀律」的交易，絕大多數都是他在價差的一端，偵測到有異常的強勢或弱勢拉動另一端的交易。比方說，他可

能看到原油突破多日高點，XLE獲得強勁買盤。如果XLE的強勢是反映大盤的穩固，而SMH又保持穩定或上揚，他會撤出空頭部位，留下能源的單純部位。有時候這樣做行得通；但多數時刻行不通。一旦XLE強勢上漲到他想拉起價差交易的另一端，它的走勢就結束了，至少暫時會如此。

我給戴爾的問題很簡單。「假設你帶領手下在戰場上進行偵察任務。你看到敵人的一座重要設施就在附近，沒有多少人防守。你想與之交手，但不想洩露自己人的位置。你企圖用無線電請求出擊，卻連繫不上總部。要是指揮官為了防止出錯，拒絕回應你的無線電呼叫，迫使你做出交戰的決策，你對指揮官會有什麼感覺？如果你的任務成功了，他可以攬功；如果失敗了，他可以說你未經授權擅自行動。」

可想而知，戴爾聽了我說的情境後皺起眉頭。他清楚表明，對於不肯承擔決策責任的軍官，他會完全失去敬意。「領導人不能兩頭下注，」戴爾堅持，「他會令手下失去信心，而且不適合領導團隊。」

戴爾沒多久就發現自己的問題。進行價差交易，就是在市場兩頭下注。在內心深處，他沒有把那當成一種交易風格而心存敬意。理智上，他知道那是個很好、有成功潛力的交易方法；但情感上，他的反應卻彷彿那是種怯懦、沒有勇氣的方法。當他真的有機會「和敵人交手」，就像XLE交易，他露出了本性。他放棄規避風險，承擔起攻擊的責任。就像和手術病患家人聊

天的醫學生，他做了自然會做的事，因而感覺沒有遵守紀律。

　　問卷的最後一題是個容易混淆的問題，因為那是在評估你的潛在優勢和弱點。許多改變交易計畫的交易者，多少看出那些計畫不適合他們。**他們喪失紀律，是直覺受到天生自然的交易風格所吸引。**他們問題的答案是，不盲目堅持方法和遵守紀律，而是要判斷那些方法是不是真正應該遵行的方法。**爬梯子的第一步，就是要確定梯子靠在正常的建築結構上。**

　　有太多交易者像戴爾一樣，拼命攀爬那些沒有架好的梯子，結果卻責怪自己一事無成。

心智訓練 💡 **Tips**

當你找到自己的利基，不需要紀律就能做對的事；你不會想做其他事。

　　冒著囉嗦重複的風險，請容我清楚說明這一點：在所有條件相同的情況下，我們自然會受到自己覺得有意義的活動吸引。我們會避免那些不合乎天賦和興趣的任務，去尋求成功和精通的經驗。如果你在自己的利基，就會持續做對的事，因為那對你而言是自然本能；如果未能持續做對的事，也許是你沒有找到融合天賦、機會、興趣的交集點。我們在不協調的時候做的事，可能只是藉由顯露我們自然本能的事，來指出我們真正的長處與優勢。

爬上正確的梯子

說到判斷最適合你的市場與交易方法，什麼都代替不了現實世界的經驗。不過，有幾個指導方針可以幫助你。根據我們稍早討論過雪莉、大衛、派特與艾倫的例子，有幾個考量因素能幫助你快速進行自我評估。

你是根據直覺還是理智做決策？

想想你平常是怎麼做決策的。不要只想著交易或投資決策。想想你怎樣挑選房子、汽車，或是上一次重大的購買行為。你有仔細研究過選擇項目，衡量利弊嗎？你有花很多時間做決定嗎？還是決策相當快速而且是出自直覺？你是根據自己的喜好，還是根據清單上功能的最佳組合？

怎樣做決定，是**認知風格**（cognitive style）的一種表現方式：反映出我們怎樣學習和處理資訊最有效。心理學研究顯示，這種特點有強烈的天生成分，不容易修改。找出符合認知風格的交易方法，會比企圖改造大腦運作方式更有可能讓我們成功。尼采說，人不是太陽神阿波羅型就是酒神戴奧尼索斯型，處世靠理智或是憑經驗，這反映的是我們體悟到每個人根本結構的不同。

《駕馭市場》（*Mind over Markets*）與《市場概要》（*Markets in Profile*）的作者吉姆‧道爾頓（Jim Dalton）不久前對我強調：

「交易者必須了解他們是怎樣做出決定的：大腦的分析與綜合部分所起的作用，以及這兩者融合的作用。沒有情緒就無法評估風險，但是你也可能被情緒給裹挾。」做決定時，每個人有不同的方式來融合明確推理和情緒體驗。沒有辦法達成這種融合時，以及企圖跳出自己的認知風格運作時，以道爾頓的話來說，就是「我們成了自己最大的敵人」。

　　在稍早討論過的交易者當中，艾倫和雪莉是「理智型」交易者；派特和大衛則比較有可能根據直覺做決定。艾倫和雪莉熱愛研究的過程：她們花在產生想法的時間比實際交易的時間多。她們善於分析：她們蒐集資訊，並仰賴數據來做決定。

　　反之，派特和大衛則是型態判讀者。他們做決定是根據自己對市場行為的感知。大衛會觀察市場走向，逐點交易，密切關注規模何時達到買價或何時該提高賣價。他已經培養出一種盤感，能感受到場內自營商和法人等大型交易者的觀點已從看多轉成看空，或是從看空轉為看多；派特則是圖表解讀者，利用關鍵指標型態判斷動能何時轉變。

　　我們可以從這些交易者的例子看出，**認知風格決定了我們會觀察市場的哪些面向，以及如何看待市場**。精神科醫生看待病人的角度，和放射科醫生或研究人員不一樣。同樣的，像戴爾一樣的軍人對決策的態度，也和婚姻諮商師或神職人員南轅北轍。雖然所有人都結合了分析與直覺、情緒和理智的特質，但每個人通常都會有某個傾向，也就是主導的風格。將那樣的

風格適當地應用在市場上，就會成為我們潛在優勢的重要一環。

你的情緒傾向於刺激還是穩定？

　　有些人有耐心且謹慎，他們有條不紊地朝目標努力，在過程的終點收穫報酬；其他人則需要更快看到回報。他們很容易因為一成不變及要忍耐、謹慎地追求而感到無聊。可以想像，這種**情緒風格**的差異，對交易者決定進場、管理、出場的方法有重要的作用。一個渴望新奇、刺激、滿足的人，很難一直抱著部位，或者會避開平緩穩定的市場；一個有耐心的交易者靠著協調一致和穩定而成功，萬一被要求在市場進進出出，就會覺得很煩躁。

　　就像決策模式一樣，我們的情緒風格也反映在日常生活中。偏好較短期滿足的人，通常會尋求刺激；他們很可能個性外向，也更有可能喜愛有高度情緒投入的活動：派對、異國假期、競技性運動。這樣的人通常是會冒險的人。若是要在一個安全的已知選項，和一個罕見且未知的選項之間選擇，他們會傾向選擇後者。大衛顯然就是追求刺激的人，他討厭平緩穩定的市場，有時候會下大單，刺激其他大型交易商行動。如果市場動盪起伏，在各種價格水準間震盪，他就開心了；艾倫是在不同方面追求刺激的人，她再三鑽研自己的交易系統，而且樂於按照系統優游在不同的市場。艾倫大概永遠不會想到在開發一個系統後，就只靠這個系統交易。她從交易獲得的滿足，很

大部分是產生新的構想、測試構想，再加以改善。

　　那些比較喜歡穩定的人則是出於安全感的動機。他們不是愛冒險的人，喜歡安全、熟悉的選項勝過未知。最重要的是，他們不需要高度的新奇和刺激。如果觀察他們的日常生活，就會看到高度的一致性：他們差不多會在同一時間起床，早上有相同的例行程序，走相同的路線上班，吃相同的食物等等。他們不尋求改變，通常也不太能適應變化。因此，追求穩定的人不同於追求刺激的人，他們通常會限制市場上的風險部位，而且仰賴熟悉舒適的交易方法。大衛和艾倫通常會跨出舒適極限，持續嘗試市場上的新東西。

　　至於雪莉，則是勤勉努力的人。她會花很長的時間形成市場見解並建立部位。對她來說，市場的短期起伏代表心理干擾，而非刺激或機會。在大衛可能衝動，而艾倫抱持「我們拿一些東西來試試看是否可行」的態度時，雪莉就只做一件事，而且做得很好——她會等到累積大量證據證明建立部位似乎沒有風險，才會在市場中建立部位。

　　派特代表追求穩定的不同類型，通常並不受交易者欣賞。他不指望以交易所得維持生計。交易對他來說比較像是副業興趣而不是本業，因為他喜愛自己事業的收入、穩定和挑戰。他還要照顧家庭，有維持家計的需求。為了照顧這些優先重點，他是以精簡的方式在夜間管理交易，一次持有部位好幾天或好幾個星期。許多時候，他在晚上只是檢視圖表，閱讀網路上的

情緒風格／尋求刺激	
艾倫：開發新交易系統並以新研究進行交易	**大衛**：短期交易型態，始終投入市場中
認知風格／分析	**認知風格／直覺**
雪莉：發展並根據已確立的方法進行時間段較長的交易	**派特**：以兼差方式進行多樣化投資組合的較長期市場型態交易

情緒風格／尋求穩定

圖表2-2　四位交易者的情緒與認知風格結合的範例

新聞，過自己的生活。他不想在交易中投入情緒，也不在市場上尋找刺激。聽他說，他更享受在生意場上的刺激興奮。交易是個有趣的挑戰，也能擴充他的收入。不過，交易帳戶裡的錢在他的資本淨值中只是九牛一毛。「如果我賠光了所有交易的錢，」派特評述道，「也絲毫不影響我的家庭或事業。」派特永遠無法成為坐擁數百萬美元的交易者，但是他也不會冒上數百萬美元的險。

圖表2-2顯示認知與情緒風格的交集。這四位交易者各自占據圖表的一角，可以看出他們應對世界的方法非常不一樣。毫不意外，這也代表他們對待交易的態度非常不一樣。藉由找出認知與情緒風格，可以更清楚了解自己，並啟動找出潛在市場利基的過程。

舉例來說，我自己的認知風格是分析型。就算進行短線交易，我也會分析規模提高賣價或觸及買價的程度是否不同。交易日的時時刻刻，我都在監看領先類股，藉此判斷市場走向持續和反轉的可能性。我也相對不喜歡風險，每一次交易只願意損失帳戶的小小百分比，也不會在沒有多少價格變化機會的平緩期間進行交易。一點也不意外，我交易的是提供大量分析資訊的市場（股票指數），而且幾乎只在上午交易，盡量捕捉到走勢變化間數量有限的短線波動。我的辦公室裡有張海報，描繪戰場上的狙擊手。那就是我交易的態度。我用幾個小時勘查檢視整個市場領域，盡量不暴露自己，等待適當時機開槍，任務完成後就回到掩蔽處。

這樣的交易風格適合我嗎？絕對是的。這樣的方法顯然會讓積極冒險的人、或只憑感覺交易的人感到挫折沮喪。**交易策略沒有對錯，只有對我們是對還是錯的策略。**請問問自己，你想當雪莉、大衛、派特，還是艾倫？他們之中誰最不像你？你的回答將給你寶貴的線索，找出自己的理想利基。

市場機會：等式中的另一半

我們至今都將焦點鎖定在天賦和興趣，以及和交易的內容與方式的契合度。但這個等式中還有另一個因子，而且頗為棘手：在你的時間段內，你的市場有多少機會？

　　說它棘手，是因為機會會變化，我們也需要跟著變化。

　　我不久前給 Trading Markets 網站寫了一篇文章，探討為什麼這麼多短線交易者在 E-mini S&P 500 市場中苦苦掙扎。回顧過去四十年，我調查 250 日移動窗口中，兩天時段價格同漲或同跌的比例。換句話說，我觀察市場一天的走勢延續到第二天的次數。這是非常簡單的趨勢行為測量指標。

　　如果我們假設市場有 50% 的機率上漲，50% 的機率下跌，那麼 250 天中應該會看到大約 125 次市場連續兩天上漲或下跌。但是在 1960 年代末期到 1970 年代初期，250 天中趨勢行為發生的次數始終高於 140 次。這個比例到了 2006 年逐步下降，在我寫作之際一直徘徊在 100 次出頭。換句話說，市場已經從比較可能是漲勢帶動漲勢、跌勢帶動跌勢的情況，變成上漲之後有可能是下跌，以及下跌之後伴隨的是上漲。

　　此外，我還找到證據顯示這種情況會出現在多種時間段。Barchart.com 網站有一個給訂戶使用的有趣功能，是追蹤每檔股票相對若干技術交易系統的表現。本質上這就是趨勢追蹤，例如，假設在走勢走到了移動平均線上方時買進，在低於平均線時賣出。這些系統有的是短期，涵蓋的交易與型態平均只有短短幾天；有些則是較長期，高達 60 天。回顧一段三年期的表現，那段期間表現強勁的 Google（GOOG），在每個系統都有獲利。不過，S&P 500 指數股票型基金 SPY 卻在每個系統都虧損。換句話說，Google 的趨勢跨越好幾個時間段，大盤卻

沒有。

　　隨著自動交易的興起，以及因此促成的程式交易和套利交易增加，大盤的趨勢走向已沒有那麼一致了。因為這種情況發生在非常短的時間段（日內），也發生在較長期的時間段，影響到短線搶帽客和積極投資者。動量交易（買進短期市場強勢股，賣出短期市場弱勢股）和較長期的趨勢追蹤在S&P 500市場根本沒有作用，證據就是許多在該市場以短線搶帽交易為生的自營股指交易者，發現有利可圖的機會愈來愈少。

　　有意思的是，一些交易者有成為動量交易者的傾向，一些則是有耐心的趨勢追隨者，還有一些的交易風格則是反趨勢（不管站在多方還是空方）。個人性格無疑在這種偏好中起了作用。儘管我強烈懷疑，交易風格的靈活彈性比這種偏愛作用更大，但我也看過交易者以各種獨特偏好獲得成功。**不過，出現那樣的成功時，一定是因為市場機會與那些偏好一致。**趨勢追隨者在順勢市場中賺錢；動量交易者是在短期走勢延續到下一個時間段時獲利。正如我所發現的，一旦市場機會轉變，那些偏好就會使交易者陷入風險之中。

　　這個時候，他們就得轉移到新市場（順應他們的偏愛），不然就得培養新的交易風格。這兩者都不容易調整適應，卻又是在趨勢型態不斷變動的市場中必要的調整。雖然交易風格符合個人的認知與情緒風格很重要，但市場上如果沒有「客觀存在」的機會，那些都無濟於事。簡單的分析就像我做的，比如

觀察各種時間段，並判斷漲勢帶動漲勢、跌勢帶動跌勢的機率有多高，就能對**市場**的性格有很多了解，也知道這是否符合你的交易風格。

　　市場性的另一面就是波動起伏。有些市場的變動比其他市場多，而這又轉化成更大的潛在風險與報酬。我不久前在我的部落格 TraderFeed 完成一項分析，研究市場 5 天的疲軟期。我對接下來 5 天的預測，S&P 500 指數（SPY）和小型股羅素2000 指數（IWN）都是明顯看漲。雖然這兩個指數的歷史盈虧交易數量差不多，但羅素指數的報酬平均高出 50％，因為研究涵蓋期間小型股的波動比較大。這種情況就像我研究過的大多數案例，獲利能力都會隨著交易的市場及交易的型態有相同變化。所以，我們又可以看到交易風格與市場匹配與否成了交易績效的關鍵。

心智訓練 Tips

市場和人一樣有自己的性格；我們與市場的關係就是在相容的範圍內獲益。

　　交易最棘手的部分之一，就是波動幅度在日內和較長期間會有所不同。正如熊市通常比上漲的市場波動大，我們一般會看到市場在開盤與收盤時，其波動會比中午時段大。舉例來說，倫敦及紐約開盤時的外匯交易量和波動性，都比中間時段

或紐約午盤大。早盤賺錢的短線交易風格，在中午時分可能會非常艱難。交易風格與市場性格的相容性會存在一段時間，但之後就不復存在了。因此對積極投資者來說，機會成了「會移動的標靶」。

　　這就是績效表現凳子的三隻腳：（一）你的天賦和興趣；（二）你的交易風格，以及（三）你要交易的市場及其性格。你的特質和交易風格會緊密契合，這有助於確定你能持續一致且有紀律地以同樣的風格進行交易。交易風格和市場特色緊密契合，確定你在市場的表現優勢能達到什麼程度。而市場不斷變化的特色，使適應能力強的交易者更有可能在交易生涯中維持專家級表現。

發掘自我的工具：模擬交易

　　在開始發展為成功的市場表現者時，會出現一個相對於其他學科學生的劣勢。健美運動者可以在重量訓練室中培訓；舞者可以在練舞室中磨練肢體；但是，交易卻牽涉到「金錢」與「風險」。等你弄清楚自己的交易利基並從中獲得經驗值時，可能隨隨便便就耗光了所有交易本金！

　　在發展過程的早期，「模擬交易」就是很有用的工具。模擬交易不涉及金錢及風險，這一點的心理作用就與實際交易不同。不過，這在發展的早期階段是個優點。你不是在精準地模

擬進場與退場，獲利／虧損結果並不是最重要的；**而是用模擬交易來摸索不同的交易風格與市場**。一方面，在成為成功交易者的初期啟蒙階段，應該把模擬交易當成電玩遊戲，看看是不是有趣、有挑戰性；看看那是否只是單純的玩樂；看看那是否符合你的認知與情緒風格。還有，沒錯！看看其中是否存在機會。

　　許多交易平台都有提供模擬交易功能，包括CQG、NeoTicker、Ninja Trader、e-Signal、Trading Technologies等。以眼前的目的來說，花俏的額外功能並不重要；你需要的就是一個設定，讓你可以練習交易，並追蹤交易及其盈虧。**你會希望模擬交易不同的市場與不同的交易風格**。把這些結合起來，會讓你接觸到許多可能的交易利基。如果你發現自己實在不喜歡特定市場或風格，就能把這一點當成有用的訊息，並試著弄清楚是什麼原因讓你不喜歡（或是對你來說缺少了什麼東西）。如果某件事感覺對了而且順理成章，那也具有啟發意義。**重點是要有創意**。請試著觀察其他交易者，解讀他們，並模仿他們。盡量涵蓋最多的市場與風格。探索。嘗試。

　　你需要多少時間才能對特定的交易利基略知一二呢？最好的情況是，積極活躍的當沖交易者至少需要幾週，交易時間段較長的交易者則起碼需要數個月的時間。正如我先前提到的，醫學生至少要花上六個星期，才能完成專業科別的輪流臨床實習。這是因為他們需要充分接觸到廣泛的治療方式與病人，才

能真正了解這門專科在做什麼。同樣的，經歷不同類型的市場，快的、慢的、追隨趨勢的，能幫助你了解每一種交易利基的細微之處。六週的當沖交易經驗能給你大約30天的接觸機會，大概就足以掌握各種不同的市場動態。一次持有部位幾天的波段交易方法，若要有同等的接觸機會，可能就需要將近半年時間了。

這似乎是頗漫長的練功時間，會讓人忍不住想縮短這個過程，趕緊開啟實際交易和賺錢的未來。不過，這種企圖走捷徑的方法，正是許多情緒性績效表現問題的發生原因。這樣說吧：你的認知和情緒風格最後永遠會勝出。**你永遠會偏向天生的資訊處理風格，而且永遠會偏向你認為最滿意的東西。**這種傾向可能是有計畫的，帶你走上你想要的方向；也可能是沒有計畫的，卻破壞了你想要實現的目的。**如果你的交易培訓進行得很倉促，沒有先找出自己的利基就進入市場，最原始的個人特徵很容易對你（人為）給自己確立的利基產生不利影響。**你不但不會得到乘數效應，反而會產生除數效應。你告訴自己要這樣交易，但你的情感與理智卻朝著完全不同的方向前進。

我不久前和一位交易員面談，對方希望來我的公司任職。他在另一家交易商接受訓練課程，但該公司不久之後便倒閉了。之前的那段訓練經驗要求他研擬所謂的「業務計畫」。（在我看來）不可思議的是，他寫出了二十多頁的報告，詳述他要交易的市場、打算如何交易、如何衡量績效、如何改善績

效……等等。重點是，他之後會開始在公司的交易模擬器執行這個計畫。

　　這聽起來很合理：研擬出一套計畫，模擬操作，然後帶到現實中進行。不過，現在可以看到他的公司是反過來進行的。交易者如果沒有先嘗試過交易（無論是模擬或實際操作），並發現最符合其能力和興趣的交易類型與市場，如何給自己研擬出理想的計畫呢？有交易計畫很好，而任何商業活動要成功，業務規畫都是不可或缺的。但如果你是銀行貸款主管或創投業者，一個沒有業務經驗的人提交二十頁的業務提案，你會撥款給他嗎？**研擬計畫應該要從經驗中產生，納入在經驗中觀察到的機會**。布魯姆發現，會讓你發展出交易計畫的經驗，就是玩樂：嘗試不同的市場與交易風格，並觀察哪一個感覺最適合自己。

　　什麼樣的經驗在探索市場利基時會有幫助？如果要我建議幾個核心經驗，讓你開始進行模擬交易和尋找利基，那就是：（一）針對個股進行較長期的基本面交易；（二）就股票指數進行短線動量交易或反趨勢交易；（三）針對一籃子商品進行系統化交易；（四）相關交易工具（類股、不同存續期的固定收益工具、不同到期日或履約價的選擇權……等等）這四者之間的關聯交易。

　　基本面交易會讓你接觸到研究個股與產業的流程，並根據自己的判斷行動；短線指數交易給你的經驗，是根據瞬息萬變

的當日供需情況快速做出決定；系統化交易，就算是以收盤為基準進行移動平均線交叉交易的簡單交易，也能讓人略知多種工具之間的交易規則。相關交易工具可讓你對市場走勢及從中獲益的方式，有不同的思考方向。

這些只不過是一些常見的交易市場和風格，而且有許多方式可加以融合協調它們。比方說，如果你認為利率環境有利，小型股的走勢相較於大型股看漲，你可以進行長期的價差交易。這樣你就會像個基本面交易者，進行羅素2000指數與S&P 500指數之間的關聯交易。或者，你可以像動量交易者一樣，根據這些工具之間的價格差異表進行價差交易。還有系統交易者從事短線動量交易，也有系統可以執行較長期的基本面市場概念──工具、時間段、交易方法幾乎有無窮的組合。

尋找交易利基時的具體性格考量

有關人格特質的研究發現，所謂的五大人格特質，**神經質、外向性、經驗開放性、責任心、親和力**，這五組特質終生都相當穩定。這些特質有助於確定我們的性格核心。它們會影響我們處理資訊的方式，而且表現出我們許多最深層的需求和興趣。圖表2-3列出與其中三種特質相關的交易利基考量。

切記：我們是將模擬交易當成自我發現的工具。交易你在追蹤的市場，而且要想盡辦法漸漸改進你的交易；但萬一虧損

圖表2-3　**人格特徵與交易利基**

交易者的三大關鍵人格特徵

・**神經質**：一個人如果容易感受到大量的負面情緒——焦慮、憂鬱、內疚、怒氣——平均而言，他們會覺得極短線的交易方法比做長線困難。交易之間的間隔時間愈長，會降低在情緒激發的情況下衝動做決定的可能。神經質程度低的交易者，比較有可能容忍波動較大的市場，因為這些市場不會觸發他們的情緒起伏，導致交易中斷。

・**外向性**：愛冒險的人通常外向特徵明顯，而且往往會受大膽進取的方法吸引，也許是頻繁交易，或者是可以挪動大量規模的方法。內向的人比較可能根據分析研究做決定，而且會在具備充分資訊流（新聞、成交量、市場深度等等）的市場獲益。通常，個性外向愛冒險的交易者，會透過積極交易來展現大膽進取的傾向；比較不喜歡風險的交易者則會限制自己的市場暴露風險。

・**經驗開放性**：熱衷新奇和變化的人比較喜歡選股，或其他能在不同時間建立各種不同部位的交易方法。這樣的交易者通常傾向自主決斷交易方法，善加利用型態辨識和其他交易者的技巧。容易受有規則可循、結構化交易吸引的人，喜歡可預知經驗的安全感，而不是新體驗的刺激。他們更有可能青睞系統交易，而且一次交易的工具會比較少。

了，也不要灰心氣餒，因為那正是我們用模擬形式進行交易的原因！在這個發展階段，要把自己想像成參加好幾個不同運動團隊的中學生，充分體驗過每一種選項之後，決定要專攻哪一樣就容易多了。

　　你是情緒化還是性情平和？這會讓你多少掌握情緒穩定狀況。你合群善交際且風趣愛開玩笑，還是性情較嚴肅且獨來獨往？這會透露出你外向的程度。

　　你喜歡嘗試新東西且喜愛新點子、造訪新地方，還是習慣墨守成規？這會讓你知道自己的經驗開放程度。如果你的模擬

交易進行得很愉快，很有可能是這三個特質相當符合你；如果你覺得這個模擬體驗令人喪氣，那大概也是這三個特質令你沮喪。

調整交易的頻率和平均持有部位時間；改變交易的市場和交易的風格：基本面、動量、系統、關聯。等你恍然大悟時，就知道自己發現了特別的東西──開始讓你走上乘數效應之路，並加速產生專業技能的學習。

交易利基的真正發現

馬克斯・巴金漢（Marcus Buckingham）和唐納・克里夫頓（Donald O. Clifton）寫了一本有趣的書《發現我的天才》（*Now, Discover Your Strengths*），他們有理有據地指出，開發潛能是建立在長處之上，而不是靠努力克服弱點。他們認為，成功的表現者會避開自己的短處，藉由充分發揮長處而完成偉大功績。一支棒球隊可能浪費相當多時間，企圖將有天賦的打擊者變成熟練的外野手，但是那些時間還不如用來雕琢他的打擊技巧，然後讓他擔任不需要上場守備的指定打擊。我向來善於大局思考勝過執行細節，跑腿打雜的苦差事會讓我洩氣，但我很喜歡在腦子裡從一片空白開始，發展出一套行動方案並執行它。反倒是我的太太瑪姬，大概是我認識的人當中最一絲不苟的了，沒有一點細節逃得過她的注意。因此，我負責研究全

家的投資策略，瑪姬則負責支付帳單和記帳。我們的幸福婚姻延續超過二十年，因為我們都不會想要改變對方。我們各自發揮長處。

模擬交易不同的市場和交易風格，就是在搜尋自己的長處。當你以交易者身分獲得成功時，反射出的是能藉由突顯自己的獨特能力，在人生其他領域也取得成功，比如事業或婚姻。如果思維處理的速度是你的頂尖長處之一，或許你的短線交易會勝過他人；如果你是數學與電腦奇才，或許會覺得和系統化交易相見恨晚。理想的交易利基，就是能讓你發揮最高天賦又能避開弱點的利基。

以下是重要的績效表現原則。請做好筆記。

無論你的獨特能力是什麼，你都已經在使用它們了。

這對於找出你在哪方面的表現最佳極為重要。在市場研究（比如以此產生基本的交易構想或機械系統）表現傑出的人，已經展現在交易之外的領域的研究能力，而且大概也已經在進行某種研究。小時候，我會蒐集一堆棒球選手的統計數據，並用這些數據來判斷該給我的球員卡收藏增加那些卡片。如今到我的網站瀏覽過的人都知道，我蒐集了一堆市場數據，並用這些數據做交易。統整資訊做決策是我的強項之一，那是早在我做第一筆交易之前就有的強項。成功的短線交易者在開始職業生涯前，往往也有一段電競選手、賭徒或撲克牌選手的經歷。他們習慣了快速決策和冒險：那些是他們的強項；操作避險基

金的量化交易者的背景則大不相同，他們通常沉浸在數學、科學，以及其他分析性事務當中。

　　我最近跟喬恩・馬克曼（Jon Markman）閒聊，他是MSN Money網站主筆、職業資產管理者，以及Strategic Advantage與Trader's Advantage選股服務的編輯。他跟我說起，他成為成功選股者的開端，其實是從幻想體育競賽開始。他決定對選手做統計數據研究，結果發現效果不錯，彷彿他在那些競賽也一直表現良好。後來，他將自己對研究的熱愛應用到股票上，對開發MSN的StockScouter篩選工具發揮重要作用。現在他將這種研究愛好用在尋找華爾街雷達沒發現的優秀公司，發行投資策略優勢（Strategic Advantage）和交易者優勢（Trader's Advantage）的研究專刊。喬恩的核心能力就是深入挖掘：他挑選股票是靠天賦及財經記者的思維，他靠這些能力找出其他人沒有想過要觀察的機會。他的利基就是「跳脫尋常路線」。

心智訓練　💡 Tips

成功的公式是：找到你做得好的事，然後弄清楚如何把它們用在交易上。

　　巴金漢與克里夫頓的書有個有趣的特色，就是讓讀者做線上測驗，評估自己的長處。那個測驗並不複雜，而且和大多數的問卷一樣，答案可以敷衍捏造；但該測驗確實找出了一般人

天生喜歡的活動。該測驗總共有三十四種長處，各自有一個簡單的標籤。舉例來說，稱為「爭取支持」（woo）的長處，反映的是說服與影響他人的能力。這對領導人和銷售人員來說是珍貴的天賦，但對創意工作者或藝術家就沒有那麼重要。測驗的結果能找出一個人的五個主要長處。**一個人最理想的交易風格或許不會把五個長處都用上，但你很難想像這五個長處大都沒有起作用時，從事交易還能成功（或者人生的其他事情成功）。**

　　舉例來說，我的前五大特質是成就（achiever）、學習（learner）、交往（relator）、分析（analytical）與完美（maximizer）。「交往」這個長處是指一個人發展出數量有限的親密關係，而不是廣大的社交網；加深現有的關係比建立新關係要自然得多。「完美」這項長處反映的是，有興趣充分利用自己的能力，並根據天賦而與他人來往。

　　基於這些特質，我成了心理學家，重視透過以解決方案為主的諮詢方法建立優勢，這令人意外嗎？而我的交易是靠著持續分析和學習新型態，這也不是巧合；或者我一天的工作早在清晨5點之前開始也一樣。我的長處也有助於點出我不擅長的事：連續快速地短線搶帽交易、大型社交活動，以及對診斷出有重大情緒失調的病患進行長期治療。無論我是長袖善舞還是人際關係糟糕，取決於我究竟是利用自己的交往長處，還是企圖變成一隻社交花蝴蝶，不復我原來的樣子。

　　同樣的，我認識及共事的成功交易員，都找到符合他們天

性的市場活動，或許這正是他們和其他高成就者，有時候表現得彷彿舉重若輕的原因。

雖然前述的那本書可能有提供相關訊息的作用，但即使不做它的測驗，你也能找到自己的長處。按照巴金漢與克里夫頓在書中的討論，有幾個因素可以幫你鎖定自己獨特的特質：

- **你天生喜歡的東西**：如果有空閒，什麼樣的活動會吸引你？你每天最期待的是什麼？正如我們稍後要討論的，我們的長處是我們天生就覺得快樂有趣的東西。如果你得鼓起全部的意志力才能去做某件事，那件事大概用不上你的長處。

- **你自然而然就能做好的事**：多數人都喜歡自己做得很好的事，以及能帶給我們成功與讚賞的事。布魯姆的研究發現，高天賦人才有相當高的比例在發展開端就展現出早期技能。比方說，大部分備受讚譽的醫學研究者，一開始在學校的表現就很傑出，特別是在科學方面；大部分的奧運選手早早就展現運動能力；非常成功的交易者會展現從數學分析到直覺型態辨識等不同的天賦，但都是在相對早期就顯現出來了。

- **對你有重大影響力的人如何看待你**：有時候我們不是判斷自己資產與負債的最佳人選。其他人或許能察覺出我們自己習以為常的長處。比方說，布魯姆發現，有天賦

的表現者通常早早就被老師或教練看出「特殊」而另眼相看。維持這種特殊的感覺，成了重要的早期動機。早在我認為自己是職業作家之前，就收到出版社編輯的回饋意見，申明他們對我的信心。如果一個經驗豐富又有洞察力的導師相信你在交易的某方面有天分，很可能這個方面將是你在市場中獲取事業成就的原因。

從模擬交易的練習中，你可以得知自己獨有的長處。等你快速培養出對市場型態的感覺，發現看到的型態令你著迷，並且迅速根據你的理解行動，這時就知道距離你的市場利基不遠了。如果你針對一種交易方法進行公正的測試，卻未出現這種自然的契合感，那就換另一個方法去測試。畢竟如果你和某人約會，最初幾次都不順利，你不會說服自己加倍努力，「繼續培養這段關係」。因為就算有用，也可能是你沒有用上自己的長處或是對方的長處。交易風格也是一樣的道理。如果你一開始不成功，那就一再嘗試。**但如果嘗試就只是嘗試，那不如嘗試點別的風格。**有太多可能的優質交易利基——就像有太多可能的良好關係——無法滿足於平庸的契合度。

每個人都能在交易領域獲得成功嗎？

我在前文提到，我最常被問到的問題是：「我的性格是否

適合交易？」第二常見的問題也很類似：「人人都能成為成功的交易者嗎？」

多數人問這個問題，無非是想聽到：「當然。只要堅持不懈，保持衝勁，你就能成功。」

然而，那是胡說八道！

人人都有在體育運動、西洋棋、芭蕾舞、軍事領導或詩歌創作中獲得成功所需的長處嗎？當然不是；**任何一種**表現領域中，最終靠著表現維生的比例都很小。如果人人都可以成為頂尖表現者，那就沒有菁英了。

「人人都能成為成功的交易者嗎？」這個問題的語境背景通常隱含弱點。提問的人覺得自己可能太情緒化、太缺乏紀律，或者太理智，無法當個成功的交易者。**不過，我的看法是，阻礙交易者成功的並不是弱點，而是長處。**

請容我解釋。寫到這裡，我想到我認識的三位成就非凡的交易者。他們交易數年，賺到超過100萬美元。這些專家級的交易者，每個都有你在交易心理學教科書上看到的各種缺點。他們交易時高度情緒化，他們在不應該續抱部位時卻固執地緊抱不放，而且在市場開盤前，他們鮮少做系統性的計畫。他們之所以成功，是因為他們的長處壓過了這些缺點。就像我們先前看到的米克和艾爾，其他比較不那麼情緒化、比較有紀律、比較有條理的交易者可能會失敗，**因為他們缺乏可以迅速轉化為交易優勢的長處。**

　　瑞奇就是個很好的例子。瑞奇是知名大學畢業生而且待過大學運動校隊，他或許是我認識的人當中最令人如沐春風的。瑞奇的笑容迷人，性格溫和熱情，而且容貌過人，頗受女性和公司其他人歡迎。不過，以身為培訓中的交易員來說，我發現跟他共事令人沮喪。有時候他花在跟其他交易員談論交易的時間，比他花在實際交易的時間多。我去他的辦公室找他時，有一半的時間不是有其他交易員在，就是在用即時通訊軟體跟其他交易員聊市場。「可能無法當個成功交易員」這點讓瑞奇很苦惱，但他心態豁達。他已經研究過他自認有能力經營的事業，甚至徹底思考過要怎樣經營它。不出意料，他研究的那些事業都是以人為導向，涉及和顧客直接互動。

　　我聽到瑞奇說到他在交易之外的其他選項，腦子裡立刻冒出來的念頭是：（一）他投入研究未來事業的時間，超過研究自己的交易；（二）聽起來他對未來事業比交易更興奮，以及（三）他天生就是個創業家。

　　瑞奇當交易員註定會失敗，但並非因為他的弱點，**而是他的長處在其他領域**。他有領導者的技能，而且有驚人的人際交往技能。他哪天要是去競選公職，我也不意外。他肯定不是生來要整天坐在電腦螢幕前、去交易電子期貨合約的人。

　　說回我自己的長處是交往、學習，以及完美。我能每天從市場開盤到收盤都交易成功嗎？其實，我在幾年前那樣嘗試過，結果發現過程沉悶無趣且沒有意義。沒有投入大量時間學

習及與他人共事，我覺得這樣無法發揮自己的潛力。我在當全職市場參與者時失敗了，原因出在我的長處，而非我的弱點。

　　人生的重要大事不是交易。重要大事是找出自己的利基：激發出你最大潛能的工作領域和一段關係。太多交易者發現，交易引出他們最糟糕的一面。他們拼命地攀爬倚靠在錯誤建築上的梯子。如果你做交易以外的事情更快樂也更成功，或許那才是你真正的梯子。

心智訓練　Tips

合適的梯子必須靠在我們的長處上。

導師在交易者早期發展中的角色

　　布魯姆的研究指出，在大部分專家級表現者的發展中，「導師」扮演重要的角色。運動員受益於教練指導，鋼琴家在老師的指導下學習，受過完整訓練的研究人員是從資深研究者的實驗室開始。不過，正如我們所見，導師的角色會在受指導者生涯的過程中不斷變化。在專家的發展初期，他們提供基本指導，有強烈的鼓勵成分。這種支持在最初接觸表現領域時特別重要，因為那些接觸往往導致早期學習曲線的挫折特徵。導師的擔憂與信心幫助初露頭角的專家，維持進展到稍後密集訓練階段所需的動機。

　　研究還顯示，在培養專業技能的過程初期，導師有個重要作用，就是培養學生的敬業。工作要求會隨著持續指導而擴大，就像學生要克服更大的挑戰並建立愈趨複雜的技巧。

　　我的兒子麥克雷國中開始練摔角時，練習只是在學季期間放學後進行的活動。如今他剛上高中，連在學校放假期間也得參加練習，而且一整年都得做重量訓練；剛起步的鋼琴師，可能一天只是練習幾分鐘的音階和琶音[5]。但不久之後，練習就包括一天演練簡單曲子一小時。像是摔角之類的團隊運動，同儕壓力與支持有助於維繫敬業精神。「別讓團隊失望」是他們常常掛在嘴邊的一句話。不過，若是僅由一人表現的領域，就像大多數的交易一樣，動機就是不要讓導師失望。**良師成了有重要影響力的「他人」。**

　　這對職業生涯早期的交易者有重要的深遠影響。找一個交易大師當導師（或者找一個教過交易大師的人當導師）並不是最重要的。其實大部分頂尖交易者的導師並不會把時間花在初學者身上，就像奧運教練不會在初階班教課一樣。**事實上，如果你是新手交易者，你會想找個見多識廣的導師，擔任「重要他人」的角色，提供基本教學、結構，以及支持。**這些人在專業交易機構裡可能是交易小組的領導人，或是特地聘來主持交易員發展的專業人員。除了這類公司，線上交易社群也看到愈

5　一連串由低音到高音所組成的和弦。

來愈多這種導師輔導制度。

　　Trade2Win社群就是一個很好的例子。該網站有一個包含基本交易資訊的維基單元。還有單獨的知識庫，內容是受認可的交易者提交的文章。該網站鼓勵讀者線上討論文章、提問題，並互相學習。上頭所有對話都會被蒐集歸檔到一個論壇。不久前仍擔任該網站內容編輯的約翰・福爾曼（John Forman），不斷鼓勵交易者彼此交流和提供各種交易相關的內容組合，這個政策似乎仍由他的繼任者延續。身為撰寫與新手交易者相關主題著作的作者，福爾曼的教科書《交易基本概要》（*The Essentials of Trading*）是非常出色的參考資料。福爾曼同時也在大學擔任運動教練，他很了解交易者對導師的需求──他明白重點不僅是內容，還有成員之間在線下的互動，這些都是讓交易者自我提升的燃料。

　　在供稿給Trade2Win之後，我不斷收到讀者來信提問，徵詢能幫他們更上一層樓的建議。跟其他內容貢獻者一樣，我都會一一回覆這些電郵，有時甚至會和這些讀者進展成長期互動與合作關係；有時則讓我得以給其他作者指出學習和輔導的寶貴資源。同樣的，成員在論壇上讀到有趣的評論時，也常常彼此以電郵往來，建立新的資訊及支援途徑。就像運動隊伍中的資深成員協助菜鳥成長，線上交易社群中有經驗的成員通常也可以引導新人上軌道。

　　或許這種非正式輔導的最佳例子是Woodie' s CCI Club，

該社群的座右銘就是「交易者幫助交易者」。伍迪（Woodie），是個經驗豐富的交易者，他利用 hotComm 建立了最早的交易聊天室。這個聊天室讓交易者能即時觀看伍迪（以及他學有所成的學生）實際交易。他們針對市場動態的評論塑造出一種交易方式，其他人可以將之整合到自己的交易風格之中。這個社群中最有助益的是，有大批交易者會熱心地幫助新人。「用蠟燭點亮另一根蠟燭並不會有所損失」是伍迪的口號之一。因此，他的以身作則吸引大量交易者願意當起蠟燭，為其他人照亮道路。有時候他們在線下的幫助，就是協助交易者設定交易畫面這麼簡單的事；有時候則聚焦在找出市場型態，以及利用 CCI 找出各種市場的理想時間範圍。這些互動往往和學習過程的苦樂有關。就這一點來說，這個社群跟匿名戒酒會頗為類似，也就是由一群樂於助人者所組成的特殊團體。這種團體的一大優點就是，所有助人者自己都曾親身經歷同樣的問題，有第一手的血淚經驗可以分享。

心智訓練 Tips

> 最理想的導師，就是曾在你的市場交易過而有自己的學習曲線之人。

　　在分享私人「交易祕密」如此高度敏感的交易界，Woodie's CCI Club 似乎是異類。不過，我發現情況並非如此。多年來，

琳達‧拉許克主持的一個線上交易室，就是讓交易者觀看她和她的門生交易。那些交易還伴隨對市場的評論，以及有關交易管理及交易心理學的實用建議。交易者利用這項服務在另一個線上聊天室互動，一起教學相長。這提供機會塑造交易風格的多樣性。

　　許多與交易軟體平台相關的用戶社群也有類似作用。例如TradeStation，它有個非常活躍的用戶社群，會協助彼此的程式設計、系統開發，以及交易構想；使用VectorVest選股軟體的用戶社群，會在不同城市聚會，討論他們使用程式和建立投資組合的方式；而e-Signal的用戶社群成員會透過電子布告欄提供交易工具，包括檔案共享，讓成員交換他們開發的程式腳本和指示；至於我所屬的Market Delta及NeoTicker程式的論壇，可讓使用者快速找到人回答問題和提出建議。在這些平台當中，比如Market Delta、CQG、Ninja Trader，許多公司都有贊助實況教育計畫，而這些計畫向來都能提供交易者建立人脈、指導及教學的機會。

　　最近，我們還看到有大量免費的交易部落格，提供有用的交易資訊和互動機會。我自己的部落格TraderFeed是專為分析型交易者設計的；其他部落格，包括Trader Mike網站及The Kirk Report則提供選股指導；陶德‧哈里森（Todd Harrison）的Minyanville網站內容，涵蓋經濟、市場與教育。有愈來愈多供應商提供部落格給使用者，鼓勵他們互相學習：Trade

Ideas 幫助交易者篩選符合他們交易標準的股票；Market Delta 的部落格則訓練使用者程式的獨特應用。這些部落格大多握有大量的連結清單，可以讓人找到高度專業化的交易資源，以及專精這些領域的人。

無論你打算在市場上做什麼，都有其他人比你操作得更久，他們有資訊可以分享，而且他們可以幫你縮短學習曲線，也讓操作更有樂趣。看看最優秀的演員、頂尖高爾夫及網球選手、奧運選手、一流飛行員：他們全都是在其他佼佼者的指引與輔導之下達到頂尖。專業技能始於天賦與長處，但除非有恰當地引導，否則無法充分發展。你的職責就是弄清楚自己可能有什麼長處，然後找到導師與資源，幫你充分發揮自身長處。

你的第一個學習循環：自我發現

如果你曾交易過一段時間，卻沒有得到預期的結果，本章要請你跳脫框架去思考。或許你在交易上的短處，並非心理缺陷或是動機不足的結果，而是你交易的方式不能充分利用你特有的長處。**如果你按照交易者的正常學習路線，是達不到專業技能和頂尖表現的。**世上的優秀表現者挾帶著乘數效應，產生指數級增加的學習：他們善用天賦並以早期成功而進入豐饒的環境，並從中獲益。如果你了解自己，就有最大的可能找到交易利基與個人長處之間的匹配，帶領你進入那樣的環境，就像

「非正統」的揮棒方式將澤姆斯基帶到泰德‧威廉斯面前。

　　上一章我們曾討論過「學習循環」。**現在你可以看到，表現發展的第一個學習循環，就是了解自己。**這是你註冊進入市場經驗大學、參加各種課程、經歷不同的導師，並找出自己主修科目的機會。如果做對了，那可能是一場精采歷險的開端，也是一次非凡的學習經驗。

第三章

進入正向學習循環

成為一個合格且勝任的「表現者」

第一堂課,我希望你將《現代西洋棋開局》[1]的每一行都玩過一次,包括腳註。至於下一堂課,我希望你再做一次。

——前世界西洋棋冠軍鮑比‧菲舍爾給來上西洋棋課的傳記作家
法蘭克‧布雷迪(Frank Brady)開的作業

若我們提到某人在一個表現領域稱職能幹,這代表什麼意思?這必定是代表他們擁有過人的基本技能與天賦,讓他們有別於初學者,因而有更為成功且始終如一的表現。就如同鮑比‧菲舍爾的體悟,這意指對該表現領域有一定程度的經驗,以及儲備充足的相關知識。

---

1 《現代西洋棋開局》(*Modern Chess Openings*)是美國西洋棋手費米安(Nick De Firmian)的經典著作。

　　當我們說一個人是位「稱職」的醫生、運動員或西洋棋選手，我們是在表達讚美，但卻無法代表全部——稱職合格的能力與專業技能不同：一位納斯卡（NASCAR）賽車[2]的優勝者不只是稱職這麼簡單；一位稱職的歌手也不是注定能走上百老匯的舞台。雖然能幹稱職不意味著專業技能，但一個人若連在自己從事的領域都無法勝任，就不可能被視為是「專業表現者」。從這個觀點來看，稱職、勝任是專業技能的必要條件，但並不是充分條件。如果我們要熟練掌握市場，首先必須跟得上市場。在成為專家之前，我們得先擁有「勝任」的能力。

定義交易中的「勝任」能力

　　我對勝任交易的能力有非常簡單的定義，對其專業技能的定義也同樣簡單：

- 勝任合格的交易者能持續承擔其交易成本。
- 專家交易者能靠交易持續賺取令人滿意的收入謀生。

　　我們不可能要求個人對交易能力與專業技能的定義，局限在擁有特定才能、人格特質與技能。就像我們在第二章看到

2　全美改裝車競賽，是美國最大的競速賽事。

的，這是因為交易有許多形式，需要的長處各不相同。

我認識許多合格的股票指數期貨交易者，在其他市場卻無法勝任；我也認識許多合格的長線交易者始終無法承擔短線搶帽交易的成本。透過持續取得戰果來定義交易者的能力與專業技能，是我們評估參與者是否能在市場上實現「非隨機優勢」的唯一準繩。

其中，「承擔交易成本」這個標準似乎是交易能力的適度定義，但收支平衡可不是表面上這麼簡單。經驗不足的交易者很容易將交易看成是五五波的問題：市場走勢要不是有利，就是不利。就算我們寬容地假設，交易者同樣都善於收割獲利和吸收損失——按照行為金融學研究人員的發現，這對人性本質來說也不是一件容易的事——交易依然不是機會對等的賭注。

交易者要真正彌平成本，必須先回收即時數據傳送、交易軟體，以及採購用以輔助交易的其他工具等支出。還要加上電子交易者用的硬體費用，與市場充分連線的成本，以及維護備用系統（以防萬一設備或連線故障）的相關支出，經常性費用會迅速增加。專職交易者需要非常快的網速及專用電腦連結交易所，以及按照需求配置的最先進軟體，這類開銷動輒一個月要數千美元。如果是主力大戶，大概還有交易所會員費的相關費用。

即便是在家交易的散戶，其省下來的經常性費用也會消耗在其他地方。對於頻繁進出市場的交易者來說，手續費支出會

在不知不覺中累積擴大。對一天可能來回交易三次 E-Mini S&P 500 指數期貨合約 5 口的交易者來說，每回合 5 美元的手續費乍看是小錢，但以每天 75 美元來算，一個交易年度下來這筆錢很容易就超過 1 萬 5,000 美元。如果這位 5 口交易者的帳戶規模為 10 萬美元，他就需要賺到 15% 的報酬才能打平手續費，這還沒加上設備及其他經常性費用，你很容易就能看出這對一般交易者來說有多不利。

　　難題還不僅如此，假設這位 5 口散戶在市場上有部位進出。他這樣做是以賣出價買進、以買進價賣出，每一回合放棄了 1 個 Tick（價格跳動點）的執行。換句話說，如果他每次交易就立刻出場，光是損失買賣價差，每筆交易就會損失 1 個 Tick。這 5 口一天交易三次，每天加起來就有 15 個 Tick 要解決，才能達到損益平衡。按每跳動點 12.50 美元計算，他每天會虧損 187.50 美元，或者每交易年度會虧損超過 3 萬 7,500 美元。若再加上手續費，不可思議的是，即便這段期間市場從未發生過暴跌，但他一年還是會虧掉一半的交易資本。

　　為了彌補成本，交易者至少必須適度且持續地獲利。這需要有相當程度的執行、風險管理、解讀市場型態的技能。雖然彌補經常性費用不是令人興奮的目標，卻是通往更大成就之路的必要目標。一家餐廳開業時，只有在達成回收固定費用目標的前提下才能繼續營業，包括：設備、房租、人事、食材、稅負與水電等成本。如果能在合理的時間內做到這一點，那就承

擔得起行銷、調整菜單的費用來累積客群。也就是說，在你成為「專業表現者」之前，必須先達到合格勝任。就像開餐廳一樣，收支平衡能為你爭取時間，讓你在得到學習曲線之前活下來，在獲取專業技能之後，就能進一步為你賺取回報。

不過，是什麼因素構成能勝任交易的能力呢？有天賦的新手該如何成為合格勝任的表現者？這個過程可以加速嗎？這些是我們現在要探討的問題。所幸，有相當多的研究照亮了我們眼前的路。

專家的能力與勝任者的能力

我檢視了諸多專業表現者的研究，促使我進一步推展乍看之下不顯眼的一個概念：**一個最終發展出專業技能的人，通往合格能力的道路與那些只維持「勝任」的非專家截然不同**。大部分交易者，以及擔任他們導師的人，都未能看出這個重大區別。

我們就從一個簡單的例子開始。我是合格的打字員。我在高二那一年上過打字課，大學時的所有報告都是用打字的，在我寫作生涯期間也持續靠自己打字，因此，我有相當多操作鍵盤的經驗。我打字的速度還算快，準確度也不錯，但肯定比不上法庭的速記員。多年的接觸足以讓我具備合格的打字能力，但還稱不上是「專業技能」。同樣的，多數人都是合格的汽車

駕駛，但都不是動作片中能做出危險特技的專家。再三重複的經驗能帶來學習，而這種學習提供一定程度的能力。不過，這種能力很少會發展成專業技能。我非常確定我還可以打字或開車二十多年，但我還是無法站上這些領域的頂尖地位。

　　觀察真正專業表現者的過往時，我們會看到他們透過不同的路徑得到能力，並非只是透過經驗的累積。**這個路徑跟他們的能力為什麼會興旺發展、而其他人的能力卻不能有絕大的關係。**

　　發展心理學家霍華德・嘉納（Howard Gardner）研究像是愛因斯坦、畢卡索、史特拉汶斯基、甘地、佛洛伊德等傑出人物一生中的創造性成就，觀察到這些才華洋溢的人才在功成名就之前，都有過**明朗化經驗**（crystallizing experience）。這種經驗相當於「啊哈！」的頓悟經驗：與他們最終精通掌握的領域有了情緒激烈的邂逅。那不只是愛因斯坦或史特拉汶斯基擁有了能力，可以進行許多物理實驗或演奏音樂，而是**那些領域有某種東西吸引住他們。**他們感受到一種繼續從事這個領域的**衝動，**而不只是想投入的渴望而已。合格稱職的音樂生一天在鋼琴前坐上一小時練習樂曲，才能繼續他們的生活。然而，初出茅廬的專家卻得有人把他們從鋼琴前拽開，才能繼續他們的生活。由那種明朗化經驗所產生的興趣，讓人渾然忘我。

　　華特斯（Joseph Walters）與嘉納指出，菁英數學家、音樂家、視覺藝術家都有明朗化經驗。他們以作曲家德布西作為典

型例子。十多歲時，德布西就是才華洋溢的音樂家，但是他對作曲並未顯露多少興趣。在開始跟著新導師拉維納克（Lavignac）學習之後，他接觸華格納的作品並大為著迷，三更半夜才肯離開音樂教室。這對他的作曲興趣及最終發展出高度非傳統和聲有重大影響。

發展心理學家羅伯‧寇爾斯（Robert Coles）獨特不凡的生涯歷程，始於採訪在紐奧良一所全白人公立學校就讀的一名六歲黑人小孩茹碧。丹妮絲‧謝克里安（Denise Shekerjian）為了她的書《不凡的天才》（Uncommon Genius），採訪過寇爾斯與另外三十九位麥克阿瑟基金會天才獎的得主，她指出寇爾斯極度受那位小女孩吸引，認為自己找到了一生志業。在接下來的三十年，寇爾斯與妻子走遍世界上的偏遠地區，從阿帕拉契到南非，採訪兒童並傾聽他們的故事，為兒童的道德、認知資源及其對危機的反應，繪製出前所未有的資訊圖表。

寇爾斯對謝克里安說，大多數人覺得他前往那些最貧窮的地區，放棄傳統行醫執業的安適，「只為了跟兒童談天」，是瘋狂的行為。但他說，他深信自己走在正確的道路上。根據寇爾斯自己的解釋，他相信自己的直覺，並由一種「勝任感」推動。在他內心深處，他認為這就是自己必須要做的工作。

寇爾斯意識到自己發展的能力，而這個能力與我的打字能力截然不同。他是透過密集從事引發想像力的工作而獲得能力，而不是藉由上課或在有條理組織的課程中練習技能。「沉

浸式學習」（immersive learning）不同於傳統學習，卻是專業表現者之間一個獨特的共同點。這就是為什麼找到一個人的表現利基並與之建立情感聯繫如此重要的原因。**只有這樣的連結才能創造出一種沉浸感，從而使人們內化一個領域，而不僅僅是了解它。**

心智訓練 💡 **Tips**

尋常的能力來自於熟悉某個領域；專家的能力則源自於與某個領域的緊密接觸。

明朗化經驗與沉浸式學習

　　毫無疑問，我身為治療師最大的天賦，就是判讀心理學家萊斯特・魯伯斯基（Lester Luborsky）所說的，發生在療程期間情緒化的「標記」。那有點像撲克牌選手解讀對手無意識的小動作。一名當事人可能用一種語調談起自己與丈夫的爭論，接著又以另一種語調描述自己工作的升遷。之後，她跟我說她下次的預約可能會遲到，此時又恢復成描述混亂婚姻時的語調。我立刻就知道，無論她和丈夫之間出了什麼問題，都會在與我面談期間顯現出來了。實際上，當下我變成了她的丈夫——藉由幫助她看清這點並與我一起找出癥結，我提供給她的經驗，或許有助於她處理婚姻問題。

心理治療的過程中會出現各式各樣的「標記」，有些是言語上的，有些則是非言語的。標記可能是一個姿勢，一種修辭手段，或是特定的動作。有時候簡單的轉換話題就是一個標記，就像忐忑不安的當事人翹起二郎腿、轉移視線、從一個會產生焦慮的話題轉移到比較自在的話題。這個時候，優秀的治療師會記住當事人的每一次翹腿與視線轉移，找出可能引發他焦慮的題材。

我在市場上的明朗化經驗，出現在我日復一日地觀察交易螢幕、注意各種代號與價格水準的時候。當時，我的注意力都被一個叫做 Tick 的東西吸引住了。一般來說，市場上漲時 Tick 會上升，市場下跌時則會下降。不過，有時候 Tick 上升了市場卻沒能走高，或者 Tick 下降了但市場並未下跌。通常，這種不正常的情況會導致市場方向出現短期變化──我的腦袋中突然有個燈泡亮了起來：**我找到了交易的「標記」；我可以像解讀人一樣的解讀市場！**

從那個時候開始，我全神貫注地追蹤紐約證交所跳動指數（NYSE TICK）。不過，我的本業是心理學家，不可能即時追蹤市場，但這無法阻止我的決心：我買了一台錄影機，錄下電視的財經新聞頻道。每天晚上，我會觀看錄像並匆匆記下當天的價格及每隔 5 分鐘的 Tick。我的數據蒐集做得並不完善，但累積下來，我對這個指標發展出一種緊密感。

到了 1997 年底，也就是我正式開始蒐集即時數據的時候，

我已經產生對短線交易型態的看法了。八年之後，在我寫作的此刻，這段期間我每天都忠實地蒐集 Tick，檢查並存檔。我還進一步調整這個指標，提升它的準確度，並針對不同的市場指數量身打造各種 Tick 衡量基準。因為這種熟稔的緊密關係，我可以僅憑我的 Tick 指標和 1 分鐘的價格與成交量數據，游刃有餘地交易股票指數市場。

　　我一晚又一晚地從錄像中蒐集數據，這和羅伯·寇爾斯古怪的探索有很大的不同嗎？我想是沒有。明朗化經驗催生執著沉迷──渴望自己徹底沉浸在有意義的事物之中。

　　謝克里安曾講述藝術家羅伯特·歐文（Robert Irwin）的故事。歐文從日常生活中抽離，就一個主題創作出各種不同的畫作──在一面色彩場域中有兩條直線貫穿。過程中，他保持全神貫注，一週 7 天、一天至少 12 小時。辛苦兩年之後，他完成了十幅畫，還成就了更多。就像謝克里安說的，他用色彩場域的變化及線條位置做實驗，改變了他的感知，使他對「周遭環境會如何微妙地塑造我們的體驗」變得十分敏感。這也引導他開始創作環境雕塑：為特定地點創造作品。歐文培養出一種感知能力──在人與環境的相互作用中看到藝術的能力──但他獲取這種能力的途徑並非經由傳統的學習機制。他的發展就跟寇爾斯一樣，源自深入的「沉浸」，讓他能看到其他人不能一眼看出的東西。他的學習因此獲得了某種嶄新且具創造性的東西。

　　這是區分「合格勝任者」能力與「專家」能力的因素嗎？一個普通人透過重複、正常的經驗達到必要的技能水準，就像我訓練自己打字和開車一樣；剛嶄露頭角的專家沉浸在非一般的經驗之中，學會以全新的方式思考和感知，正如我學著像解讀諮商當事人傳達的訊息一樣去解讀Tick。換言之，一般學習會產生一般的表現，而由明朗化經驗觸發的沉浸式學習（亦即前述柯林斯「飛輪原則」背後的原動力），產生的乘數效應則能累積出專業技能（請見圖表3-1）。

　　表現良好者能把尋常的事情做得非比尋常地好，但表現優秀者則是在做非比尋常的事。他們的學習會帶來新奇的事物，而不僅只是熟練地複製所學。創造力——源自獨特沉浸式體驗的新穎見解與行事——有可能是交易者在市場上取得優勢的終

圖表3-1　產生一般能力與專業技能的學習

一般學習 vs. 沉浸式學習		
	一般學習	沉浸式學習
動機	為了實用目的，渴望建立技能或獲取資訊。	明朗化經驗；醉心於學習的領域。
情緒	努力；與「玩樂」迥異。	全神貫注在該領域；成了一種玩樂的形式。
過程	以不連續的課程進行，通常從書本學習。	持續全神貫注在學習與實作之中。
結果	能力；複製學到的東西。	專業技能；嶄新的表現。

極來源嗎？優秀交易者從僅是表現良好的交易者當中脫穎而出，靠的是創造力嗎？

失敗的交易者如何重建創造力？

查德覺得挫敗洩氣。彷彿每次當他建立部位，市場就會突然對他不利。一開始，他會開玩笑說市場老是跟他過不去。後來，這就不只是玩笑了。有很長一段時間，他非常害怕開始建立部位，以致於眼睜睜地看著機會溜走。等到他終於對自己的恐懼感到失望洩氣了，又衝動地建立起大量部位，只為了看它們迅速走向不利於他的走勢。他獲勝的平均天數遠小於他失敗的天數：他要不是太謹慎小心，就是太剛愎任性。似乎沒有令人滿意的適中點。

最令查德洩氣的是，他對市場的大致方向通常判斷正確。他看到市場走勢強勁就會買進，但他無法容忍市場下跌。有時他甚至會在「回吐」已經走跌的多頭部位之後說：「注意，現在要上漲了。」果然，等到其他投資人真的如預期的進場，市場終於上漲到他最初的目標。不過，有好幾次他在部位陷入虧損時打算繼續堅持，市場卻猛然地反咬他一口。結果就是被一次大虧吃掉幾天的獲利，導致他重回過度謹慎的交易。

我觀察查德交易，注意到一個重複的模式。當市場變得更加震盪，或者當查德建立部位時，他的呼吸頻率會加快，可以

明顯看出他的身體緊繃，而且在椅子上坐立不安；在市場平靜或者他未持有部位時，他的坐姿則會放鬆許多，呼吸也更緩慢綿長。這些「標記」告訴我：查德是否正暴露在市場的風險與波動中──這是一個危險信號。他的身體動作處於典型的戰鬥／逃跑反應。他不再是為了賺錢而交易，他是為了「避開危險」而交易，就像人在陌生且危險的地形中摸索前進一樣。

我第一次讓查德做的練習，就是讓他追蹤市場並進行模擬交易，同時進行放鬆姿態和緩慢呼吸，另外也利用攜帶式心率感測器，記錄他的生理喚醒（physiological arousal）狀況。我們一致同意，在他熟練地掌握「冷靜、鎮定地觀察市場」這門技藝之前，他不會建立實際的部位。

查德有好幾次都告訴我，他準備好重新開始交易了，特別是他在模擬交易中賺到錢之後，但他在那些時刻的心律依然會飆高。我鼓勵查德要有耐心，堅持我們的計畫。

於是他觀察市場。繼續觀察。還在觀察。過了一陣子之後，他習慣了這樣觀察，就像羅伯特‧歐文盯著自己畫作上的線條。他不是只看著螢幕；他在看上面有什麼。

歐文到了會注意到工作室牆上小裂縫的程度。他注意到自己對那道裂縫的知覺，影響他對那面牆的看法，就像他的線條配置影響了他的色彩場域體驗。當他用灰泥弭平那道裂縫，他觀看到的那面牆變了，**與此同時，他對當時筆下畫作的感知也變了**。這個領悟引領歐文從繪畫走向雕塑，因為藝術對他來說

變成新東西了：透過實際修改環境而產生的經驗。

查德的這種「羅伯特・歐文經驗」，出現在他平靜追蹤市場、大聲喊出一次交易並賣出賣權的時候。緊接著，市場幾乎同時跳升了 4 個 Tick。我很高興查德似乎能保持冷靜，正打算要說點意見時，他注意到，「市場沒有交易！」

「什麼意思？」我問。

「你看！」他激動地說，「幾乎沒有交易量。」

果然，在市場快速跳動期間，每個價位只有幾百筆合約交易。這似乎很奇怪，因為委託簿上有幾千筆合約。等我們重看錄像時，才知道發生了什麼事。委託簿上的賣單在市場一開始急速跳升就撤下，造成賣方暫時真空。委託簿上僅剩的少數幾筆賣單立刻被吃掉，造成我們看到的些許交易量。等到沒有更多的買盤進場後，價格又回落到先前的水準。查德注意到，並不是因為大量買盤造成上漲，而是暫時缺乏賣方的關係。

在那些認賠回吐的事件當中，他憑直覺知道，價格最終會照著他的方向走。不過，現在的查德卻很興奮。他看到這些短暫的「真空」走勢極有可能是機會，而不是威脅。他的回應是希望進入陌生的領域，而不是躡手躡腳地穿過它。

他判定，關鍵就是確認沒有其他買家或賣家趁機利用這波真空走勢。查德同意分批建立部位，這是他一直沒有做的事。他先從相對較小的部位開始，並持續冷靜地繼續我們的練習，同時關注市場的交易情況。如果市場對他不利，他會衡量變動

的數量，並判斷發生這樣的變動是因為有供給或需求的湧入，還是因為有單方面撤出市場。如果是後者，他會短暫觀望變動是否吸引新的買賣盤。假如沒有，他就會以更好的價格增加部位，要是這個舉動吸引更多的交易量，他會出脫部位，以減少之後的部位規模並承擔損失。這對查德來說成了雙贏。

最後，查德從這個經驗中培養出非常出色的逆勢交易風格。交易期間保持冷靜並循序擴大部位，大大減少了他的危機感。而同樣重要的是，跟歐文一樣，**查德改變了他的知覺**。原來的威脅現在成了機會來源。查德開始審視市場，尋找那些急劇變動，導致過度曝險的交易者容易遭受攻擊的地方。他明白，等他們認賠吐出部位，市場將回到平衡水準，就像他挫折洩氣時一樣。這種回歸平衡的情況每天都能為他帶來幾筆高勝率的交易。事實上，他後來非常善於辨別其他人何時被套牢（跟他以前一樣），以致於其他交易者在市場劇烈波動之後會立刻找上他，了解他對市場的看法。

查德和我合作的基本要點是什麼呢？如果我只是教他一些放鬆練習，查德或許能熟練地降低自己生理被激發的程度，放慢他的思慮。但查德的成就不僅如此，他讓自己沉浸在專注的狀態，而且在這種狀態中觀察到自己以前沒有發現的事。這個新的知覺，也就是他的「明朗化經驗」，讓他重新調整對市場的看法。原來的危機變成機會；原本令人挫折的現在令人振奮；原本無法理解的現在十分合理。他發展出來的能力不僅是

自我控制的能力。**他發展出觀察與行事的新方法**。他的新方法是運用「創造力」，而不是治療。

召喚、天賦與成就快感

在那次的發現之後，依然不減查德的興奮之情。他熱衷於應用他的新洞見，在不同的市場中捕捉真空走勢。這種興奮之情讓他一直黏在螢幕前，進而又增強了他解讀市場的能力。如果說查德是在練習一種技能，那就錯漏了他的動機中一個重要元素──他覺得有動力以新眼光觀察市場；那更像是一種召喚，而不是簡單的學習訓練。

我們從前述的德布西、寇爾斯、歐文，以及許許多多從能力發展成真正專業技能的人身上看到這一點。**與其說是他們挑選出利基，倒不如說是利基挑上了他們**。突然靈機一動而讓人有超出常規的意義與目標。還有什麼東西能讓人走遍全國的貧窮地區、獨自在工作室裡面對著一幅畫，或是一小時又一小時地盯著螢幕觀察市場呢？

這是區分「能力」最簡單的方法：你會發展出專業技能或正常普通的能力？那些未來的「專家」深深沉浸在新經驗的產生之中，以致於他們的努力超越了正常的工作慣例。他們用來工作和玩樂的時間變得難以區分了，**這是因為工作感覺不再像工作**。工作本身成了令人愉悅的事。

艾迪・賽柯塔（Ed Seykota）在《金融怪傑》中的訪談指出，「並不是優秀的交易者有天分，而是天賦找上了他們。」這正是我們在專業表現者身上看到的，他們發現自己被「明朗化經驗」點燃了。「興趣」的火焰是因為一個人的天賦，以及在某個表現領域經歷的機會，兩者產生了化學反應。有時這會發生在他們年幼的時候，就像老虎伍茲一歲時看了父親打高爾夫球之後，也開始拿起球桿。

伍茲的傳記作家比爾・葛特曼（Bill Gutman）回憶說，即使在那般幼小的年紀，伍茲就展現出真正的天賦，他對高爾夫愛不釋手。伍茲形容打高爾夫就像上癮般，低桿帶來高分。伍茲的父親厄爾想鼓勵他只要在球場上開心玩耍就好，伍茲卻回答說：「我就是在玩。打出低桿數讓我開心。」

可以感覺到，老虎伍茲從低桿數得到的激動興奮，無異於寇爾斯發現跟兒童有關的新事物，或是歐文製作的雕塑創造出特定場所精髓時的感受。這種體驗不光是樂趣，而且是強大、有意義的。它會產生幸福快樂。

年輕時的丹・蓋博並不是一開始就是摔角選手。他嘗試過游泳，但成功只是曇花一現。傳記作家諾蘭・薩沃拉爾解釋，等到其他男孩子的發育追上來，蓋博就再也無法贏得游泳比賽。不過，他發現摔角對他來說易如反掌。彷彿他可以靠自己去控制競爭對手。當自己的運動長處與摔角領域的契合，讓蓋博備受激勵，他從教練那裡拿到體育館的鑰匙，每天都比隊員

更早展開訓練。年輕的蓋博發現，摔角必須不斷地移動步伐，這種活動讓他一直保持在腎上腺素激增的狀態。他解釋道，這是他無法從其他運動練習獲得的亢奮狀態。

　　我共事過非常成功的交易員，都跟優秀運動員一樣有自己爭強好勝的一面。身為教練的丹・蓋博，會徵求同意掌摑摔角選手，好集中他們的戰鬥精神，還會在練習之前纏好自己的手，準備他那一套激勵方式；麥可・喬丹據說非常鄙視輸球，因此當他在一場桌球比賽中被隊友打敗之後，他自己買了一張球桌勤懇練習，直到能贏為止。

　　對最佳交易員來說，最艱難的事並不是虧損；而是在虧損時停止交易。他們十分好勝，因而只有在百般無奈的情況下才會接受失敗。

　　然而那不僅是錢的問題，就像自由車競賽對藍斯・阿姆斯壯（Lance Armstrong）[3]一樣，不光是自由車的問題。我問過許多成功的交易者，如果我幫他們找到一套結構完善的機械系統，保證他們有健康、固定的收入，他們是否會選擇改變交易方法。大家都說不會。他們不想要一套打敗市場的系統；**他們想要用自己的技能打敗市場。**我可以想像，如果有人給羅伯特・歐文一個繪畫品質達到進美術館程度的藝術生成電腦程式，他會研究它，然後繼續自己的創作。通往專業技能的能力

3　美國前職業公路自由車賽車手，生涯七次奪得環法自由車賽冠軍。

不只是靠讚揚或成功去推動的；而是來自精通某個領域並留下個人印記的驅動力。中樂透不太可能產生成就快感，不過，查德在以他的新方法進行一筆交易之前，就能體驗到那種快感。

心智訓練 💡 Tips

專家通往其能力的道路，就是在追求成就快感。表現者並非是受到某種動機的刺激而工作，而是因為他們已深深沉迷其中。

當天賦有限的時候，可能就得不到成就快感。我對自己的打字水準很滿意，而且沒錯，我做得還算稱職合格，但以打字員來說，我永遠體驗不到老虎伍茲三歲時身為高爾夫球員的感受。成就快感源自於縱容自己的長處。沒有長處，就沒有成就快感；沒有成就快感，就不會有沉浸入迷；沒有沉浸入迷，就沒有創造力──不能突破眼界觀點而讓表現者達到新高度。**很簡單，如果你沒有體驗到成就快感，你就是處在錯誤的利基之中。**

有句話說：「只有耐心圓滿完成簡單工作的人，才能夠輕而易舉地完成困難的事。」查德耐心做練習，將棘手困難的市場情況化繁為簡。不過，那不只需要一個人等公車的耐心，而是必須全神貫注：將全部身心投入其中才會有的專心。就像所有的菁英表現者，查德不但動機明確，更是沉迷其中。

基本表現謬誤：努力不等於成功

圖表3-2總結了普通能力與發展中的專家能力之區別。其中最重要的是，專家與非專家的發展路線天差地遠，儘管當時可能難以純粹從「表現」來區分他們的差異。

這對你發展成為交易者有什麼意義呢？這表示光是辛勤努力也不會產生專業技能。「只要努力就會產生優異的結果」這個概念十分普遍，因此我稱之為**基本表現謬誤**（fundamental performance fallacy）。當我們看到專業表現者勤奮努力時，往往誤以為這就是他們成功的原因，我們會覺得，只要做更多正常普通的努力，強化那些普通能力的活動，就能帶來專業技能。

基本表現謬誤就是讓我們相信，如果有一堂課教我們技能，兩堂課能讓我們的技能加倍。練習鋼琴4小時肯定比練習2小時讓我們更接近精湛技藝。不過，專業技能就像我們看到的，並不是有更多增進能力的相同經驗就行，**而是要徹底轉變一個人與表現領域的關係**。

相較於其他畫家，歐文在轉型時期的畫作更少，但他的收穫卻更多；老虎伍茲在他第一場高爾夫比賽前就已經成為了「老虎」。辛勤努力和沉浸不同，這觸及到能力對專業技能的意義核心。那是畫畫與成為畫家的差異，也是你擁有天賦或天賦找上你的差異。

哈佛大學的「零點計畫」（Project Zero）是一個調查「天賦

圖表3-2　普通能力與專業技能的差別

	普通能力	專業技能
學習的本質	不連續的課程與經驗	連續不斷地沉浸在表現領域
學習的模式	尋常的體驗	非比尋常的體驗
學習的結果	加強技能	與眾不同的嶄新技能
學習的情緒體驗	滿足	成就快感
對自身的影響	不會改變自我知覺	影響深刻甚至支配自我知覺

發展」與「創造力」的研究項目，該計畫的主持人艾倫・溫納（Ellen Winner）調侃地說道，沒有一個人敢斷言，智能障礙是努力不夠的結果，但我們卻認為只要夠努力就可以成為天才。

　　在總結跟視覺藝術有關的研究時，她注意到，要讓普通兒童像有藝術天賦的兒童那般努力作畫是不可能的。那些有天賦的兒童所展現的繪畫技巧，也和普通兒童不同，不僅是把相同的技能練得更精湛而已。因為有天賦者的學習速度比其他人更快，通常也會更努力學習，也更有能力運用自己的藝術素材，發展出新方法。

　　比方說，早熟的藝術家很快就能發展出將透視法融入繪畫的本事，而且不必接受詳盡的指導就能做到。他們還展現出對色彩與形狀更靈活、更有創意的用法，這種天賦最早在他們兩歲時就出現了。這些發現顯示，他們的天賦有部分是感知方面

的：他們眼中的世界與同儕不同。缺乏這種天賦無法只靠努力來取代。光是動機，也無法替代發揮天賦所帶來的成就快感。

努力與天賦的結合，決定了專家的能力路徑。溫納稱這是「專精的狂熱」（rage to master）：一種擴展與表現自身的強烈動機。她引述一個四歲男孩雅各的例子，雅各一聽到重金屬音樂，就立刻向父母懇求要一把吉他。兩年來，他的父母一直拒絕他這個不尋常的要求，但後來終於妥協了。雅各上完第一堂音樂課之後就不肯離開，每天還花好幾個小時練習吉他。溫納描述，他的父母從來不需要鼓勵他練琴，甚至還必須費力地把他從樂器上架開，讓他去做其他事；年輕的老虎伍茲也是如此：他的父母堅持要他完成家裡和學校該做的事，才能拿起高爾夫球桿。他想精通這項運動的狂熱如此強烈，因而消除了工作與玩樂的正常界線。

基本表現謬誤之所以是謬誤，是因為努力無法解釋專精的狂熱。就算我們可以強迫普通小孩的練習時間跟雅各或老虎伍茲一樣長，他們也不會投入相同的精力；他們也未必能像有天賦的小孩一樣，有相同的感知、運動，以及智力優勢的基礎。溫納指出，沒有天賦的努力，產生的是勞碌苦工，而非菁英表現者。然而，有天賦卻不努力，結果就是浪費潛能。

專精的狂熱給天賦套上努力的枷鎖，創造出不同於正常學生的高品質能力。

培養表現者的認同感

在發展過程的某個時刻，表現者會開始將他們從事的活動整合到自己的身分認同之中。他們不只是在做交易；他們還是交易者。在發展的早期，教師與父母的讚美是重要的激勵因素。不過，隨著天賦找到表現方式，能力經驗本身就成為動力。布魯姆的研究團隊成員蘿倫·索斯尼亞克（Lauren Sosniak）調查了那些天賦過人、早早成為成功藝術家的年輕音樂家。隨著他們逐漸進步，他們明白自己比同儕優秀，而且享受因為天賦而得到的差別待遇。根據索斯尼亞克的研究，精通掌握的激勵作用，就跟關注與認可對早期的表現者一樣。

以能力為基礎的動機，是推動持續努力學習的重要關鍵。索斯尼亞克觀察到，鋼琴家愈是感覺到自己很特別，就會愈致力投入音樂教育。**專精的狂熱也是體驗自身成為高手的狂熱，以此轉變一個人的自我意識**。在專業技能發展的啟蒙時期，表現就是玩樂。不過，隨著成就增加和天賦的發揮，表現成了一種自我提升。

以色列的高爾夫選手佐哈·沙隆（Zohar Sharon）就是能力產生變革作用的精采案例。根據美聯社阿隆·海勒（Aron Heller）的報導，沙隆不久前在以色列唯一的十八洞球場——凱撒利亞高爾夫俱樂部的第十五洞，打出一桿進洞。他還贏過無數的國際高爾夫球錦標賽，以一個四年前才開始從事這項運

動的五十三歲男子來說，這是非凡的成就。

不過，那不是沙隆獨一無二的原因。

他是盲人。

沙隆在以色列軍隊服役期間意外失明，一度消沉沮喪。「我之前做的一切全都崩塌瓦解了，」沙隆描述道，「突然間，你什麼都不是，一個三歲小孩都比你有生產力。」他嘗試過不少活動，從繪畫到以物理治療師為職業，但沒有一件能夠長久。事實上，他最初嘗試高爾夫球也失敗了，而且他是在放棄了十年之後才又回頭接觸，由他最親密的友人擔任球僮，堅毅果斷的運動心理學家柯多巴（Ricardo Cordoba-Core）則擔任他的教練。

海勒解釋，柯多巴用非傳統的方法，教這個失明的人以合適的方式揮動高爾夫球桿。他教沙隆在家掃地，把掃帚當成球桿；還將沙隆的手臂綁到身上，強迫他在揮桿時，髖部跟著擺動。這些練習進行了幾個月後，沙隆才真正拿起高爾夫球桿揮桿——這是現實人生中的生動案例，說明那些有耐心的人如何將簡單的事情做到完美，學到達成困難之事所需的技能。柯多巴的回饋意見支撐沙隆走過這個早期階段；後來，他的每次揮桿都有好友兼球僮列維（Shimshon Levi）給予指引和回饋。他的發展速度飛快，如今成了全球傑出的視障高爾夫球選手。

不過，更重要的是，沙隆不再消沉沮喪。他描述自己在高爾夫球場上的體驗是一種自由——全神貫注在小白球上，就不

會再想到自己的殘疾。事實上，他感覺自己像是一個擁有獨特能力的人。不斷成長的能力不但是一種激勵因素，更組成了他的身分認同。他不再只是一個打高爾夫球的人。

現在他是一名高爾夫球選手。

> **心智訓練　Tips**
>
> 正常的能力藉由培養技能，延伸擴展了我們的身分；專家的能力藉由開發天賦，重新定義我們的身分。

舒適：交易者的死亡之吻

在我來到金斯崔公司之前，有幾個操作歐元的交易員跟我聯繫。他們的交易做得很糟，想找我幫忙。我問了各種問題，包括他們如何分析一天之中的不同時間，其交易結果會有什麼變化？相較於紐約開盤時，他們在歐洲開盤時的獲利是比較多還是比較少？我的問題引來一陣沉默，原來在凌晨兩點倫敦開盤時，那些交易員並沒有在交易。

我十分震驚。我目前的工作，得在凌晨四點醒來、運動，然後觀察歐洲與亞洲市場的收盤價，以及 E-Mini S&P 500 期貨的隔夜交易狀況。從內珀維爾通勤到芝加哥之後，我通常是在清晨六點半至七點間到達辦公室，有充裕的時間準備迎接七點半公布的數據。我從未想過要錯過市場開盤。

在與那個外匯小組的領導人談過之後，我向幾位同事提出一個疑問：你怎麼能交易一種歐洲貨幣卻錯過歐洲市場開盤呢？依我平常的做法，我會進行統計研究，找出市場波動最大的時段，以及倫敦與紐約開盤前後的趨勢價格行為。歐洲市場開盤時人不在場，這在我看來就像紐約證交所開始一天的交易時，交易員卻不在螢幕前一樣。那是錯過良機！

不過，我的問題不完全正確。沒錯，錯過機會時段和錯過待在螢幕前的時間，並不是無法獲利或無法建立交易專業技能的原因。不過，更關鍵的問題是：**一個專業交易者怎麼能忍受市場開盤時他不在現場？**

老虎伍茲會因為開球時間太早而第一洞不到場嗎？丹‧蓋博會錯過晨間練習嗎？如果一個人有專精的狂熱，你反倒要約束他們，阻止他們開盤時坐在螢幕前。他們一定會想知道市場的交易情況；到了晚上他們並不會停止思考，而是**繼續**反復推敲前一天得到的想法。

舒適，是專業技能的死亡之吻。 芝加哥寒冷早晨的舒適被窩，讓交易員沒能趕上倫敦開盤；與好友共進午餐的舒適，付出的代價就是錯過午後的一次價格突破。鮑比‧菲舍爾、藍斯‧阿姆斯壯、丹‧蓋博、鮑伯‧奈特（Bob Knight）[4]的訓練行程沒有半點舒適。

4　美國籃球教練，是全美大學籃球史上名氣最響亮的教練之一。

我想伸手搖醒那幾位外匯交易員：**如果你連準時參與開盤的堅強意志都沒有，又怎麼能在市場波動所帶來更大的不適感中做交易呢？**

重點不在於鼓舞自己從開盤待到收盤、接收最新的經濟報告，或者在市場休息時還要檢視它。

就像芭蕾舞者溫蒂‧韋倫，專家表現者**熱愛**做這些事，他們在自己的表現領域中恣意奔放，彷彿威瑪獵犬在公園裡嬉鬧玩耍一般。這並不是說他們的訓練都是舒適的，相反的，他們甚至會恐懼令人筋疲力竭的訓練。然而，最終的成就快感會讓先前所有的辛苦都不值得一提。

那些外匯交易員缺乏成就快感，因此也缺乏情緒性理由守候開盤。沒有專精的狂熱，他們就無法精通，也無法長久持續。

我在金斯崔的辦公室裡寫到這些時，時間是早晨六點半過後不久。不到一個小時後，我會拿到一份可能影響市場的經濟報告。在我續杯咖啡時，從旁邊走過的帕布羅‧梅葛雷霍（Pablo Melgarejo）對我揮揮手。他在德國長期債券和標準普爾的交易已經結算，對於那些市場在不同變數下會怎麼走，他也擬定了自己的計畫。帕布羅是金斯崔開業以來的元老，他始終都能獲利。跟他談起市場時，他的眼睛會更加明亮，語氣也會更歡快。

不是帕布羅擁有交易事業，而是交易事業找上他。這兩者有天壤之別。

心流：驅動能力的力量

　　我們很難理解，是什麼原因鼓舞像羅伯特·歐文這樣的人，日復一日地在在色彩場域中重塑線條，或者是什麼原因讓佐哈·沙隆肯花幾個月的時間拿掃帚練習揮桿。專精的狂熱導致表現者花費大量時間投入別人覺得乏味的工作中：回顧一盤又一盤的棋局、鑽研幾個月的 Tick 數據，或是排練特定的體操。藍斯·阿姆斯壯寫到自己的自由車練習經驗時，描述自己連續幾小時、幾天被「綁在」腳踏車踏板上，一天燃燒 6,000 卡路里，在各種天氣狀況中流失高達 12 公升的汗水。

　　沒有人可以忍受這樣的活動，除非那不但有內在獎勵，而且本身**有意義**。阿姆斯壯解釋說，自由車環法賽的重點不在騎車；而是人生的象徵──戰勝心智、生理、精神的障礙。

　　這種參與某種比個人偉大事務的感覺，是傑出成功人士的共同課題。心理學家米契克森米哈伊（Mihaly Csikszentmihalyi）稱之為「**心流**」（flow）體驗：表現者十分投入在表現之中，因而像是不費吹灰之力地流動。我在《從躺椅上操作》一書描述心流狀態的表現者，像是在高頻寬意識狀態中運轉，那是一種非比尋常的覺知狀態。

　　契克森米哈伊的研究支持這個概念。他取得從攀岩者到小提琴家等各種表現者的經驗報告，發現他們進入了一種忘記時間的狀態，全心投入在自己的表現當中。這是令人心情舒暢的

狀態，以致於它們本身就成了激勵因素。契克森米哈伊觀察，登山家不是為了攻頂而爬山，而是為了爬山才追求登上峰頂。這種動力傳神地描繪出與我共事過的成功交易員特徵。交易的盈虧很重要，但那也只是追求精通熟練的一個記分板。交易帶給他們一種在其他地方找不到的成就快感；那是丹・蓋博在摔角中找到的快感，也是藍斯・阿姆斯壯在自由車賽找到的快感。

　　根據契克森米哈伊的重要觀察心得，心流體驗所顯示出的情況是：此時任務的需求與表現者的天賦之間，會達到相對平衡。圖表3-3勾畫出這種關係——當任務需求大幅超出個人的才能，結果就會產生出焦慮；如果任務需求遠低於一個人的本領，結果就是厭煩無趣。心流狀態出現在厭煩無趣和焦慮之間，在那個最佳激發狀態下，任務讓人感覺有挑戰性，卻不會令人望之卻步。

　　已故健美冠軍邁克・門澤（Mike Mentzer）對舉重者的日常訓練經驗有一個重要心得：如果重量定得太高，他舉不起

圖表3-3　心流與最佳激發狀態

厭煩無趣	心流	焦慮
缺少挑戰	技能與任務難度 相匹配	任務難度 超過技能

來，這樣的訓練會令人挫折；如果重量不足，他舉得輕鬆不費力，但感覺測試不出他的實力。最後，訓練就會變得乏味，令人生厭而毫無進展。如果重量對舉重者有挑戰性，而且他「做到掛」（train to failure）——意思就是持續重複舉重，直到再也無法繼續為止——就能建立起肌力，**並且**創造一個吸引人又有挑戰性的健身訓練。一般的舉重者知道在適當的健身訓練之後那種「高度興奮」的感覺，肌肉中的血液飽滿，這樣的挑戰令舉重者既精疲力竭又精力充沛。那種感覺成為上健身房的重要獎賞，也是舉重者心流經驗的構成要素之一。

心智訓練 🔆 Tips

要維持表現發展的心流狀態，就需要足以匹配技能的挑戰。

　　大多數的表現活動或許能用「滴定法」（titrate）測出挑戰的難易程度，以便找出發展中表現者的最佳平衡。厄爾・伍茲過去經常為年幼的老虎伍茲調整標準桿，好讓這位剛嶄露頭角的明星，體驗打出標準桿或低於標準桿。同樣的，音樂老師會給學生指定複雜程度不一的樂曲，藉此找出任務需求和學生技能水準相稱的組合。不過，要把這個方式應用在交易訓練上則非常困難。並沒有區分專做簡單交易或困難交易的交易所，你永遠要與那些經驗豐富的場內自營商、基金經理人、投機客競爭。就算是做採用即時報價的模擬交易，你也是在做大聯盟等

級的交易。因此，羽翼未豐的交易者很容易陷入挫折和焦慮之中，他們很難得到對自己能力的肯定，最後反而將「這是不可能」的感覺內化了。然後，以交易者的話來說，他們「失去了魔力」，也失去了他們的幹勁及競爭的欲望。

　　結果就是，沒了魔力就沒了心流。

被市場淘汰的交易員提姆

　　在我開始和提姆共事時，他已經流失大半的「魔力」。他曾經是個還算成功的交易員，卻發現過去他賴以為生的交易不再有利可圖。1990年代末期，股票指數出現短線動量交易持續熱絡的趨勢，特別是那斯達克指數（NASDAQ）。如果你能盡早參與這波漲幅，即便無法賺到一整個波段，至少也能賺到好幾個Tick。不過，隨著波動走勢在千禧年上半從市場上消失，那種動量效應也消失了。習慣在價格向上突破時買進或疲弱時賣出的交易員，突然發現他們是在高點買進、低點賣出。

　　提姆對這種情況的第一反應是挫折，接著是焦慮，一切正如契克森米哈伊的預料。「到底是怎麼一回事」被「這個市場已經非常難交易了」取代。提姆的日常對話大多集中在：「波動走勢什麼時候會回來？」而提姆的這個期望最終成了辦公室笑話：市場在假期之後會回升，在聯準會（Fed）發表聲明之後會回升，在我們打破特定價格水準之後會回升——他最大的

恐懼就是市場變得太棘手而無法交易，他的技能再也無法匹配任務的需求。這對提姆來說特別凶險，因為他已經訂婚，而且婚禮迫在眉睫。他知道，結了婚之後，隨之而來的就是額外的責任與開銷。

不過，市場在假期過後並沒有回升，在經濟報告發布或價格突破之後也沒有回升。事實上，市場波動幅度跌跌撞撞地下探歷史低點。「這個市場已經非常難交易」的想法變成了「這個市場已經不可能再交易」。明白自己不可能買進強勢股或賣出弱勢股後，提姆的策略改為試著挑出高低點，然後做逆勢的衰減交易（fade）。這個做法有時候行得通，但如果市場驟然出現明確的走向時，他會蒙受巨大的損失。因此，雖然他一週裡大多數的日子都有小額獲利，但只要偶然出現一次大幅轉折，他累積的獲利就會回吐給市場。他知道自己無法持續承受大量虧損，也知道自己需要時間弄清楚新的市場環境，於是只能心不甘情不願地降低交易規模，交易量少到他即使有獲利，也只能勉強支付成本。

面對瀕臨崩潰的事業和憂心忡忡的未婚妻，提姆愈來愈絕望。他的焦慮被徹底的消沉所取代。有時候他會任由大有可為的交易溜走，他深信無論自己做什麼，市場走勢都會對自己不利。或許最重要的是，「他不再享受交易」。他每天早晨都害怕進場。

根據我們諮商輔導的結論，提姆對於學習不同交易方式的

感受相當複雜。他的期望是，要麼市場能回復先前的狀況，讓他再次靠著動量交易賺錢，要麼他能再找到一個類似的市場，讓他用自己的交易風格賺錢。他知道進入一個全新市場的學習曲線很長，但想到個人開銷不斷升高，他就難以接受。但是當他嘗試以不同方式交易時，若遇到動量持續的情況，他又會感到特別沮喪，因為他如果堅持舊的方法，就能創造原本屬於他的獲利。他不只一次表示擔憂，有時像是開玩笑，有時又很嚴肅，擔心一旦他掌握了新的交易風格，市場就會回復原本的狀態。他深信自己擺脫不了莫非定律（Murphy's Law）。有一個明確的跡象顯示，他在努力改變之際仍會感到糾結，那就是他經常退出交易，每當小賺一筆就會出場。在他應該沉浸在學習過程的時候，卻發現自己在退縮。

我很想在報告中說，我以恰到好處的洞察力、方法或建議，幫助提姆重拾往日榮光，不過，情況並不是那麼一回事。提姆最終離開了市場轉而從商，在那個領域有穩定的收入可以養家。我絞盡腦汁了好一陣子，想找出還能幫助提姆的方法。我並不擔心提姆的將來，他的新事業做得很開心，但我知道未來我還會遇到更多的「提姆」。

我還能做得更多、讓他看到新的市場嗎？或者一種新的交易方法？我們應該延長抽離市場的時間嗎？

懊惱之下，我恍然明白這些我們全都嘗試過了，但卻沒有得到明顯的成果。令人難過的事實就是，提姆在通往專業技能

之路迷失了，而我們誰也找不到一條回去的路。

交易者為什麼會失敗：自覺、能力與心情

　　我們來試著把提姆的狀況梳理清楚。社會心理學家雪莉·杜瓦（Shelley Duval）與羅伯特·威克倫德（Robert Wicklund）發現，人在客觀自我覺察時——也就是置身在有自我意識的情況下（比如從鏡子裡看自己）——表現出來的心情，會比沒有自我覺察時**負面**。研究人員得出結論，自覺使個人覺察到真實自我與理想自我的差異。比方說，假設你給研究受試者一項衡量創造力的任務，然後告訴他們，他們的創造力處於平均水準。有自覺的受試者會比非自覺的受試者，更關心自己的實際創造力，與期望的創造力水準之間有多大的差距。這對他們的心情會有負面影響。

　　顯而易見的是，人如果把焦點放在自己身上看重的部分，更有可能顯現這種客觀自覺效應。如果你讓一個運動員自我覺察了，而她注意到自己的反射動作變慢了，這就會產生明顯負面的心情，因為對她的自我認同產生威脅；同樣的感知可能不會造成會計師心情低落。

　　自我覺察讓提姆變得痛苦，是因為他持續遭遇身為交易者的實際成績與理想有落差。提姆不僅要應付當日的虧損，還將此視為是對事業的威脅。不出所料，他的行為表現正如杜瓦與

威克倫德的預測：逃避自我覺察。只要理由正當，他就會暫停交易。不光是因為他失去了動力，還有保持自我專注和感受現實與理想的鴻溝太痛苦了。

我和大衛・阿德曼（David Aderman）在杜克大學進行研究期間，嘗試就「客觀自覺」主題做各種不同的變化。我們對受試者的一項任務給予負面的意見回饋，並且讓一半的受試者自我覺察，其他人則將焦點放在外在世界。不過，問題是我們告訴一半的受試者，他們可以輕鬆提升表現；對另外一半的受試者則說，測試結果反映的是無法改變的天生特質。按照我們的假設，相信自己可以改變的那一組（「能力合格」組）對自我察覺並沒有心情低落的反應。只有「非能力合格」組——收到負面意見回饋並相信自己無法改變的那一組——在專注自身時感覺更糟。

這項實驗的含意很重要。**只要我們相信可以實現理想，「遠遠還達不到理想」這件事本身就沒有什麼令人嫌惡的。**就像我寫這本書，即便現在我只寫了原稿的一小部分，但是我不會為此煩惱。我知道我能在編輯的最後期限前完成它，而且我有一個合理可靠的計畫能把書完成。不過，萬一我的電腦硬碟壞了而且沒有備份，我的感覺大概就截然不同了——面對逐漸逼近的最後期限和白費的心血，我可能會跟提姆一樣焦慮。我不再有把握可以達成目標。

如果我們結合客觀自覺研究和契克森米哈伊的研究成果，

就會出現一個重要結論：**我們得以持續產生乘數效應的沉浸狀態，有賴於能力的經驗。**沒有精通掌握的感知，就不可能有產生專業技能的學習。

心智訓練 Tips

我們的情緒有很大程度是由我們的感知所調節，特別是對於自身能力的感知。

提姆的經驗局限在厭煩無趣、焦慮、消沉壓抑等情緒。當我們覺得對特定任務勝任有餘，也就是情況的需求沒有吸引我們積極發揮天賦，我們會感到無聊；當我們對一項必須執行的任務感覺自己能力不足，我們會感到焦慮。不過，一旦我們評估自己能力不足以滿足一項重要任務的需求，就會產生消沉沮喪的情緒。勝券在握會導致厭煩無趣，懷疑則產生焦慮。**消沉沮喪源自於懷疑**：得出真實與理想之間的落差永遠不可能縮短的評估。

舉例來說，想像某個人被告知罹患了皮膚癌第一期，簡單的手術即可治療；且術後存活率極高，即便不是百分之百。但只要稍微想像，你就知道這種情況會產生焦慮。縮短疾病與健康——現實與理想——之間的落差，這中間已經產生了輕微程度的懷疑。不過，若是這個人被告知罹患的是末期癌症，且已經轉移到無法手術的地步了呢？他被告知化療會減緩癌症蔓

延，但無法消滅癌症，預後（prognosis）希望其實不大。現實
與理想無法彌合，就產生了一定的疑慮。這樣的病人會產生高
比例的憂鬱無可厚非。

提姆落入一種情緒陷阱，在這個陷阱裡，懷疑會不斷加深
而成為篤定失敗。焦慮成了挫折，然後是消沉憂鬱。他無法扭
轉他的交易，因為有一部分的他在想辦法迴避自覺，還有一部
分的他則在努力做交易。他真真切切地成了分裂的人。

這為什麼很重要？

我們不可能既分裂又沉浸在產生專業技能的心流經驗中。

你的第一層能力與第二層能力

我們已經看到，當個人沉浸在技能與其狀況需求完全匹配
的情境時，心流就會出現。在這種理想的激發狀態下，表現者
不會因厭煩無趣導致的刺激不足、以及焦慮的過度刺激而產生
分裂。心流會發生在眼看著一項重要任務有成功的可能性，但
還不是篤定成功時──**心流活動提供有價值的挑戰。**

契克森米哈伊觀察到，在心流狀態期間，表現者的注意力
會增強，他們全神貫注地吸收，因而在心流經驗期間忘記了時
間，**這也是讓心流成為一種加強學習狀態的原因。**在專心且提
高認知頻寬的情況下，表現者處理資訊時會比正常學習期間更
深入，也更有效率。

在正常的課堂上，如果教材一再重複，學生就會覺得無聊，或者他們發現教材太難，也可能會轉移注意力；注意力分散了，就更不可能如全神貫注的學習者一般，學會資訊並牢記之。針對學習的研究發現，當學習者暴露在資訊中的同時，若還要執行令人分心的任務，他們記住的素材會明顯少於心無旁騖的學習者。

厭煩無趣、焦慮、消沉憂鬱會干擾學習，因為這些都是分散注意力的因素。有趣的是，我們必須先感覺自己能幹勝任，才會進一步培養出能力：**能幹勝任的感知，會產生提高專注學習的心流。**

提姆的情況很有意思，因為他有成為成功交易員的動機、技能與天賦。我們知道這一點，因為他有很長一段時間是個成功的交易員。他找到自己利基並與之連結：他把利基變成自己的。然而，當市場發生變化時，那種情感連結反而不利於他——他不願意放棄以前有效的那套方法，無法重新開始的結果，就必須經歷挫折、焦慮與消沉。

在如此分裂之下，他始終無法像先前學會動量交易一樣，接受新的市場型態。當他處在自己的利基時，他能保持心流狀態，交易對他來說不費吹灰之力。然而一旦利基改變了，他就無法再恢復心流狀態。他就像是一名普通的學生，試圖透過正常的努力與練習去增加能力。他無法讓自己沉浸在市場之中，成就通往專業技能的本事。

心智訓練 Tips

「注意力分散」是大多數不良表現的根源。

　　這無疑是交易的重大挑戰之一。想像你是精通保齡球領域的專家，突然間，職業保齡球選手協會卻更改球道的長度、寬度與材質，過去的急速突破，現在變成直線移動；過去的直線釋球，現在變成急速向左曲球。速度與球瓶移動都因為球道長度變長而有所不同，隨著球道寬度導致球瓶之間的相互影響變少，你的分數也跟著驟降——不難想像，即便是優秀的表現者，也會飽受挫折和焦慮。**其實，那些非常好強且習慣成功的優秀表現者，可能就是經歷最大心情干擾的人，就像我們在提姆身上看到的。**

　　前西洋棋世界冠軍卡斯帕洛夫（Garry Kasparov）在輸掉了與IBM超級電腦「深藍」（Deep Blue）的對弈之後，他發現，自己的比賽規則變了。一般會讓人類對手焦躁失常的虛張聲勢招數，已經沒有效果了。此外，拜程式設計改進之賜，他的電腦對手可以執行帶有新奇要素的走法。卡斯帕洛夫是棋力高超的冠軍，卻發現他的專注力被打破，還犯下不尋常的錯誤，加速他的失敗。

　　市場不斷地在變化。1970年代初期到中期的高度波動和熊市趨勢，迥異於1990年代初期至中期的低波動環境。早盤

的交易情況和午盤之後的情況截然不同，假期期間的交易也是。專業交易者不會像提姆一樣，只精通一種市場。**專家必定要精通、掌握不斷變化的市場。**我們通常將專業技能的培養發展想像成一種線性過程：一個學生有了合格的能力，然後成了專家。然而交易需要的發展卻是一個環形過程：持續不斷地學習循環。我們一直在學習市場，然後再重新學習。

這讓我們得知一個重要的差別：「第一層能力」與「第二層能力」有何不同。**具備第一層能力的表現者，會感覺到對某項工作的熟練技巧；具備第二層能力的表現者，則有能掌握任何預期中任務所需技能的感受。**

換言之，展現出第一層能力的表現者，覺得他們可以在市場中賺到錢。具備第二層能力的表現者，覺得他們可以在任何市場中賺到錢。第一層能力是對執行面樂觀；第二層能力是對「建立能力」本身抱持樂觀。第一層表現者認為足以靠著自己的能力摸索、穿越紐約市，但他們卻無法穿過倫敦。第二層表現者覺得自己有能力快速了解任何城市的布局。

正如我們在提姆的案例中看到的，第一層能力對市場表現者來說是必要條件，但不是專業技能的充分條件。他在高度波動的市場中自信滿滿（不管是牛市或熊市），但卻無法適應緩慢、區間盤整的市場。一旦情況出現變化，他將無法重拾促成他先前發展的強化學習狀態——心流頻寬。不過，要是他達到第二層能力——覺得有能力了解各種市場情況——市場變化就

是能力範圍內的挑戰，而不是令人望之卻步的威脅。他只要將不斷變化的市場視為是足以和自己的技能與天賦匹配的挑戰，就能一直保持心流。一旦情況變化，第一層表現者容易受到客觀自覺效應和認知干擾的影響。第二層表現者就像我與阿德曼的研究受試者，只要他們明白自己可以拉近現實與理想的距離，就能無所畏懼或心無旁鶩地面對自己的短處。

韌性與能力

　　我知道不可能有一種交易方法在所有市場條件下都同樣有效（而且能賺錢），即便是最好的交易系統也會遇到回撤，最終都必須做調整，以適應不斷變動的市場狀況。我有幸與若干成績傲人的交易員合作，親身觀察他們的操作。他們各個都經歷過績效欠佳的時期，也都有獲利豐厚的時候。就算是最優秀的交易員，偶爾也會納悶自己的好日子能持續多久。

　　《超越大盤的獲利公式》（*The Little Book That Beats the Market*）作者葛林布萊特（Joel Greenblatt）在書中描述一套看似簡單、其實有效的選股系統。他建議投資人專注在資本報酬率和盈餘殖利率都高於平均的公司，也就是說：投資那些比其他公司賺錢、股價也能賺得更多的公司。他甚至提供一個免費網站（www.magicformulainvesting.com）給投資人篩選出表現可能優於大盤的股票。

葛林布萊特不擔心公開自己的選股祕訣後，這個方法的效果會蕩然無存。他從過去的研究知道，他的選股準則必須長期下來才會奏效，就算過了幾個月甚至幾年，穩健公司的股價表現也不會比其他較差的公司好到哪裡。在這些獲利不佳的時期，想做價值投資的人會失去信心，他們跟提姆一樣愈來愈挫折焦慮。最後，他們會偏離紀律，或者徹底放棄自主投資——缺乏情緒韌性，就無法獲得將挫敗轉換為有價值的挑戰的第二層能力——因此他們從未享受到那種選股法的好處。

機械交易系統供應商也在其客戶端觀察到同樣的情況。當系統經歷一段下跌時期，用戶往往會修改系統參數，或是乾脆放棄系統。損失造成的現實與理想鴻溝，對一般交易者來說會痛苦到難以忍受。

想像有一個交易方法，有六成機會能獲利，四成則否。久而久之，我們會認為這個方法有利可圖。然而，它卻有2.5％的機率出現連續四次虧損。雖然2.5％看起來微乎其微，但請想想那些積極投資者一年要做幾百次交易，光是一星期交易一次，每年到了某個時候就可能有連續四次虧損。若沒有適當的資金控管，這連續四次虧損輕易就能抹去了幾個月的獲利，甚至耗光整個帳戶。同樣重要的是，連續虧損可能抹去你經年累月建立起來的信心。大部分的運動員都有進入低潮期的經驗；運動員只要意識到自己狀況不好、不再處於心流狀態，往往會開始在那些沒有出問題的部分做改變，這又會造成更進一步的

低潮，導致信心和比賽表現更加惡化。

變動不居的市場和平均法則決定了行情會有低潮。舉例來說，那些史上表現最佳的避險基金，也會有大幅回撤的時期。適應力強、對自己操盤方法成竹在胸的避險基金經理人，會將這種資金回撤狀況視為是一個短期的麻煩，而非長期的威脅。然而，他們的投資人並不是每個人都具備這種韌性。虧損對他們來說會痛苦到難以為繼。

「優秀表現者的表現永遠優異」這樣的想法很浪漫，但鮮少是事實。心理學家賽門頓（Dean Keith Simonton）的研究顯示，菁英科學家、藝術家與學者的事業生涯中，表現成功與不成功的比例並無不同。我們會記住愛迪生是因為他成功的發明，而不是因為他的失敗；也沒有人會在乎莎士比亞的失敗之作。但就算是像他們這樣的菁英表現者，也有相當固定的成敗比。差別在於生產力——菁英表現者產出的作品比非菁英同行多出許多，這意味著他們會留下大量重要的創作。這樣的生產力需要極高的韌性：面對失敗和挫折時仍持續前進的能力。無論什麼情況都堅持抱著好公司持股的投資人，才是能利用葛林布萊特的選股法獲得回報的人。那些從一個策略跳到另一個策略的人，通常一遇到挫折就會收手，因而留下一連串令人失望的成績。**有韌性的表現者能培養出足夠的第二層能力，即使不可避免地發生一連串的挫敗，也能保持心流狀態。**

關於韌性，最有戲劇性的案例或許就是藍斯・阿姆斯壯。

根據他在《重返豔陽下》(*It's Not About the Bike*)一書的描述，他被診斷出已擴散到腦部的睪丸癌，折磨熬人的化療讓他整個人蜷縮得像胎兒一樣，乾嘔不止。打從一開始，藍斯面對癌症的態度就像面對他的競速對手：用強大的競爭動力去求勝。「你惹錯人了！」他對癌症說。當護士在測試他的肺活量時，他對著儀器使盡全力的吹氣，然後告訴護士不用再來了，「我的肺很好！」他堅持在醫院的樓層走動，不肯使用輪椅。一等到治療程度允許，儘管身體仍然虛弱，他還是立即騎上自行車。

不過，阿姆斯壯在他的書中透露一個重大祕密，說出他憑什麼克服這個通常會奪人性命的末期癌症。他解釋說，罹癌給了他「新的人生意義」，取代自由車成為他存在的理由。他將創立癌症基金會，幫助其他人對抗這個疾病。他的角色不再是自由車運動員，如今他將自己定義為倖存者，他要幫助其他倖存者。

有趣的是，阿姆斯壯有這個領悟是在化療結束，但還沒有確定完全康復、能存活下來之前。他的新目標，以及重新定義自己是什麼樣的人，無疑對那次康復起了作用。

我們能從藍斯‧阿姆斯壯身上學到的教訓就是，專業能力不僅僅是對技能的培養，而是在表現者與表現領域之間培養出一種關係。藍斯一直都是個競賽者，他的書更清楚說明，他的重要強項之一，就是將憤怒與精力朝競賽的方向引導。**不過，他最大的能耐就是韌性，而這源自於他能將挫敗定義為挑戰。**

當他的市場（健康情況）改變，他沒有像提姆一樣畏縮喪志。他將之視為是更進一步的挑戰，並為自己確立了一個大到足以包含這個挑戰的目標及身分認同。「我喜歡不利於我的逆境，」他對他的騎乘教練解釋，「……那只是再多一件要我去克服的事。」這就是第二層能力的本質。

　　表現者與表現領域之間的關係是專業技能的特點，這種關係始於天賦與表現挑戰的交織融合。在適當的條件下，這種關係會發展成一種特殊的感覺，支持更高層級的能力形式。這種一個人有能力掌握變動情況的感覺，讓表現者得以發展出韌性，對抗壓倒同儕的挫敗。就像阿姆斯壯，激發這種韌性的往往是因為表現者創造了新的身分認同，也就是預先重新定義挑戰。佐哈·沙隆不是只靠學習摸索前進的技能而克服失明，他克服失明靠的是多了盲人以外的身分：他成了高爾夫球選手。

　　教導交易者正確地進出場、解讀圖表和指標、管理風險、研究致勝的交易構想，這些全都很重要，但也都沒有觸及發展專業技能的核心。閱讀一百本交易書籍、參加一百場交易研討會，會產生知識淵博的交易愛好者，而不是交易專家。關鍵不在交易，就像對藍斯·阿姆斯壯來說，那不光是自由車的事。區分專業技能之路與普通本領之路的是一種「改變個人」的能力。這就是羅伯·波西格（Robert Pirsig）在《禪與摩托車維修的藝術》（*Zen and the Art of Motorcycle Maintenance*）一書中所說的，你真正努力經營的循環，就是你自己。

> 你的目標不只是要學會交易，而是要成為一名「交易者。」

專精的狂熱是由自我掌控的意識激發的，而自我掌控的意識又是從經歷並克服變動而產生的。別忘了琳達・拉許克的評論：「經驗太重要了！」產生菁英表現的學習過程，會讓交易者接觸到持續不斷的挑戰，最初先建立第一層的能力，久而久之，又會激發精通掌握任何挑戰的第二層能力的意識。

能力與模仿

要將專家交易者的思維內化，最好的方式莫過於花時間與專家交易者接觸，包括線上、書籍，以及生活中。觀察他們的韌性，你就更能夠找到自己的韌性。聽聽他們說的話，你會開始從他們的眼中看世界，以及有用意義的新方式去連結觀察。

我要請你試著做一個小實驗：瀏覽倪德厚夫（Victor Niederhoffer）與蘿拉・肯納（Laurel Kenner）的 Daily Speculations 網站（www.dailyspeculations.com）。在那裡，你可以找到 Spec List（一個為愛好科學的交易者所經營的線上論壇）的貼文摘要。這個網站的內容，幾乎全都出自於獨特的觀察，或者以嶄新的角度去觀察市場。我推算自己成為一名成熟交易者的時間，就是在我開始上 Spec List、向那些造詣更高的

人學習其經驗教訓的時候。

這個清單上有一個常見的主題，也出現在倪德厚夫的《投機客養成教育》（*The Education of a Speculator*），以及他與肯納合作的《倪德厚夫的投機術》（*Practical Speculation*）兩本書中，就是將市場視為生態系統的見解。生態系統中有食物鏈，每一個物種各有其作用。生態系統也會經歷變化，物種若不適應變化，就會面臨險境。從系統、掠奪者、獵物的角度來思考，幫助我清楚確立了一些構想，包括追蹤市場最大參與者的行為，以及根據這些研究發展出交易方法。雖然我花了相當多時間透過研究改進這些構想，但是生態系統是由最強大物種主宰的基本概念，給了我深刻的領悟，讓我得以過濾掉超過90％的市場活動，並在短期內靠著掠奪者留下的殘渣獲益。

倪德厚夫近期在Daily Speculations的一篇貼文中提到，他和他的交易員一天會提出並測試約一百個交易假設──請想想這個做法的乘數效應：藉此累積的市場及其趨勢的知識。同樣重要的，還有這個做法所產生的模仿效應：參與者不但了解市場，還學會了像訓練有素的投機者一樣思考。

在這種模仿成為常態的環境中工作，對個人與其職業來說有莫大的好處。但若我們無法接觸這些資源怎麼辦？交易者還能夠指引自己的學習過程，培養出心流、魔力和第二層能力，以支持他們經歷瞬息萬變的風險與不確定性嗎？答案是可以的，正如我一開始所說的，研究會照亮我們眼前的路。

第四章

提升交易能力的策略

觸發心流的最高學習法

> 攀爬真理之山永遠不可能徒勞無功：要麼今天會到達高一點的地方，要麼就是訓練力量，好讓你明天能夠再爬得高一點。
>
> ——尼采，哲學家

1940年，維也納精神科醫生維克多·弗蘭克（Viktor Frankl）開始撰寫《生存的理由》（*The Doctor and the Soul*）。他在1942年結婚，但沒多久他就被送往納粹集中營，被迫與妻子分開。他縫在外套裡的書稿，被奧斯威辛的納粹黨發現而撕毀。在集中營的那三年，他又餓又病，前途茫茫，眼睜睜地看著其他人一個個死去，但有兩件事讓他活了下來：第一，他想將書稿的碎片拼湊起來；第二，他懷抱與妻子重逢的希望。弗蘭克觀察，那些無法在集中營熬下去的人，不是沒有

希望就是沒有目標。他有理由克服逆境，若套用尼采的話，就是「**為何而活**」給了他勇氣去承受**如何**存活。

　　從表現的觀點來看，弗蘭克的經歷還有更扣人心弦的一面。他從集中營死裡逃生之後，得知妻子沒能熬過拘禁，這個消息壓垮了他。但他仍然對自己的目標堅定不移，並把書完成了。之後，他用了九天的時間寫了另一本書，也是他最廣為人知的作品：《活出意義來》（*Man's Search for Meaning*）。

　　有誰能用九天寫出一本書呢？更別說是寓意深遠的一本書？這是怎麼做到的？很顯然，弗蘭克是用被關在集中營的那三年「寫」了這本書。即便他沒有把那段經歷一字一句地記下來，但是他的回憶如此深切，因而在他獲釋之後有如瀑布般地從他的筆尖流瀉而出。弗蘭克在最惡劣的人類處境下找到心流狀態。即使身為犯人，他依然保持精神科醫生的身分，**把自己悲慘的人生處境當成需要研究好幾年的病人**。等到苦難結束，他成為一名特別的精神科醫生：意義治療家（logotherapist），強調以追求意義，作為心理健康的核心。

　　我們在第三章看到藍斯·阿姆斯壯在面對癌症末期時如何重新定義自己。弗蘭克在囚禁、飢餓、傷寒期間仍維持自己的身分認同，並加以延伸擴大。他們都在逆境中找到重大的挑戰；他們都展現出不屈不撓的第二層能力。如果癌症和集中營都無法抑制追求精通的人類精神，那麼市場、癌症，或是人際關係就沒有任何挑戰會大到無法克服，**只要你有動機理由**。

任何表現都有其目的。

從尋找利基到培養能力

　　但願到目前為止，本書已闡明「找到自己的交易利基」為什麼很重要了。如果你沒有找到符合自己天賦與興趣的交易風格與市場，就不會在心流狀態中花費足夠的時間去增強學習力道；你也不會培養出第二層能力，讓自己能安然度過不可避免的交易風暴。找到利基有太多意義，遠超過賺錢或讓自己開心——正是發現重大挑戰讓你充滿幹勁，探取你最深層的意義。

　　當你因為這種方式而充滿幹勁時，你會發現什麼？你會發現自己依然是市場的初學者——當然是個目標明確且有天賦的初學者，但依然是初學者。你會犯許多初學者的錯誤，一開始甚至沒辦法支應交易成本。有時候，能力似乎遙不可及，更別說專業技能了。

　　如何能在學習交易基本原理、經歷過初學者的挫折之後，還能保持以心流狀態表現的能力呢？**這是表現發展的主要挑戰。**只想賺錢是無法精通掌握交易的，你能夠精通掌握，是因為那是符合你天賦的挑戰，**只是正好以金錢作為記分板**。不過，你如何安排建構學習，將決定交易究竟會成為有價值的挑

戰，還是令人挫敗的障礙。

就以勞爾夫為例，他是一家交易個股的自營機構新手交易員。勞爾夫在受雇時拿到交易軟體和下單的基本說明。操作說明告訴他：要在螢幕上追蹤市場並以模擬模式輸入交易。之後在每一天結束時，他要將當天的交易回報給帶他的師父，討論成績。正如你猜到的，勞爾夫的模擬交易做得一塌糊塗，日復一日地虧損。他師父給了他限制虧損、注意價格水平等籠統的建議，但勞爾夫無法將這些建議轉換成即時又有效的策略。他無法理解師父用造市商的螢幕所做的示範，他的同梯也不懂。隨著挫折情緒升高，勞爾夫的績效愈來愈差，最後他被踢出公司，因為他們深信他缺乏潛力。

勞爾夫看似具備成功的要素。他的動機明確，他有機會接觸擬真的市場和關心他的導師；他得到的建議正確且合理，而且他一開始是真心對市場感興趣。然而，他的訓練無法產生能力，更不用說專業技能了。**原因很簡單，他的學習經驗並非是為了成功而設計。**而且，他的學習根本沒有條理。

學習的結構：建立鏡像

追求「為成功而設計的學習」是什麼意思呢？契克森米哈伊在他的《創造力》（*Creativity*）一書，概略提出心流體驗的幾個先決條件：

- 學習過程的每一步都有明確的目標。
- 行動後能立刻得到回饋。
- 在挑戰與技能之間取得平衡。

我們很容易看出勞爾夫為什麼無法達到心流狀態，也始終沒有發展出交易能力。他有機會接觸市場，但卻沒有清楚的目標或得到立即回饋。在相對真空的狀態下運作，他感覺不到自己的技能與面臨的挑戰之間達到平衡，反而認為自己學習的是一個由專業人士主宰的複雜市場，而這個任務徹底壓垮自己了。

再回到第三章介紹的盲眼高爾夫球選手佐哈·沙隆。還記得沙隆的教練要求他在實際進入球場之前，先在家中練習好幾個月的揮桿嗎？他的教練柯多巴強調「協調」，並鼓勵沙隆利用失去的官能，想像自己的擊球。某次訓練時，沙隆必須站在一根桿子旁揮動球桿。如果打歪了，球桿就會擊中桿子。這就是立即回饋！

一開始就上球場訓練，只會讓沙隆更挫折。他不可能會感受到自己有打高爾夫的能耐。然而，協調練習、想像練習，以及揮桿練習等環節，讓他得以掌握基本技能，同時建立信心與能力。柯多巴的意見回饋在這個流程中不可或缺。他讓學生感覺自己是個贏家，而他的學生也確實做出回應。

等他們終於踏上球場，沙隆的好友兼球僮列維一個洞、一個洞地引導他。列維會站在球洞旁邊，拍手讓沙隆瞄準目標，

於是，原本的視覺工作轉變成聽覺工作。由於具備根據聲音評估距離的能力，且充分磨練過揮桿，沙隆打起球來勝過一票視覺無礙的競爭對手。有列維給每一次擊球回饋意見，又有柯多巴協助技能發展，沙隆得以將專業技能的感覺內化。他的學習是為了產生心流而設計，進而發展出魔力。

以下兩個標準最能反映出你在設計學習結構時的初始目標：

1. 你接觸市場的情況能讓你產生心流嗎？
2. 你的市場經驗能讓你產生魔力嗎？

你是否曾體驗過沉浸和積極進取的感覺，還是你覺得交易的必要任務很無趣、令人洩氣，甚至削弱自我？在每次交易訓練之後，你能做的最佳練習就是看著一面象徵性的鏡子，建立杜瓦與威克倫德描述的自我覺察（請見第三章）。如果你的交易體驗讓你想逃避，那麼你就知道它無法產生心流與魔力。相反的，如果你看到的東西是你喜歡的，而且令你充滿活力，那就是你能力日益提升的最佳證據。

練習的結構提供我們一面鏡子，你能以此感受自己。我們能透過工作感受到自我，就像能透過人際關係感受到自我一樣。林肯曾將機敏形容為「有能力描述出他人心目中的自我」。好的鏡子就該這樣機敏。心理學家高特曼（John Gottman）研

究成功的婚姻，發現一個共同特性：每個伴侶都能給對方的缺點提出最寬厚的解釋。反之，糟糕的婚姻就沒有那麼機敏，伴侶會利用每一個對方暴露的缺點，來證明他們對彼此最惡劣的看法。美好的婚姻是一面好的鏡子，反映的是我們最好的部分。

　　不久之前，我得知有一個交易商試圖教導新人做風險控管。不可思議的是，他們的做法是將每日虧損金額限制在200美元。交易員在E-mini S&P 500市場若是1口合約虧損2點（8個Tick），這一天就算到此為止了。由於他們做的是短線搶帽交易，難免會遇到一天之內下跌8個Tick的情況，而這個訓練基本上就是把這些交易員困住——如果不持續交易，他們會遭受不積極學習、不積極參與市場的批評；但如果因積極交易而虧損了，則會被限制虧損而留下失敗的經驗。久而久之，新手只學到心驚膽戰地交易，始終無法培養出建立大型部位的信心，更遑論發揮自己的優勢了。老是害怕做錯事，就永遠達不到心流狀態。其中一名交易員對我說，他連續三天賺錢，得意地把成績拿給其中一個師父看。對方的反應很冷淡，說他這些錢「還不夠打平成本」。

　　想想這句話的「鏡射效應」（mirroring effect）。這讓年輕交易員確信，即使自己盡最大的努力做到最好，還是無法支付成本。他的積極性大受打擊，因而失去了心流感，開始魯莽地冒險，想藉此增加獲利能力。最終，他因虧損連連而被公司解雇了。負面的鏡射會提供應驗自我的預言。

你的學習經歷結構會提供你這面鏡子。這面鏡子要麼確認你的成長，要麼就是突顯你的弱點；不是讓你覺得愈來愈能幹，就是愈來愈挫折。而情況往往是後者。畢竟在你探索市場時，你的對手往往是專業人士——華爾街、芝加哥、倫敦、東京、蘇黎世最優秀的人才。當你面對更大、更有經驗的競爭對手而苦苦掙扎時，如何培養並維持能幹的感覺呢？如果你的練習並非設計成能讓自己維持在心流狀態，又如何期待能展現魔力呢？

心智訓練　Tips

最好的學習經驗，是為了能鏡射反映能力及維持心流而設計的。

設計學習結構的方式：
將任務分拆成不同的技能學習組件

我們再回到視障高爾夫球選手的案例。沙隆的專精之路，說明如何設計學習結構以產生能力體驗。

柯多巴與沙隆合作的神來一筆，就是將複雜的任務拆解成可以透過明確的目標及回饋，再一個個加以訓練的技能組件。這很接近表現發展的一個普遍原則：無論是什麼專業技能，都是由密集演練構成的。這種**演練**不但能將你的表現增強到成為

一種無意識的習慣，還能藉由建立正面鏡射，培養出精通掌控的感覺。

在運動界中，將「表現」分解成可透過訓練而精通的技能是很常見的。丹・蓋博在《成功的摔角訓練》（*Coaching Wrestling Successfully*）一書中說明，他如何終如一地激發出團隊的傑出優點。他會將每個技能拆解成幾個部分，然後用淺顯的說法一一解說。這些說明會以不同的角度、方式進行數次，再讓摔角選手自行嘗試這些技能。比方說，第一次解說可能是由教練單獨示範；接下來的解說則是由教練對上被動的對手。透過實際下場前的重複說明，表現者在開始演練之前就已嫻熟想像的精通體驗。

知名網球教練尼克・波利泰尼（Nick Bollettier）曾帶出多位大學及職業冠軍，他也提倡「有目的演練」。每次演練都有具體的目標、要發展的技能。一開始，他會先解說此次演練的作用與重要性，以及對學生的期望等。接著由老師示範要練習的技能，提供操作的模範。學生觀察彼此的成功與錯誤，在實際執行技能之前創造多次學習機會。這種輔導的關鍵在於練習的節奏。演練進行的速度要快到足以鼓勵學習，但又不至於快到令學員難以承受。波利泰尼就這樣讓學生保持在挑戰與任務旗鼓相當的心流甜蜜點。

這樣將技能分拆為一個個組件有什麼效果呢？**這麼做能把初學者望之卻步的複雜表現要求，變得更容易操作。**由教練重

複解釋、示範一項技能，然後在學生嘗試操作時快速回饋意見，這樣的學習經驗最有可能支撐起勝任感。這種分解切割然後克服的指導方法，為發展中的表現者創造有利的鏡射體驗，讓他們得以看到自己在朝目標進步。

切記，如果引導你交易發展的人是你自己，你就得身兼教練與學生。你必須設計學習結構來創造屬於自己的鏡子。你要演練的具體技能組件，會視你的交易利基而定。在我與新交易員合作時，有幾項技能構成部分必須安排在實際練習之前：

- **學習硬體**：熟練操作電腦；建立工作區，讓螢幕上的固定視窗最佳化；萬一發生設備或連線故障，執行硬體、網路連線、經紀帳戶層級的備援，以及緊急應變計畫。
- **學習軟體**：熟練精通圖表、分析、買賣單執行應用程式，並藉此解讀多種市場與時間段。
- **學習市場基本原理**：嫻熟解讀不同市場及不同時間段的型態；解讀短期供需情況以輔助下單；學習具體的交易型態並即時分辨。

本章稍後會就我輔導交易者的課程概述一套技能組件範例。現在你只要先知道，你可以將交易分解成很小的部分，加以練習，漸漸達到熟練精通，並保持心流狀態。一旦學會了，演練就會變得很有趣，對於那些感覺美妙的事情，我們就極有

可能會堅持下去。完善的練習不僅能培養特定技能，還能培養持續專注、加強學習，以及提升自信心的條件。

組織你的學習：創造各式各樣的練習情境

　　不久前，大衛・拉瓦利（David Lavallee）總結了運動心理學的研究，找出成功運動員的學習過程中有哪些特點。我把其中幾個重要發現整理在圖表4-1。他們的結論之一就是，比起訓練條件萬年不變的練習，那些不斷變化的練習更為有效。

　　為了說明這一點，我們回頭看網球教練波利泰尼設計的練習。在為選手解說正確的反手拍技巧後，他會將球一顆又一顆地擊向選手的反手拍方向，讓他們展開練習。不過，他會把球擊向球場的各個區域，讓選手同時也訓練腳程和預測球的方向。他可能還會在反手拍中混入正手拍，引誘選手，也讓演練

圖表4-1　　**學習運動技能的研究**

追求為成功而設計的練習

- ・練習各種技能組合比專注在練習單一技能更有效。
- ・以隨機方式混合技能練習，比相同時間內只練習單項技能更有效。
- ・定性回饋意見對初學者有幫助，但對經驗豐富的學習者來說，更具體的定量回饋意見則比較有用。
- ・頻繁給予回饋意見對初學者有幫助，但對經驗豐富的學習者來說，幫助不大。
- ・鼓勵內隱學習的練習，比促成外顯學習的練習更能抵抗情緒干擾。

＊摘錄自拉瓦利等人的研究

更顯逼真。這麼做的效率，或許不及一顆接一顆地發球，練習定點不動地反手擊球，但這種策略卻可以將一個領域的技能發展（反手）與其他技能（預測球路，腳程）整合起來。在練習過程中變換不同的技能，不但能創造真實感，也有助於加速技能成熟，使其更快投入實戰中。

同樣的，拉瓦利的研究指出，在練習期間內混合數種技能，比起在一段時間內只練習一種技能，接著再練習第二種技能……會更有效。例如，心理治療師可能會先教授放鬆技巧，然後再教授認知技巧（例如要求你停止思考）。相較於把數個技能整合到同一個練習時段裡，這個作法的效率較差。因此，我會在一個練習單元中，鼓勵客戶打斷負面思考，然後開始做漸進式的肌肉放鬆，這就帶動在實際壓力情境中整合技能，確保他在治療室的學習能轉移到日常生活中。

有趣的是，該研究也指出，混合練習技能會妨礙最初的學習，但是在混合練習的情況下，學習會比較持久。也就是說，學習者在以各種不同方式演練技能時，他們比較不容易忘記所學，但是需要更多的練習，才能使所學達到一定的水準。一個人在發球機前站著不動的練習反手拍，可能很快就能學會反手擊球，但若轉換到比賽情境下，反手拍必須和預測球路及其他技能一起協調運作，那樣的表現就會失敗了。這在心理治療界是個常見的問題——過度快速的學習通常伴隨著快速的故態復萌。也就是說，在符合現實條件的情境下做更多學習試驗，通

常比次數較少、變化較少的學習試驗更有效。

　　這種混合練習數種技能的另一個正面效果，就是它的回饋意見。研究顯示，初學者能從頻繁的回饋意見中受益，而且對初學者來說，非量化的定性（qualitative）回饋意見（例如「在市場冷清時要降低部位規模，才不會滿手是價格不好的部位」）與量化後的定量（quantitative）回饋意見（例如「當你做空時，持有虧損交易的時間會比獲利者多30%」）一樣重要。

　　然而，隨著表現者的經驗愈來愈豐富，頻繁的回饋意見反而可能有害，因為這會使得學習者依賴指導者來獲得勝任感，而無法獨立評估自身表現（如同現實情況一樣）。對經驗豐富的表現者來說，有幫助的回饋意見必須要很詳盡，要抓到表現中細微的差別，而這正是密集練習的目標；對初學者無用的資訊（例如在特定價格水準退出多頭交易的具體成交量），對有經驗的交易員來說可能是不可或缺的。

心智訓練　💡 Tips

有效的練習是以學到特定技能為目標，混合這些技能之後再進行演練，並且能提供適合表現者在學習階段的建設性回饋意見。

　　拉瓦利的評論也指出，內隱學習策略比外顯學習策略更具優勢。外顯學習（explicit learning）方法仰賴可以用言語表述

的規則。舉例來說，「當一筆交易對你不利超過1個整點，就要退出交易」即是外顯策略。在提供這樣的策略給學生之後，指導者接著就能在模擬交易中隨機生成項目，觀察學生應用規則的情況。

反之，內隱學習（implicit learning）方法則有賴學生培養對表現的感覺，而非遵循一套明確的規則。比方說，指導者可能提供非常籠統的指導方針，例如「若成交量沒有朝你交易的方向放大，就退出交易」，然後將模擬交易設定為在雙倍速度下隨機生成項目。由於此時價格會快速變動，學生無法掌握出場的明確規則，相反的，隨著時間過去，他們會摸索出成交量與波動性何時會隨著交易變化的盤感。

運動心理學研究的有趣結論是，內隱學習策略比外顯策略更能抵抗情緒干擾因素，比如焦慮。恐懼或貪婪的念頭會干擾執行外顯策略所需的認知過程，但不會妨礙直覺學習。這也是特警隊（SWAT）在做訓練時的主要課題——在充滿風險、必須快速行動的情境下發展出「肌肉記憶」，也就是建立無意識的技能表現。原因在於，當你身處風險之中，你沒有時間去做外顯分析，也毫無情緒干擾的空間。

這對交易有什麼意義呢？**這代表要發展出交易能力，絕不能只是坐在螢幕前、執行模擬交易就好。**如果我們將這份研究應用到交易課程，就會以下列方式設計學習：

- **以實際可行的組合排練技能**：不只是紙上談兵的建立圖表或下單，而是根據你在圖表上看到的資訊演練下單。我們會以不同的應用程式追蹤不同時間段的市場，以便對趨勢或區間內的市場行為獲得更完整的全貌。

- **設定每個練習階段的目標，以獲取立即回饋意見**：每個練習階段的目標要根據上一個階段的進度而定。目標要夠具體，才能追蹤學習收穫。

- **演練技能以促進內隱學習**：透過快速重複、鞏固學習，才能增加面對情緒干擾時的抵抗力，進而將技能變成一種無意識的行為。

在這樣的訓練中，我們會看到它已不僅是一種活動，而是一套需要加以設計的課程方案，其強度並不亞於醫師或運動員的養成教育。你將會在接下來的內容，看到更多幫助你重建自我的訓練課程。

心智訓練　Tips

能力需要一套系統性的學習方法（設計課程）來養成。

設計你的學習：將技能重新整合至模擬表現中

一旦某項技能能夠分拆執行，重點就是將技能整合到一個

完整的模擬表現之中。為了練習技能而進行的模擬，是製造機會將學習延伸到現實環境，卻不會造成導致相關損失的錯誤。在屋子裡揮舞掃帚，讓佐哈・沙隆漸漸養成出色的揮桿動作，但最後他還是必須拋開屋子和掃帚，將技能融入到高爾夫球場──**有效的學習要藉著漸進式接近實際表現環境來完成。**

　　以摔角為例，丹・蓋博在說明具體技能之後，會鼓勵學生用摔角假人練習，並與被動配合的陪練搭檔對練，以達到技能整合。和往常一樣，這些練習會有教練監督，給予回饋意見並快速糾正錯誤。摔角假人和被動配合的陪練員，提供相對安全但逼真的練習環境，持續幫助學習者將技能內化；網球教練波利泰尼從餵球練習──教練可以控制如何擊球給學生──進展到鎖定得分的餵球練習，學生根據回擊餵球的表現得分；特警隊演練突襲的方式，就像籃球隊學習新打法：先整個走過一次，再以半速練習，之後是全速進行。這種爬─走─跑的流程讓表現者漸漸熟悉並建立信心，也讓輔導員在表現者的問題影響真正表現之前盡早發現。

　　再說到一位正在學習交易平台和個別應用程式的新手交易員，一開始，她會在目標和回饋意見的引導下，學習綜合操作這些項目。等到她能立即辨認出交易型態，就能進階到利用歷史數據進行模擬交易。如此一來，她得以暫停並回溯交易的片段，檢討自己的操作，並吸收最直接的回饋意見。唯有等到她在這種可受控的環境中發展出技能之後，她的訓練才能進展到

以即時數據去做模擬交易，最後才是實際交易。

心智訓練　Tips

模擬操作能反映出在「知」與「行」之間有缺失的環節。

隨著技能被帶進愈來愈逼真的表現環境之際，教練通常會主張在徹底練習完一組技能之後，再開始練習新一組的技能。自由車教練卡麥可（Chris Carmichael）在向藍斯・阿姆斯壯詳述自由車選手的表現方案時，用房子粉刷來做比喻。先粉刷某間房間的一面牆，然後粉刷另個房間的天花板，之後再粉刷走廊……這樣做毫無效率。相反的，一次完成一個房間的粉刷更合理。同樣的，表現者整合一組技能（選定進入的市場及執行買賣單的時機），再訓練其他技能（進場後分批加碼和出脫部位），這稱為「**週期化**」（periodization）。

卡麥可與阿姆斯壯為每個技能模組安排四週的練習時間，然後再推進後續的模組。例如，自由車選手可能花四週時間練習短距離衝刺，接下來四週是爬坡。在每個週期內，他們會將技能整合到日趨逼近現實的表現環境中。比方說，自由車選手可能先從健身腳踏車開始，然後進展到在平緩地形中做短程騎乘，之後移至更長也更有挑戰性的路程上騎乘。

一個純熟的交易導師，其作用與體育教練非常相似。差別在於交易導師是利用歷史數據與即時數據去做模擬現實的技能

排練，而不是用健身腳踏車或拳擊袋。**模擬交易對市場學習者來說，等於是足球練習場或重量訓練室。**而試圖從交易技能的啟蒙學習跳到實際交易，就像從黑板上的圖解傳球技巧直接跳到在足球比賽中嘗試傳球一樣。**分級模擬，也就是從控制程度較高的環境進展到較為接近現實的環境，用意是促進技能的內化。**

如果你是自己的交易導師，需要將技能捆綁成模組以便進行模擬（透過週期化分配模組訓練完成所需要的時間），如此一來，你就擁有一套完善的訓練計畫（請見圖表4-2）。有些技能比其他技能更基本，你需要把它們放在訓練的最初期，其他技能則會建立在這些基礎之上。

比方說，體育運動有個規則，肌力和體適能訓練要安排在戰術技能的練習之前。這就是為什麼特種部隊的訓練都會先操練體能，接著才會教授像是射擊或跳傘等專門技能。而在電子交易的世界中，熟悉你的交易設備與工具，必然會優先於有效解讀市場之前，而有效解讀市場又必然優先於執行下單與管理交易之前。

如果你觀察任何正式的訓練計畫，無論是在軍中、醫學界、網球界，你都能看到一個可以用時間線、活動和目標來圖解的發展計畫。如果你身兼導師和學習者，必須自行設計課程，而這套課程就必須符合你的學習速度，讓你可以在逐漸貼近現實的情境中應付並精通技能。

圖表4-2　訓練方案的結構

如何設計交易訓練計畫？

- 將整體表現劃分為一系列技能模組，包括監控市場以尋找有利的行情、研究／找出交易構想、處理買賣單／建立部位、管理交易，以及處理買賣單／退出部位。
- 為每個技能模組分配時間，藉此設計課程，首先是最基本的技能，然後才是更進階的技能。
- 在每一個訓練時段中，將每個技能模組拆分為技能組件，並混合練習這些組件，藉此製造逼近真實的練習環境。
- 在每一個訓練時段中，從較慢也較不複雜的技能練習，進展到速度較快的整合技能練習。
- 為每一個訓練環節與時段，建立明確、具挑戰性但可實現的外顯訓練目標，並蒐集跟表現有關的回饋意見，藉此追蹤達成目標的進度。
- 利用回饋意見為接下來的訓練環節設定目標。
- 利用回饋意見調整課程節奏，如果進度較慢就延長時間，進度較快就繼續往下進行。

再強調一次：每個課程的具體內容會因交易者的利基而有所不同。

做選擇權價差的交易者，他的課程不會與做股票的交易者相同。每個交易利基會體現在各自的技能中。在學習曲線的初期，導師或同儕的指導非常珍貴，它能協助你找出關鍵技能，然後將其分拆進行演練。

訓練方案的整體結構設計的節奏，要確保學生能力和任務需求之間能相匹配。這有助於在每個訓練階段都能設定清楚的學習目標，並納入即時、相關的回饋意見，以維持心流狀態。如果訓練進行順利，就會有更高的要求，同時也有激勵和增加自主權的作用。這能建立勝任感，並使訓練本身更激勵人心。

> 「怎麼練習」跟「練習什麼」一樣重要。

專業人士與業餘人士

　　我希望讀者看到這裡就能明白，專業人士的學習和業餘人士的學習存在巨大差異。高爾夫球業餘愛好者學打球，是靠著跟好友比賽交流學的，業餘網球選手也是——他們藉由表現來學習，雖然製造了重複經驗，卻毫無章法或回饋意見；專業人士則能藉由演練學習，在回饋意見與導師的協助之下，走完結構完整的一連串技能。

　　「透過交易去學習交易」這個概念再平常不過了。懇請讀者細想一個前提：你不可能進入飛機駕駛艙之後，就學會駕駛巨無霸噴射客機；也不可能對著病患拿起手術刀就學會操作外科手術。交易也是。我研究過的所有表現領域，都是從學習知識進展到技能演練，再到模擬表現，再到實戰練習。**儘管這似乎是顯而易見的真理，但我卻很少看到有交易者會試著透過有目的的訓練來學習，反而是以業餘人士模式來看待交易，結果就導致賠錢並招來挫折懊惱。**

　　倒不是說交易者不能在螢幕前勤勉學習。在本書稍後你將看到，專注在螢幕前的時間可以大幅縮短交易者的學習曲線。

不久前，我和在金斯崔公司生涯屢戰屢勝的交易員帕布羅聊天，他搖頭說：「我想不通怎麼會有人做完停損後就回家。我一定會觀察每個開盤與收盤時刻。即便那時我沒交易，但是下午3:15分我都會在。」確實，我一直都猜帕布羅肯定是每天最早登入電腦、最晚登出的人。他待在螢幕前不是為了享樂、刺激，甚至是必須交易。他永遠都處在觀察及學習的模式。

帕布羅能長年擔任交易員的祕訣是什麼？「我知道什麼時候該收手。」當他賠掉當天分配的最高額度，他會放下滑鼠，決定收手。他不會為此鑽牛角尖，「明天又是新的一天」是他的座右銘；但他也不會因此忘了市場，他還是會待到收盤，弄清楚市場情況。**這就是專業人士的心態。**帕布羅認為，許多核心交易技能歸根結柢就是型態辨識。肯在螢幕前花費「優質時間」的交易員，比間歇性接觸市場的交易員更有可能將型態內化。

在拳擊運動中，你可以看到專業訓練的絕佳範例。馬克・哈特曼（Mark Hatman）在《拳擊專精》（*Boxing Mastery*）一書中強調，專業拳擊手會循著訓練的連續性而進步。這個連續性的第一階段就是鏡像訓練：練習步法、上半身移動、手部動作、防守，同時觀察自己，尋求回饋意見和糾正。接下來是利用拳擊沙袋、拳擊速度球與跳繩之類的工具做設備訓練。設備訓練提供了在導師監督下進行演練的機會，在與導師或搭檔做設備訓練的同時，也會演練實際揮拳之外的特定動作。只有專精這

些演練了，拳擊手才能進階到情境式出拳（模擬具體的戰鬥情境）和實際對練。

還記得第一章提到的「十年規則」吧，意思是說任何表現領域的專業技能，通常需要十年的專注練習才能養成。如果你明白一位拳擊手必須綜合運用多少技能——策略、步法、手速、出拳力量、準確度——就能明白為什麼至少得訓練那麼久。

但很顯然，多數交易者並未抱持這種觀點。我們沒有理由相信，交易會比拳擊或其他表現領域更容易或者沒那麼複雜。只不過，交易者往往迫切、渴望交易，所以他們會哄騙自己「只要進場就能學到經驗」。但事實就是，拳擊菜鳥並不是靠著在擂台上跟冠軍交手來學習的。那是死路一條。

如何用「交易心理學」來訓練？

當交易者充當自己的導師時，他們就必須扮演領導者的角色，這意味著他們要肩負維繫士氣與鬥志的任務。《英國特種空勤團心理耐力訓練手冊》（*SAS Mental Endurance Handbook*）一書的作者克里斯・麥克納布（Chris McNab）引述《孫子兵法》說：「兵士若未經過徹底操練，臨陣將焦慮不解；將帥若未經過合格訓練，臨敵時將焦慮痛苦。」孫子提出了一個很重要的洞見：在表現中感受到的情緒壓力，大多可以追溯到訓練不足。契克森米哈伊描述的焦慮、厭煩無趣與挫折，並非只是交

易出問題的起因，更是脫離心流狀態的必然結果。**若想維持表現者的心態和技能水準，交易心理學就是最合適的訓練。**

麥克納布描述的各種訓練策略，能將普通士兵徹底訓練到具備稱職能力，並將他們帶到特種部隊的菁英水準。他強調，這類策略的關鍵就是貼近現實。舉例來說，士兵必須暴露在戰場的景象與聲音中訓練（例如火炮爆炸與聲響），否則他們會在實戰中迷失方向。麥克納布引述一個頗有意思的研究，他指出二戰時參與戰鬥的同盟國軍隊，只有15％真的有拿起武器射擊過。他們先前沒有接觸過實戰中的激烈環境，一旦遇到壓力便無法動彈。這與交易密切相關──風險與報酬的現實情況構成了交易者的戰場。

> **心智訓練　Tips**
>
> 當情緒干擾表現時，你往往能找到訓練不足的證據。心理輔助可以協助訓練有素的專業人士表現，但無法取代完善的訓練。

麥克納布將士兵接觸戰爭壓力的過程稱為「實戰驗證」（battleproofing）和「震撼教育」（battle inoculation）。比方說，SAS特種部隊的士兵不僅訓練了怎麼應付被敵軍俘虜的狀況（扮演敵軍的人真的這麼做了），訓練項目甚至包括嚴酷的生理待遇；突擊訓練是讓士兵置身在必須立即做出決策的緊張模擬

場面，好讓領導技能轉換到實戰上，而突擊行動一定是等到特警隊進行實彈操練、全速營救或占領任務之後才會發生。相對的，交易者從進場、風險管理等模擬技能模組，設置到執行交易與管理交易，然後以模擬模式進行全時交易，最後投入單口合約的資金。一次又一次面對挑戰並熟練應對挑戰，由此創造的震撼教育能讓交易者在壓力最大的情況下保持冷靜。

導師的角色是要確保日益增多的訓練需求能提高表現者的信心，而不是打敗他們。雖然我們的刻板印象認為，軍事訓練教官就是會貶低辱罵新兵，但事實上，領導力需要一個互補的累積過程。「勇氣就是再多堅持一分鐘的恐懼，」巴頓將軍（General George Patton）如此描述。而「訓練」會提供你那多出來的一分鐘。

如果你在輔導自己，那麼你就是自己的領導者。你最大的挑戰是創造有測試作用、但不會摧毀自己精神的學習環境。如果沒有經過充分測試和實戰驗證，你就會在實際表現的壓力下畏縮；如果你對訓練要求感到不知所措，就會失去動機與魔力來驅動學習曲線。

身為自己的導師，你必須設定一個接一個累進式的考驗性目標，來建立稱職又自信的領導力。當你各個擊破這些目標之後，你就有大多數市場參與者都缺乏的信心來面對市場。就像前述的特種士兵一樣，你會通過實戰驗證，最終取得具備真本領的標誌。

進階學生對導師的要求

讓我們先為前文做個總結。觀察專業運動員、音樂家、治療師、醫師、士兵與西洋棋選手的訓練，我們會看到同樣的發展三步驟：

1. 將表現拆分成組成技能學習組件。
2. 將技能模組合併成簡單的模擬表現。
3. 在複雜程度逐漸增加的模擬練習中發揮技能。

此外我們看到，基本技能會在一段時間之後進展到更專業的技能。訓練的目的是培養表現者有效使用技能的能力，而且有高度自信能應用這些技能。這並不只是因為有自信的表現者比沒自信的表現者更積極。有自信的表現者也會從努力當中獲得「內在獎勵」，這種感覺會鞭策他們產生更大的乘數效應。一個人需要魔力而進入心流，也需要心流而得到魔力，這兩者都需要持續感受到成功與熟練專精。

在發展專業技能的這個階段，導師輔導的作用意義深遠。正如先前提到的，在發展過程的初期，導師能提供基本指導和適量的支持鼓勵。一個鋼琴初學者的老師必須了解鋼琴，指導新手的高爾夫球老師必須了解高爾夫……，但這些初學者的導師不一定得是那門技藝的大師，重點是他們有能力培育學生經

歷早期的挫折，並幫助他們找到自己的表現利基。

不過，在能力養成的中期階段，光是基本指導與支持已無法滿足進階的學生了。導師還必須對學生企圖掌握的交易利基內容瞭若指掌。**這是為什麼教授外科手術的醫生自己也會執刀，教授士兵的軍官有實戰經驗，籃球教練自己也一定曾下場比賽過**。導師本身未必是世界級表現者，有些優秀的大學籃球教練曾經是稱職的球員，但不一定都是獨霸一方的職業選手，但他們肯定知道這個表現領域進攻與防守的具體細節。若缺乏這種知識，他們就無從將表現分解成技能組件，知道要依序演練哪一種技能。如果不曾親身經歷，就不可能設定具體的目標，也不可能提供詳盡、有意義的回饋意見。以我自己來說，假如要我輔導一位初出茅廬的心理治療師，我隨手就能安排一連串的練習與模擬，然後在每個步驟提供有用的回饋意見，但若要我訓練一位新進的眼科醫師，我就無從著手了。

心智訓練　Tips

找到一位在你的市場利基中浸淫已久的導師。優秀的導師在適合你的交易領域中有完整的經驗。

我曾聽過自詡為「交易導師」的人聲稱自己不是交易者。他們宣稱自己致力於交易心理層面，用以改善績效表現。但我們可以在本章看到，在表現的心理層面努力，是為了在日漸逼

真且具挑戰性的情況下發揮表現。心理表現不是**獨立**在表現活動之外建立的：無論多少談話或自我分析，都無法讓即將面臨炮火的士兵產生戰爭抗性，也無法讓必須克服雨天山區環境的自由車選手做好準備。因此，進行訓練的輔導者，最好是對你要從事的交易類型有密切經驗的人。

如果你打算根據基本面、宏觀經濟等因素進行外匯交易（就像第一章提到的雪莉），那麼你可以參加由積極從事外匯交易的銀行開設的訓練方案；如果你希望從事短線搶帽交易、炒作股票指數，或許可以找一家和你打算交易的交易所有結算關係的芝加哥自營交易公司，參加他們的訓練課程。這麼做的目的，就是要尋找能推動你交易職涯發展的導師。許多合適的公司都會投資這類的導師輔導計畫，也會有經驗豐富的輔導者參與。

儘管如此，精通專業技能內容還不足以構成成功的輔導。對視自己為導師的優秀教練來說，那些對教學指導有幫助的人際交往技巧也很重要。畢竟，教學與指導本身也是一門表現領域，就跟交易或打球一樣，其成功因素與其他領域並無二致。好的輔導者本身就熱愛教學，而且認為教學本身就是一種獎賞。**優秀的輔導者跟學生一樣沉迷執著於比賽**。他們會檢討過去的表現（想想教練花了多少時間觀看自己隊伍與對手的影片），並且會密切監督練習，從練習中做指導。最重要的是，他們擁有敏銳的判斷力，能找出刺激與鼓勵學習者的平衡點。

　　我在《從躺椅上操作》一書中提到，治療師的角色就是「安慰備受苦惱折磨的人，折磨安逸舒適的人」。能力傑出的導師也是一樣。他們會提供足夠的讚美、回饋意見與支持，為年輕表現者建立信心，但他們也知道什麼時候必須督促鞭策。教練明白，如果放任表現者自行其是，他們很少會有耐心勸戒自己「再多堅持一分鐘的恐懼」。

心智訓練　Tips

由輔導者引導而產生的專業技能，永遠不可能高於自己發展出來的技能。

交易者真的能輔導自己嗎？

　　看完上述關於一個稱職導師的條件，許多讀者不免會問自己一個不好回答的問題：「沒有正規導師的指導，我是否還能培養出理想的能力呢？」比方說，交易者靠著在家自學，可以達到和那些由專業交易機構訓練的交易員相同的程度嗎？

　　在表演相關文獻中，靠著自我訓練而取得成功的專家並不罕見。像是鮑比・菲舍爾和路易斯・阿姆斯壯（Louis Armstrong）[1]這些技藝高超的表演者，他們幾乎沒受過多少正

1　二十世紀最著名的爵士樂音樂家之一，被稱為「爵士樂之父」。

式輔導卻身懷專業技能，而且我認識的幾位交易高手，也是在極少獲得資深交易員的指點下，找到自己的利基並發展出專業技能。不過，研究文獻有許多跡象顯示，導師輔導仍是專業技能發展中的一個重要成分。

舉例來說，心理學家布魯姆曾與鋼琴家、雕刻家、游泳選手、網球選手、數學家與神經學家等專家合作，他發現「導師輔導制」是天賦發展的核心，這是因為導師傳授的是非常具體的知識和技能發展策略，而非只是籠統的建議。

比方說，該研究的鋼琴家指稱，隨著學習者進步，課程時間會變得更長且內容更詳細，特別是在追求卓越的技巧上。看看克里斯・卡麥可（藍斯・阿姆斯壯的教練）、尼克・波利泰尼、丹・蓋博，甚或由菁英軍事組織彙編的訓練手冊，你會發現他們同樣都聚焦在「細節」上：如何踩踏才能使車輛達到最大效率？如何揮拍發球才能達到最理想的速度與落點？如何避免被處於守勢的對手抓住？如何在幾秒鐘內組合與拆解武器？你很難想像要完全靠自己取得這些資訊，甚至培養這些技能；同樣難以想像的是，你必須靠自己使技能與挑戰持續匹配，同時產生有水準的回饋意見，讓自己保持在加強學習的心流狀態。

狄金（J.M. Deakin）與柯布雷（S. Cobley）總結運動心理學的研究文獻後發現，即使是技藝非常純熟的表現者，如果只靠他們自己，也會花更多時間練習已經擅長的動作，而不是那些需要努力的動作。可以理解的是，成功重演舊的動作比勉強

掙扎著進行新動作更有樂趣。研究顯示，教練的一個重要作用，就是以有效率的方式設計安排練習時間，以確保表現者能加強那些最需要努力的地方。確實，一項針對擊劍運動員表現的研究顯示，成功的兩個最重要因素就是教練指導，以及獨自練習的時間。教導具體的技巧和設定練習技巧的環境，是教練指導對表現者獲取能力十分重要的原因。

珍娜·史塔克斯在另一份研究評論指出，專業溜冰與摔角選手皆認為教練與他們的成功高度相關。有趣的是，教練與溜冰選手彼此都將「教練指導」列為成功的第二大因素，僅次於表現者本身的欲望和動機。考慮到許多溜冰與摔角選手都是年紀輕輕就開始訓練，輔導者在他們的發展過程中扮演重要角色，這個結果就不令人意外了。的確，若缺乏教練指導，許多運動**不可能**達到被嚴肅對待的程度。

不過，像是西洋棋和橋牌等其他領域，表現者在發展過程中受輔導者協助的狀況就沒那麼普遍。心理學家尼爾·查尼斯（Neil Charness）將此稱為「創業家」技能領域，因為這些領域的專業技能，表現者可獨自透過較不正式的指導輔助來獲得。他們的研究發現，西洋棋大師的正式訓練和比賽成績有一定的關聯性（0.26），而教練指導產生的優勢大約是半個標準差。不過令人意外的是，當這些研究者開發出一個回歸方程式來預測選手成績時，教練指導卻不是一個關鍵的預測因子，反而是選手累積的練習時數及其擁有的棋譜數量，才是專業技能的兩

個最佳預測因子。

　　這是個有趣的發現，這代表在難以獨自練習或不可能獨自練習的學科，教練指導可能才是最重要的。比方說，摔角必須在團隊環境中練習，溜冰則需要完善的設施和縝密的舞蹈編排。我們無法想像有人獨自學習外科手術或心理治療，這或許也是專業教育需要走完一個完整的輔導過程，才能取得執照的原因。然而，那些個人練習資源豐富的學科，專業技能發展就不完全要仰賴他人輔導了。西洋棋就是這種創業家領域的絕佳例子：詳細敘述專家表現的參考書唾手可得，精密複雜的電腦程式亦能提供有競爭力的訓練。像鮑比・菲舍爾這樣積極向上且有天賦的年輕人，透過嚴謹使用這些資源而習得能力、甚至是專業技能，並非是不可能的任務。

　　交易也是個類似西洋棋的創業家表現領域。大部分在交易廳及螢幕後十分成功的交易者，他們或多或少都曾受過資深交易者的提點，但未曾接受長期、專業的培訓。查尼斯認為原因在於，這種創業家性質的活動，本身就提供一套看似合理的目標、快速的回饋意見（輸／贏），還能利用模擬來媒合天賦與學習任務。撲克牌選手是創業家表現領域的絕佳例子——選手通常從玩牌的經驗中學習，每一手牌都提供技巧與策略的回饋意見。雖然書本、電腦程式、課程等可以輔助撲克牌選手的發展，但直接經驗對他們的成功，通常比正式訓練更重要。

　　當然，這並不表示交易者不能從正式訓練中獲益。以俄羅

斯為例，他們從小就開始培養西洋棋選手，且提供他們大量的指導，這就解釋了為什麼西洋棋大師有很大的比例是來自俄羅斯。還記得前述的研究指出，表現者在建構學習的過程中，導師的指導最為寶貴嗎？如果表現者是在年紀很小的時候就展開學習，例如體操運動員，或身處複雜的團隊環境中，例如賽船、足球、美式足球、橄欖球等，那麼導師就是他們學習過程中不可或缺的一環；如果表現者是年齡較大時才開始學習，且表現領域大致上屬於個人活動的話（例如撲克牌或交易），那麼許多訓練是可以自行設計安排的。比方說，古典音樂訓練一般都要仰賴持續的指導；而偏向創業家型的音樂訓練（例如爵士音樂家），則通常是透過個人經驗去學習。

心智訓練 💡 **Tips**

當表現者經常有機會練習、取得回饋意見並設計自己的學習時，就會出現自我輔導的情況。

增強交易能力的導師資源

我在第一章提到過網路上的輔導資源，包括論壇與討論小組的非正式同儕輔導，以及「線上交易室」中比較正式的教學。前者在交易發展的最初階段雖已足夠，但能力發展的需求使交易者必須要進行實戰練習。在這方面，「電子交易室」就很理

想。這些電子交易室可進行技能的介紹與示範說明，而且能讓交易者觀察，如何在實際交易情境中使用這些技能。

先前我曾提到，琳達・拉許克擁有運作時間最長的交易聊天室之一，交易者可以觀看她和徒弟利用短期技術方法分析和交易；Woodie's CCI Club塑造出一種以指標為基礎的方法，可模仿現實交易，而且是免費的；約翰・卡特（John Carter）的Trade the Markets服務會透過即時短線交易，讓學生看看交易者如何在各種市場利用各式各樣的型態格局。有幾位經驗豐富的市場導師，例如唐・米勒（Don Miller）會透過Trading Markets網站提供專門的訓練影片和直播課程；Minyanville網站則包括頗受期待的Minyanville University功能，幫助使用者建立交易專家的思維。

透過簡單的網路搜尋，你就能找到更多線上輔導服務，或是與特定交易軟體公司配合的服務。重點在於，你一定要審慎調查，確保各項服務真的有提供他們所宣稱的內容，以及那些輔導是你最終希望進行的交易類別。

電子交易室的價值不僅僅是從大師那裡獲取交易構想，你更要從導師的獨特交易風格中學習。布魯姆的研究發現，在專業技能發展的中期階段，學生會嘗試模仿模仿他們的導師，但唯有到了發展過程的後期，學生才會結合從多位導師身上學習到的心得，逐漸形成自己的風格。當你建立能力時，你需要導師一步一步地向你解說「他們在做什麼」與「為什麼要這麼

做」，同時能給你機會自行應用這些知識和技能。我發現肯‧
伍迪的 Woodie's CCI Club 在這方面相當出色。伍迪開玩笑說，
「我們不需要什麼糟糕的價格！」他鼓勵交易者交易順勢指標
（CCI）的公認型態——這迫使交易者得天天關注型態的發展，
且要能敏銳地偵察到這些型態。電子交易室使交易者得以在各
種市場情況下觀察這些型態，並比較自己與導師的交易構想。

發展交易技能的另一個途徑就是透過正規的教育。大學研
究所有一個日益普遍的傾向，就是將交易實務納入訓練課程之
中，讓學生在高度擬真的環境中學習交易。俄亥俄州肯特州立
大學、麻省理工學院、北科羅拉多大學與伊利諾理工學院，就
是其中幾個在課程中以模擬環境積極指導交易的例子。這些課
程的一大優點就是，他們會授以交易專門領域相關的搶手技
能，包括程式設計與定量分析。這些技能對於系統交易、複雜
市場工具及策略至關重要，而且無法輕易在網路上取得資源。
我發現，即使是在一向仰賴主觀交易員的當沖交易公司，這些
技能也愈來愈重要。透過高等教育機構追求交易事業的另一個
重要優點，就是這些教育方案設計的課程，其價值難以估算，
因為你可能不知道要在特定交易利基取得成功，需要哪些具體
的技能組。

持續接受交易教育訓練的同時，也能尋求輔導的機會。先
前我提過的傑出訓練機構——Globex 學習中心（GLC）就位在
芝加哥商品交易所，教育訓練人員會為來上課或在其會員公司

工作的交易員提供監督與諮詢，刺激他們各方面的學習。比方說，你可以透過芝商所的教育訓練部門，報名電子交易的課程，接著利用專業交易員普遍使用的先進軟體，在GLC嘗試各種策略。此外，芝加哥期貨交易所（CBOT）與芝商所都會舉辦以網路為主的現場直播研討會，由業界領袖主講，而這些研討會的內容大多會歸檔到網站，皆能免費取得。

　　我認為最有價值的課程，就是能即時觀看經驗豐富的交易者交易，並掌握「他們在做什麼」與「為什麼他們要這麼做」。約翰・康諾利（John Conolly）的網站Teach Me Futures就收錄了許多這類課程的檔案，並透過CQG提供使用者免費使用交易模擬器。這樣一來，交易者就能實際測試他們透過線上研討會學到的策略。

> **心智訓練 Tips**
>
> 你最好的導師資源，就是那些與你在同一個市場交易且風格與你類似的人。

　　雖然上述這些選項都無法提供全面性的完整輔導，但它們確實能實現發展交易能力所需的許多目標，包括介紹與示範技能，在模擬環境中練習技能，以及獲得設定目標、接受指導者回饋意見的機會。

　　我們已經知道，如果你全心投入在學習之中，並且發現自

己愈來愈有動力去解決新的挑戰，你就知道這個受指導的過程對自己有效。如果輔導方案能充分平衡挑戰與技能，學習就不會無聊，也不會讓人挫敗沮喪；反之，它會給你一種不斷成長與精通的感覺。儘管你可能會採取這種自我學習的方式，但你不必瞎子摸象，因為有各式各樣的線上與線下資源可以加速你的學習曲線，幫助你設計課程。

發展交易能力時最重要的資源：模擬

　　如果你發展專業交易技能的過程，大多都是靠自我引導，那麼你最重要的資源，就是能自我控制各項參數的模擬交易平台了。

　　我們回頭看看尼爾・查尼斯的研究——最能解釋在如西洋棋這般創業家領域成功的兩大因素，就是你擁有的參考書數量，以及你花在獨自練習的時間。這告訴我們：知識及其應用是成功的關鍵。按照布魯姆的文獻證明，在其他領域，知識是直接向教練或導師學習來的，這種知識用在練習時會轉換成能力。這是為什麼所有的菁英訓練方案，無論是運動、西洋棋、醫療照護或軍事等領域，都強調透過精心設計的練習項目去逐步累積技能。

　　研究與經驗都顯示，在培養發展交易的路上，最重要的一筆投資就是購置軟體，它能讓你展開自己的訓練計畫，並演練

對你的交易利基最為重要的技能。儘管任何模擬交易功能都足以探索你的交易利基，但對交易能力發展的要求則更為嚴格。你的模擬交易，必須要能對它進行更細密的控制，這樣才能迅速取得回饋意見，也能隨時將練習的難度調整到符合你技能的程度。理想的情況是，模擬平台可以藉由重現過去的市場，讓你藉此練習技能組件與技能模組，之後才是模擬真實的即時市場交易。如此一來，透過開始、停止、重新模擬……你就能達到最大的學習效果。就像網球、摔角、拳擊，一開始是獨自演練基本技巧，然後才在愈趨近現實的模擬交易中練習技能。

　　舉例來說，先前我曾提到，我自己長期在追蹤NYSE TICK，將之當成是衡量市場買賣壓力的指標。Tick追蹤的其實是紐約證交所以賣價交易的股票數量，減去以買價交易的股票數量。在股票以賣方報價交易時，代表買方渴望、積極地想擁有持股；若是以買方報價交易，代表賣方急著出場，所以願意接受較低的出價。從這點來看，Tick是極短線的市場氣氛衡量指標。

　　我發現Tick的問題是，第一，它的速度對短線交易者來說相對緩慢。有許多在紐約證交所掛牌的股票，交易頻率並不高，因此它們有很長一段時間不會反映在Tick上；第二，Tick追蹤的是紐約證交所整體的行情，而非交易中的某個指數的股票。也就是說，Tick可能會因為小型股的買盤或賣盤強勁而走向極端，騙過了S&P期貨的交易者。

　　我處理這個問題的辦法，就是採用只納入S&P指數500檔股票漲跌的Tick版本。這個Tick16指數是由Tickquest, Inc.建立，並在他們的NeoTicker程式上執行，它的變動速度比傳統的Tick快，也更能準確反映ES合約[2]的走勢。不過因為這個指數的走勢與Tick不同，高低值的範圍也不同，所以需要對它做一點調整。NeoTicker模擬在這方面就很完美。我建立了一張監測ES價格與成交量的圖表，Tick16就在下方的視窗顯示。如此一來，在我追蹤ES價格與成交量變化的時候，就能同時看到Tick16的走勢；在相鄰的螢幕上則是Market Delta程式，它用圖形顯示ES買價與賣價的成交量比例。這提供了一個方便的程度測量指標，可看出哪些參與者是站在市場的多方與空方。

　　在我的學習過程伊始，我的目標就是找出市場中賣盤明顯漸漸枯竭，或持續性買盤正在減弱的時刻。我的推論是，ES市場是由場內自營商主導，他們用的槓桿遠超出他們的帳戶長期合理操作範圍（這裡要注意，你對特定市場及其交易特性的掌握十分重要）。

　　因此，當我在Market Delta看到市場充斥著傾向一方的交易者──他們一直在做多卻無法再將市場推高，或者一直在做空但市場不再下跌時──我會追蹤Tick16，看看相關股票是否

2　即E-Mini S&P 500指數期貨合約。

同樣呈現後繼無力的態勢。如果是，這就提供了潛在逆勢操作的交易構想，也就是利用過度擴張的交易者需要退出部位時造成的價格變動。

最初，我在模擬器上的操作只是重演過去的市場，喊出我認為買盤或賣盤正在枯竭的時刻。要是弄錯了，我會用模擬器的重播功能檢討是怎麼一回事，以及我可能出錯的點。後來，我在模擬器上配合Market Delta追蹤市場實況，並在過度擴張的點上找出買盤或賣盤的減弱點。唯有在進行順利時，我才會利用這個核心技能，實際在模擬器上練習交易。

你交易的市場和風格或許與我不同，但追求成功的訓練基本過程卻相去不遠。你會從天賦（以我來說，就是讓解讀Tick變得像解讀心理治療委託人的標記一樣），以及對市場知識的了解開始。然後，你會在這些基本技能優勢上添加如Tick16及Market Delta等技能，用以支援決策和型態辨識。等到這些技能都到位了，就能運用模擬工具來演練這些技能，直到所有技能都成為一種無意識的行為。**這個概念的關鍵在於，你必須花時間在模擬練習上，讓交易技能成為你的第二天性，在實際進場交易前就通過實戰驗證。**

心智訓練　Tips

模擬的初始目標是取得一致性，而不是獲利能力。

　　一開始，你可以從市場中獲得績效表現的回饋意見，因為你會看到自己是否能成功抓到買盤或賣盤的轉折點。等到進行模擬交易時，軟體可以針對你的交易獲利能力、持有部位時間長短等等，提供詳細的回饋意見。

　　我發現，Ninja Trader程式對整合模擬和各項績效衡量指標特別強，在我寫作之際，他們正免費提供其交易平台的模擬版本。該公司的創辦人雷蒙・杜克斯（Raymond Deux）不久前告訴我，這是他們為了延長交易者生涯所做的努力——他發現有太多人沒能順利撐過他們的學習曲線，他們在培養出能力之前就被市場擊敗了。他對Ninja Trader模擬器的構想是提供一個「交易健身房」，使用者可於交易時間之內與之外在此練習技能，加速成長。

　　如前所述，另一家提供免費模擬交易功能的公司是CQG。透過Teach Me Futures網站，你可以針對市場實況進行模擬交易。它還有一個「訓練模式」，讓你可以逐條回顧每一個交易日，協助自己進行型態辨識。這個模擬器還能搭配你的交易系統，讓系統交易者即時觀察他們的系統在市場運行的結果後，再拿錢出來冒險。而我最愛的功能之一，就是它委託單顯示的方式，它會在圖表上標出你的進入與退出點，以及下單的進行點，以便快速檢視你進出的價位是否理想與委託單是否處置得當。此外，它的圖表顯示畫面還可以輸入注記來做交易日誌。這些工具都有助於提供加強學習狀態下所需的回饋意見。

發展交易能力時應該練習哪些技能？

雖然我們不可能將每一種交易利基的基本技能都分門別類，因為正如我們所見，交易就像醫學一樣，包含了各種專門科目，各自有獨特的知識基礎與技能。但有幾個基本原則，是我自己在做交易培訓時會特別側重的，在此提出來供讀者參考（請見圖表4-3）。

- **靈活彈性、有條不紊地使用交易軟體**：我估計，一般交易者用到的功能都不到軟體的四分之一。我經常會驚訝地發現，許多交易者的軟體顯示畫面，竟然是套用軟體供應商的初始設定，而不是根據自己的需求去自訂每個螢幕的畫面。即便在交易室中增加更多螢幕，也無法解決這個問題。我也發現，交易者在做短線交易時，鮮少能有效率地使用多螢幕來輔助。關鍵在於，盡量將左右決策的核心資訊，放進愈少的螢幕愈好。如果資訊可以用聽覺傳遞，比如透過揚聲器，那就再好不過了，因為這樣可以把你的視覺資訊處理資源留給其他資料。每次轉移注意力，就會流失潛在的專注力。或許這看似無關緊要，但被你小幅消耗掉的精力會積少成多。比方說，藍斯・阿姆斯壯就是學會在騎乘期間拉長坐姿的比例，藉此減少風阻而大大提升了表現。他每站起一次，就得

多面對一次增加疲勞的阻力；消耗注意力資源也會有類似的影響。練習正確使用你的交易軟體，就能用最少的心力去接觸進展中的重大資訊，延遲也會減至最少。

- **盤勢判讀**：這顯然與短線交易者最為相關，但對那些需要取得好價格將獲利最大化的長線交易者來說也相當有價值。當你只需要一點耐心就可以買低賣高，那麼損失執行 Tick 對你來說就沒有意義。傳統的圖表程式以條狀顯示價格附帶成交量，對判讀盤勢的幫助極小，所以你需要的應用程式，必須要能讓你看到在特定價格交易的成交量有多少，這樣才能追蹤每個水準的價格究竟是被接受還是被拒絕。較長線的交易者可以用 Market Profile 做這種分析；WINdoTRADEr 程式也是很好的執行工具。交易者可以用 WINdoTRADEr 監測成交量及價格在多個時間段的發展狀況，靈活地將這些即時行情製成圖表，透過回溯交易日，練習解讀市場產生的資訊；至於較短線的交易者可以仰賴像 Market Delta 的程式，該程式將成交量分解為買價交易與賣價交易的數量，這樣你就能看出在特定價格水準，究竟是買方還是賣方比較積極。短線搶帽客會利用市場深度（depth-of-market, DOM）資訊，例如 Trading Technologies 開創的階梯式陳列。這些顯示的內容描繪出買價與賣價的數量變動，交易者就能追蹤潛在買方與賣方進出市場的流動。一開

圖表4-3　技能演練與指導資源範例

發展交易能力時的技能演練

- 建立個人化的資訊顯示方式，以追蹤特定市場的不同時間段並追蹤各種指標組合，你可以向數據供應商要求使用說明。
- 進行股票篩選或篩選其他交易工具，這有助於產生交易構想。可參考像是 Trade Ideas 之類的程式，透過他們的網站或用戶社群獲得指導。
- 進行市場型態的歷史分析（例如，我們在高成交量中創下了 20 天低點；過去出現這種情況後發生了什麼事）。相關說明請參閱我的 Trader Feed 網站。
- 為具體的交易構想進行回測。Trade Station 與 Wealth Lab 有活躍的用戶社群和案例可提供協助。
- 解讀市場上的供給和需求。可參考 Market Delta 及 Market Profile 的各種操作，可找到追蹤成交量的策略，亦可加入用戶群組尋求指導。
- 追蹤市場各類別的買進與賣出。可參考 NeoTicker 中的 Tick 詳情與 NeoBreadth 指標。
- 設定各種買賣單，並分批進行加碼和減碼的交易。可參考 Ninja Trader 搭配模擬程式的買賣單輸入功能，以及 CQG 開發的創新圖表交易功能，後者可直接從圖表上顯示你追蹤的市場並直接交易。

始的練習應該都是用來解讀特定價格與時間的供給和需求，判斷究竟是由買方還是賣方掌控情況（或者雙方平分秋色），以及你認為接下來的跳動究竟是漲還是跌。

- **歷史型態分析**：這個技能對量化交易和系統交易者至關重要，但對希望在盤勢判讀之外尋找交易優勢的主觀交易者來說，也是相當有用的自我加值技能。你可以在我的部落格 TraderFeed，以及 Market History 網站上找到歷史交易型態的例子。此外，由傑森・戈弗特（Jason Goepfert）開發、別出心裁的 SentimenTrader 服務，也提供歷史型態分析的好用模型。這類分析背後的重點

是，找出目前市場的明顯特點，然後看看過去什麼時候也曾出現這些特點，再進一步觀察「後來發生了什麼事」。大型的市場歷史數據資料庫可以從 Tick Data、Pinnacle Data 取得，還有像是 CQG 和 RealTick 的即時數據供應商也有。你可以輕鬆地將這些數據套用至試算表、資料庫或分析程式中，用來探索型態。我的許多分析都只是在 Excel 上對歷史數據做排序和篩選，然後拉出我要的樣本，只要幾分鐘的時間就能完成這種簡單的分析。雖然對那些不習慣使用 Excel 的人來說，這些動作乍看之下似乎很困難，但只要養成習慣後，從歷史數據中取樣的過程，會成為一種無意識的行為。要求自己在模擬中進行簡單的資料整理（例如，市場上漲或下跌的隔天會發生什麼事），接著再試著做出更複雜的分析（例如，市場連續三天收黑後會發生什麼事），久而久之，你就能建立對市場分析的信心。

看完前述內容，你的反應可能是：「我沒辦法全部自己來……」你說得對：包括我在內的大部分交易者都需要幫助，才能熟練地使用軟體、解讀盤勢，或是找出歷史型態，而這些還只是基本技能（請見圖表 4-3）。前述段落還沒有納入交易風格特有的許多技能，比如利差交易、選擇權分析、基本面與計量經濟學等等。對剛起步的交易者來說，善用前文提及的資源

非常重要。在我的個人網站中，「交易者績效表現」這個主題說明了交易者發展績效表現的基本要素；「交易者發展」這個主題則會隨時更新有用的學習資源連結。其他主題對你也會有所助益。

此外，請善用交易軟體公司的教學服務，這對你學習掌握交易平台的功能非常有用。至於高品質模擬程式的供應商（我立刻聯想到NeoTicker與Ninja Trader），也都有樂於助人的用戶社群和技術人員，協助你解決模擬交易的問題。

即便你就是自己的導師——**特別是**當你在輔導自己時——你也無法獨自解決跟交易有關的大小事。重點是要設法「建立關係」，找到可以協助你學習的交易者。包括線上交易室、研討會／課程、用戶社群、電子論壇與布告欄等，可供運用的資源相當多。合適的交易書籍，像是解說特定交易方法的書籍也很珍貴，因為它們提供了可實踐的交易方法，你可以測試、練習那些方法，最終將之修正為自己的方法。[3]

訂閱一個符合自己交易風格的交易平台是最好的開始，最好是能讓你進行詳細的模擬，並擁有積極活躍的用戶社群，以便解決和你類似的問題。光是這樣的基礎，就能給你許多自我輔導的工具。

3　例如吉姆・道爾頓的《市場輪廓》（*Markets in Profile*）、湯瑪斯・布考斯基（Thomas Bulkowski）跟圖表型態有關的作品，以及琳達・拉許克、詹姆斯・阿圖徹（James Altucher）、拉瑞・康納斯（Larry Connors）提到的交易型態等。

> 如果你要擔任自己的導師，重點就是人脈、人脈、人脈；
> 有許多人和資源都能照亮你的成就表現之路。

開始提升交易能力：那些我曾獲得的最佳建議

　　交易的基本技能就是型態辨識。無論你是專做短線或較長線的交易者、無論你是做主觀交易或程式交易、無論你是交易大豆還是政府公債，這一點都是無庸置疑的——你努力預測未來的市場走勢，並尋找能引導決策的供需型態。本書稍後我們會將交易拆解成技術、戰術與策略，並探討每個部分該如何運作。不過，在發展能力之時，你不會希望自己被可能的型態淹沒，以致於無一精通。

　　在我發展交易能力的階段，我得到的最佳建議之一是琳達・拉許克在好些年前寫的東西。她建議先熟練掌握一種型態，再繼續克服其他型態。我將這個建議牢記在心且從不曾後悔。琳達認為每個交易者都需要某種方式來「設想」市場：了解出現的型態。技術分析就是設想型態的一種方式；其他還有歷史型態研究、描繪市場輪廓（Market Profile）、基本面分析等。當你對市場有了一套設想架構，也就有了決策的基礎，能從中得知自己究竟是對還是錯。時間一長，你會修正自己的設

想架構，而且隨著經驗增加，你的設想架構無疑會更加複雜精密；你永遠都能把它當成指南針，在交易時指引方向。

　　發展交易能力的最佳起點，就是用對資源、辨識出一、二個交易型態，然後透過模擬器在過去的市況中練習「即時追蹤」這些型態。你甚至不用擔心交易模式，只要專注練習當型態出現時能發現、辨識它們即可。

　　比方說，若你鎖定的是突破盤整區間的型態，那就得訓練你的眼睛找出所有這種盤整和突破。參與線上交易室，可以幫你建立這種型態搜尋能力。只有當你能熟練地辨識出型態，才能嘗試找出進入市場的價格，並利用突破點獲利。透過模擬器回顧，可以幫你看出自己什麼時候看對了、什麼時候看錯了，還有最重要的——知道自己為什麼看對／看錯。例如在回顧檢討時，你可能發現突破最有可能出現在較為長期的趨勢方向上——這就是一個關鍵訊息，未來當你在做型態搜尋時，它會有很大的幫助。

　　你要做的練習，就是找出你對市場的設想架構和交易它的方式。盡量保持簡單。漸漸擅長一種交易。這將為你進一步的發展奠定基礎。如果你的目標是發展出專業技能，你就必須要長期堅持，讓它成為一趟難忘的旅程。

第五章

從普通能力到專業技能

交易高手的蛻變之路

專家及其表現應該被視為是一種自然實驗的結果，在該實驗中，
部分個體在其專業領域的代表性任務所施加的限制下，付出最大努力
來達到最高水準的表現。

——安德斯・艾瑞克森（K. Anders Ericsson），
《通往卓越之路》（*The Road to Excellence*）

產生偉大成就、專業技能、菁英表現的「自然實驗」是什麼呢？說到底，所謂的實驗，就是一個在受控的環境中引進變數，並觀察其結果的過程。高度成功的表現者大多從一組天賦開始，經過一連串的學習活動，然後出現終身有別於他人的表現水準。套用冰上曲棍球巨星韋恩・格雷茨基（Wayne Gretzky）的話，就是「他們不是只依據冰球的位置做反應，他們還要學會預判。他們並非只是突然跟上趨勢或突破點。在其他人蜂擁而至時，他們早已乘勢而上了。」

　　什麼樣的變數會造成這種自然實驗的結果呢？表現者從能力進階到成熟的專業技能，他們身上發生了什麼變化呢？最重要的是，我們可以自己進行自然實驗，並掌握交易成就的發展嗎？

　　本章的主題是從能力跨越到專業技能，這不單只是程度上的跳躍。優秀，並非只是能力達到更高水準或擁有更多同樣的技能，**而是產生菁英表現的自然實驗，從生理、認知、情緒等各方面改變了表現者**。

　　經年累月在彩色背景上畫上線條之後，羅伯特・歐文徹底改變了他對環境的感知；藍斯・阿姆斯壯歷經多年訓練，強化心肺功能、改善騎乘技巧、減少風阻並專注在競爭動力後，當他再次再面對近在眼前的山路時，他感受到的體驗與他身為業餘選手時已大不相同。他跟所有專家一樣，別出心裁地從根本上轉變自己的感知與經驗。這種轉變就是艾瑞克森所說自然實驗的結果，是個人層次演變的例子。

專業技能的演變

　　「演化」是自然實驗的根本基礎。想像環境變化導致溫度和降雨量大幅下降；植物快速枯死，無法再繁殖，瀕臨滅絕。以這些植物為生的動物面臨相似的命運。冷血的捕食性動物面臨食物短缺又難以維持體溫，同樣也會死去。不過，哺乳類動

物會調節內在環境，面臨的捕食動物威脅也變少；牠們的族群數量擴張，特別是能夠找到食物的物種。久而久之，這些物種能夠創造工具並調整環境，在新的環境過得最好；牠們的繁殖率擴張。隨著這些成功的物種遷移到需求不同的新環境，適應力最好的個體得以生存並繁殖，產生獨特的新族群。**在演化過程的每個階段，環境限制都會挑選出特定的適應性**。結果就是地球從一個由恐龍支配的世界，變成由人類主導的世界。

不過，想像我們用個別人類進行自然實驗，大幅加速這個過程。每天都引進新的環境限制。絕大多數人無法適應這些變動的情況，退出了實驗；從科學家的觀點來看，就是他們滅絕了。留在實驗中的人就有了某些優勢，面對變動不居的環境具有恢復能力。他們隨後發展出適應調整能力，使他們在面對即將到來的變遷更能夠融入。在這漫長的擇選過程尾聲，只留下相當少數適應力異常良好的個人：天擇遊戲中的菁英表現者。

專業技能的發展，大致上來說就是一種演化過程。以棒球運動來說，許多人都是從少棒聯盟開始起步；上中學及大學時，嚴格要求自己從事這項運動的人就比較少了。求學期間表現出色的人，會繼續進展到職棒小聯盟球團，而在這些人之中能夠進入大聯盟的，只剩下鳳毛麟角。

不久前我跟一家知名經紀公司的高階主管聊天，他指出顧客開立交易帳戶到關閉帳戶的時間，平均僅略多於六個月。原因並非是對該公司不滿意（調查顯示顧客大致都認可該公司的

服務），真正的原因是才過了半年左右，多數交易者就會耗光他們的資金——他們是演化的受害者，自然實驗的中輟生。而這個「加速版」的自然選擇不同於物種演化的地方，**在於我們可以控制許多影響存活的變數**。想像一下，如果恐龍擁有一套教導牠們控制內在環境、適應新的飲食、遷移和尋找食物等等的培訓計畫，而恐龍之中的菁英表現者，肯定會比該計畫的中輟生更有機會在不斷變化的環境中存活下來。

在人類的績效表現世界中，我們創造極端環境條件——競技、比賽、戰爭、金融——然後為其建立訓練計畫，喚起表現者對這些條件的優異適應能力。**針對績效表現所做的訓練就是個人的演化**，從某種意義上來說，這種訓練所導致的修正，就是創造了新的物種——就像人類不同於恐龍一樣，我們是與先祖不同的物種。

心智訓練　Tips

訓練創造了表現者演化的條件；專業技能則是個人演化的結果。

從能力到專業技能

請回想一下我們對交易能力所下的定義：始終能支付交易成本的能力；至於專業技能則代表更重要的意義：靠交易維持

生計的能力。只不過，若考慮到絕大多數的交易者都會在幾個月內耗光了帳戶，能力與專業技能在交易的演化世界就都成了例外。

　　如果每個交易者都是一個突變——交易「基因」的特定組合——你就會發現，就像在自然界一樣，很少有突變能對環境適應良好。在這一點上，交易和其他表現領域並無二致。稱職能幹的音樂家和運動員是相對少數，但這當中只有一小部分的人是以他們的表現維持生計。以搖滾巨星或NBA傳奇球星來說，在他們領域的群體中有許多沒沒無聞的稱職音樂人和運動員，還有更多人早早就放棄了進入音樂廳或運動殿堂的夢想。

　　我們在前面的章節看到了，能力始於天賦才華和個人興趣的集合，個人興趣能促進這些天賦才華的發展。以訓練和輔導的模式進行指導，能為表現者帶來挑戰並建立能力感，維持一種高動機、專注、學習的心流狀態。在這種狀態下，成長的進展快速：**透過持續的乘數效應，純粹的技能發展成了演化。**

　　當稱職的表現者在追求專業技能時，訓練焦點會出現一個重大轉變，並徹底改變表現者的選擇壓力。還記得當學習者習得技能時，模擬會變得愈來愈逼真，對表現的要求也會愈來愈嚴格吧。對運動員來說，簡單的自主訓練會轉換成團隊內部的比賽訓練，然後是季前賽；演員最初是讀劇本，然後是各個場景的練習，最後是帶妝彩排。我們也看到了，藉由複製表現者要面對的實際情況，模擬對能力的產生頗有功效。

　　然而，在說到專業技能發展時，模擬的面貌則大不相同。**為了促進專業技能，模擬會變得比原先有意塑造的表現條件更有挑戰性。**這一點極為重要。如果你希望摔角選手調整到極佳狀態，迎戰每週持續三回合的比賽，就得讓他們每天進行好幾回合的訓練；如果你希望特種部隊能在敵方的領土發揮戰力並活著回來，就必須在訓練計畫中設計**數個月**的敵後狀況。要讓表現者經歷實戰驗證，就得讓他們參與比現實世界更艱困的戰鬥。許多表現者會因此在中途退出，如同特種部隊訓練的中輟率就超過三分之二，但留下來的人，將會是演化品種當中的最適者。**這是因為極限訓練會建立徹底的適應力，加速專業技能發展。**套用美國海豹突擊隊成員理查‧麥可維奇（Richard Machowicz）的話，就是「你在練習中流的汗愈多，在實際表現中流的血就愈少」。

　　老虎伍茲的父親厄爾為了輔助兒子的發展，採取近似殘忍的手段。他會在伍茲準備擊球時，故意製造噪音來轉移他的注意力，迫使受阻撓的年輕人發展出心理韌性和更勝對手一籌的專注力。只有親子、師徒間有強烈的情感連結，才能確保這種刁難不會適得其反，污染了學習過程。海豹突擊隊的教官經常會誘使新兵放棄訓練計畫，「只要你退訓，馬上就能享用溫暖的飯菜和床」，有些無法忍受艱苦的士兵便因此屈服。至於那些能夠通過考驗的人，未來則有自信能克服任何挑戰，因為他們已能掌握可能會遭遇的最嚴酷情況。

心智訓練　　Tips

一旦熟練掌握了極端的挑戰，就能製造出極端的信心。

　　若想為非凡的表現做好準備，表現者就得先克服那些非比尋常的訓練要求——請回想前世界西洋棋冠軍鮑比・菲舍爾開給傳記作家布雷迪的作業：先玩過西洋棋書上的所有棋局，然後重來一次；想精通爬坡的自由車選手，不能只待在平地或緩坡上。最陡峭的山地才能讓他們做好準備，以面對實際比賽的地形。因為唯有克服那些最陡峭的斜坡，才能迫使選手鍛鍊肌肉及有氧調節，而這原本是不會經由演化產生的；某個演員被要求不使用道具，必須像默劇般靠手勢生動地演繹一幕場景，而這將發展出在正常表演條件下可能永遠不會產生的表現力；健美運動員總是將重量設定在超出多次重複可承受的程度，目的不僅僅是鍛鍊，而是要給肌肉施加壓力，唯有如此才能促進它們的發展。

走進專業交易員的交易室

　　在我任職的金斯崔交易公司，我擁有雙重好運：第一，我可以接觸到現實生活中的專業交易員，他們年復一年靠著交易賺錢謀生；第二，公司大力支持專業交易技能的發展。

　　從我第一天進公司為所有交易員發表演說開始，我的老闆兼公司創辦人查克・麥克艾文就對我強調，公司的使命是栽培大量交易員。因此，金斯崔比一般交易公司花費更多時間與金錢培養交易員。很多時候，這筆投資得不到回報，但一旦得到回報，成果就會十分豐碩。查克打從一開始就明白，對著交易員指手畫腳不可能栽培出超級交易員。他自己也是交易員出身，深知唯有浸淫在市場之中才能學會交易。你必須靠著提高交易規模來理解何謂交易規模。發展中的交易員不能越級打怪，超出他們為自己設定的目標和環境帶來的挑戰。

　　在進入一位專業交易員的交易室之前，請容我說明「專業技能」在一家自營交易公司究竟有什麼意義。公司裡的交易員要積極交易，全天候進出市場。每天至少有五十筆交易、數千回合完整買賣的情況並不罕見。想像一下這麼多筆交易的手續費開銷，即便公司能拿到較好的折扣；再想像一天至少五十次進出的滑價（slippage）成本。除了要支付舒適辦公空間的開銷，還要加上專用電腦及網路支援、連接交易所的專線、最新的軟體等，光是「打平開支」這樣的能力，就需要無數技能。想像在那樣的背景下，年復一年，每年賺到六、七位數的交易員技能。親炙這樣的人才是一件鼓舞人心的事。

　　年近三十的馬克・葛林斯朋（Marc Greenspoon）心直口快，言行舉止充滿活力。他在交易時會滔滔不絕、坐立不安、在座位上動個不停，偶爾還會爆粗口；但是他的注意力鮮少離

開螢幕。他在交易時的焦點極其明顯，與專心做手術的外科醫生並無二致。隨便找一個旁觀者來形容馬克，你可能會聽到「自以為是」，甚至是「過動」之類的字眼。不過，我對馬克的印象卻截然不同。我看到他在八個螢幕前專注地觀察每個Tick，即便是在準備下一筆交易時，他也會一邊問我：「你覺得怎麼樣？」我記得有次他從家裡打電話給我，談起他的新年目標——那是在前一年賺了幾百萬美元之後。交易、社交生活、度假與聊天：他無論做什麼事都活力充沛。我給馬克的評語就是「全神貫注」——他把自己完全投入他在做的事情中。

　　某天上午，他虧了幾萬美元，已經接近他的「死亡點」（drop-dead point），也就是他和風險經理一致認同應該停止早盤交易的水準。觸及死亡點有點像在打一場糟糕的棒球比賽：教練最終會走出休息區，對在牛棚熱身的後援投手打出暗號，然後要你離開投手丘。沒有一個選手會在比賽中自願退場，因此這會由教練來決定，而教練就相當於風險經理的角色。他們是把交易員叫下投手丘的人。

　　對許多交易員來說，不得不停止交易比承受在接近死亡點的虧損更糟。或許你看過職業拳擊手在場上遭到對手的連續猛擊，令他幾乎抬不起手套，只能承受著一拳又一拳的重擊。這時候，憂心的裁判叫停了比賽。落下風的拳擊手會有什麼反應呢？他會向裁判抗議！他不希望比賽停止。他希望有機會能贏。這一刻拳頭已不再重要，只剩下留在比賽裡的渴望。許多

菁英交易員也是如此，你很難看到他們會坦然接受「退出交易」這個結果。通常，他們會好言勸誘風險經理，表示自己願意接受更小規模的限額——只要能留在賽場上就好。

馬克距離教練走上投手丘就只差一筆交易了。我走到他的交易室看看他是否能退出這筆交易。可想而知，馬克覺得很挫敗。「你敢相信這個市場嗎？」我一進門他就說，「你有看過這樣的情況嗎？」他沒有等我回答。「每個水位都有幾千筆交易，但它就是不會動。」他頓了一下，眼睛依然緊盯著螢幕。「我不敢相信我的績效這麼糟糕。」又是一陣停頓。「我知道只要有耐心就能補回來。」

「那就是關鍵，」我回答，「一點一點來。你不用一次全都補回來。」馬克知道我只是在重複他年初寫過的東西。他是積少成多型的交易者，靠著一次又一次不俗的交易賺錢，而不是一次花幾個小時做一筆交易。

我回到自己的辦公室，我可以從自己的螢幕上觀察馬克和其他人。風險管理軟體讓我得以隨時監看他們的部位，以及交易員正在執行的買賣單。即時的交易者損益（P/L）計算，也會隨著交易對他們有利或不利的變化，隨時跳動更新——這個資訊讓我得以看到交易員什麼時候成績好、什麼時候表現差；什麼時候以他們一貫的風格交易，什麼時候脫離他們的常態。我的挑戰就是在最初的虧損逼近可怕的死亡點之前找出問題，並幫助交易員。

市場確實如馬克注意到的一直在狹幅區間震動，每次當它帶量攀高時，又會迅速反轉；當它落底時又會突然找到出價的買方。許多交易員都因為在尋找似乎隨時都會出現的突破中買高賣低而蒙受損失。他們之中有些人已開始收斂克制，試圖等市場出現明確的方向之後再行動。他們知道再被多空雙巴一、二次，他們這天的賽局就結束了。

市場正攀上高點，果然，賣方開始動作了。不過，這次的反轉走勢出現逆轉，市場反彈了好幾個Tick，然後就靜止在那裡不動。

我的目光急切地在交易員的螢幕和自己的市場螢幕之間來回。我跟馬克一樣全神貫注，觀察交易員接下來的動作。

市場以賣方報價達成交易。馬克沒有多等；他又從委託簿中提出600口。市場又來了一批買賣單，提高了賣方的報價。短暫停歇之後，賣方報價又出現更多成交量。突然間，彷彿觸及了臨界點：買方強勢進入市場，將ES合約推上當日高點。有些交易員迅速獲利了結，期貨市場因而拉回了幾個Tick，但馬克依然在交易。等到交易結束時，他的600口單整整上漲了2點。那就是6萬美元——足以讓他的當日損益結果轉虧為盈。後來他又參與了兩次漲幅，等到當天收盤，他的帳戶已增加了六位數。

我在下班時恭喜了馬克的逆轉勝。「但我應該從交易中賺到更多的，」這是他的典型反應。「我只是很氣自己早盤時賠

了那麼多。像是每天早上都給自己挖了個坑，結果害慘自己。」
聽馬克說話，你會以為他虧了很多錢。

　　但馬克就是那樣。他隔天還會再重演這齣戲，想方設法不
在上午的交易中虧錢。瀕臨死亡點的記憶會比走勢回檔的記憶
更強烈，而這將成為他隔天交易時的動力。

　　正如我說的：全神貫注。

找出交易專業技能的來源

　　我們要從何找出馬克的專業技能來源呢？是他解讀市場的
能力非常好，以至於他在一筆理想的交易中幾乎不受負面影
響？還是他有本事承受巨大的風險與報酬、堅定不移地繼續交
易呢？也有可能是每當他獲勝時就會把標準再提高的競爭動力
所導致的。沒錯，這些都是構成馬克績效表現的因素，但在前
述關於他早盤逆轉勝的表現中，這些因素都不是讓我最印象深
刻的。

　　我看到的東西比較簡單，但同樣值得注意。當馬克直盯著
死亡點水準時，他在區間邊緣下單交易的動作是**不假思索**的。
類似的交易我之前看過他做過數十次。他看到了市場活動、一
個重要的價格水準，以及一個交易區間。幾百個市場交易日的
經驗，加上專注緊盯螢幕的漫長歲月，讓他對這個情境十分熟
悉。他稱之為對市場的「感覺」，而事實就是如此。許多交易

員對S&P指數的個股了解得比馬克多，也有許多人談起技術面、基本面、總體經濟等都勝過馬克。不過，這些人絕大多數一年都賺不到馬克那一天賺到的。他們對市場所知甚多，但馬克**了解市場**。他對交易型態如此熟稔，以致於他就算挫敗沮喪、差點兒就要離開投手丘之際，也能完美地進行交易。唯有深刻了解，他才能有堅定的信念進入市場並乘勢而起。

馬克密切關注市場多年，但他從未接受過正式訓練。他同為成功交易員的好友帕布羅‧梅嘉雷霍引薦他到金斯崔公司，並充當他早期的導師。但帕布羅不是那種會告訴人家怎樣交易的人。他會給馬克建議和鼓勵，但就跟他對其他交易員一樣；但馬克學到的東西大多來自於螢幕前。的確，在我最初加入金斯崔管理培訓方案時，我驚恐地得知，帕布羅竟然鼓勵受訓學員一天在模擬平台上交易數百次。我堅信這是錯誤的想法，只能教會交易員「過度交易」。但現在當我年紀稍長又多了些經驗之後，我在帕布羅的建議中看到智慧。要做到不假思索地交易，就是要頻繁交易，直到交易變成無意識的行為。只會在水裡小心翼翼地試探，你就永遠學不會游泳。馬克遵循帕布羅的榜樣，在練習時頻繁交易，讓自己完全沉浸在市場活動之中，最終培養出神槍手般的「肌肉記憶」。當市場開始火熱，而他即將觸擊死亡點，他的表現也不會因此動搖。

我認為，專業技能不僅是技巧純熟的表現，**更是有能力長時間在各種艱難的情況下複製技巧純熟的表現**。我們之所以記

得棒球之神貝比・魯斯（Babe Ruth），是因為他的職業生涯寫滿全壘打紀錄。這世上有許多曇花一現的奇才，但是有多少終身成就不輟的莫札特、莎士比亞、愛因斯坦呢？

心理學家迪恩・西蒙頓（Dean K. Simonton）在《創造歷史的偉人》（*Greatness*）一書中說得對：「菁英表現者因為生產力而傑出。只要嘗試擊球的次數夠多，他們就能把球打出場外。」我懷疑馬克成功與失敗的交易比例，和許多沒那麼成功的交易員有多大差別。他的成功來自於知道自己「什麼時候是對的」，即便是在籌碼流失時也會自動進行有規模的交易。

但是，專業技能的自動化從何而來呢？要回答這個問題，我們必須回到第一章的主題，也就是**刻意練習**與**學習循環**。

心智訓練　Tips

> 專業技能就是將技能內化到成為習慣。

刻意練習：專業技能的共同點

賈奈爾與希爾曼（Janelle and Hillman）概括總結有關體育專家表現的研究，指出練習是其「共同點」。艾瑞克森研究三組專業表現程度不同的小提琴演奏家，發現他們花在練習音樂的時間差不多。不過，成就最高的小提琴家單獨練習的時間最多，超過 1 萬小時；成就中等與較低的兩組，則分別為 7,500

小時及5,000小時。研究中的其他表演藝術家、西洋棋手，以及各種項目的運動員，他們都有相同的情況，也就是專業技能會伴隨著大量的練習。

　　刻意練習的關鍵概念在於，練習的品質與數量會產生專業技能。我們稍早看到，光是接觸表現領域尚不足以產生菁英表現。圖表5-1是我總結艾瑞克森的研究，促進專業技能的刻意練習與正常接觸表現領域截然不同。

　　我們來比較兩個發展中的交易者——克里斯與彼特，以此說明刻意練習與反覆接觸一個領域的差異。克里斯會在開盤前觀察市場幾分鐘，並在心中演練，為實際交易做準備。他享受驗證自己的想法究竟是對還是錯的樂趣，而且樂於用即時的市場數據做練習。這樣做能讓學習始終有趣，又能密切貼近市場。如果交易期間犯了錯，他會記錄在當天的日誌中，方便隔天早上回顧。如此一來，學習就不會占去他的交易時間。

　　至於彼特，則是專心在模擬平台上做刻意練習。他鑽研由一位導師列出的特定技能，比如學習找出市場轉折點，在這個點上，相關的領先市場會在賣方報價開始出現有規模地變動，而其它市場則持續以買方出價交易。檢測到這個轉折時，他應該要利用不斷變化的供需情況下單。偶爾彼特會在發現時機不對時暫停模擬器，重播交易時刻。他持續不斷地回顧，直到找出在偵測成交量轉變時可能遺漏的訊息。這樣的練習會持續一段時間，然後才會演練其他新技能。

圖表5-1　　刻意練習與正常接觸表現領域的差別

有效刻意練習的特徵

	刻意練習	正常接觸
任務	清楚明確	鬆散無條理
困難程度	符合表現者的程度	未做控制
目標	具體明確	不存在
回饋意見	立即、詳盡	延遲、籠統
重複	加重強調	避免
表現者的目標	自我提升	享樂

資料來源：艾瑞克森，1996年

　　克里斯的訓練排程會兼顧樂趣與行動；彼特則強調技能的演練。等時間一久，克里斯根據練習經驗而做的自我調整，相較於彼特會少了很多。彼特的練習本質上是計畫型，有其刻意的一面，所以在體驗上不如克里斯的練習有趣，但做為學習引擎卻更為有效。

　　艾瑞克森的研究顯示，表現者的專注力是刻意練習的一個重要的因素；這也是刻意練習有別於在表現領域中玩樂體驗的另一個因素。這意味著必須對有效練習環節的持續時間加以限制，才能讓注意力和焦點得以休息並恢復。打盹與休息時間對菁英表現者來說相當普遍，這正反映出練習期間的活動強度。除了恢復精神的小憩，具體的目標和立即回饋意見，有助於表

現者在練習期間保持專注學習。優秀的導師知道如何在練習中，讓選手持續專注在任務上（就像指導足球練習與分組對抗賽的教練）。

賈奈爾與希爾曼觀察，競爭性活動本身或許可當成一種刻意練習的形式。這是因為許多運動需要策略（目標），產生快速的回饋意見，並提供重複的經驗。因此，他們及艾瑞克森都注意到，刻意練習未必需要正式的輔導。自學成材的爵士樂手每晚在俱樂部演出，就能得到聽眾對他們的即興表演技能的回饋意見，並在演出之間琢磨這些技巧。我們稍早看到，西洋棋專家可能藉由復盤與對手下的棋局，記錄每一步，再透過回顧檢討來學習。這樣的練習不同於單純的玩樂：那是自我導向的學習。

這又讓我們回到專家交易者馬克・葛林斯朋。請想想我對馬克交易時的觀察：

- 他高度專注，他的雙眼很少會離開螢幕。
- 他積極交易，密切追蹤市場活動。
- 他通常會利用中午小憩的時間恢復專注力。
- 他會用交易日誌記錄他的損益情況，然後寫下評語，包括隔天的目標。
- 他會嚴密追蹤當天的損益情況，關注每一筆交易的成績。
- 他會根據市場情況和交易結果去嘗試新的交易策略。

即便馬克沒有正式的和交易導師一起設計學習方案，但他進行的顯然就是刻意練習的訓練流程。**交易的積極本質原本就是學習的孵化器，因為交易讓馬克設定清楚的心理預期和目標，得到快速且詳盡的回饋意見，以及不斷變化的挑戰。**

刻意學習的條件之一（這也是產生心流狀態的核心），就是讓績效目標與學習者的技能相匹配。

馬克是技術非常熟練的交易員，他的績效可資為證。對他來說，成功提高績效的唯一方法，就是設定能擴展自己技能的目標。從定義上來看，那些目標必須夠宏遠，也就是那些能產生極大信心的極端挑戰。比方說，我第一次見到馬克時，他上午交易德國DAX指數，下午交易S&P ES期貨。如果當天上午他看到DAX指數的型態發生變化，而S&P有更好的機會時，他就會轉為整天交易ES。那一年他賺得荷包滿滿。

馬克知道除非克服新的挑戰，否則無法擴大成就。努力獲得專業技能意味著我們必須要求自己的表現要超越合格能力，超越那些我們輕鬆就能完成的程度。

舒適區之外的表現

艾瑞克森針對表現者的技能發展有精闢的說明。我們最初學習一項技能的過程既辛苦又費力，也需要相當可觀的注意力和思考力。不過，藉由重複的經驗，技能會變得自然而不假思

索。正常情況下，我們不再需要將全部注意力放在駕駛車輛上；隨著時間過去，表現會變得舒適自在。然而，一旦表現變得自在，它就不再能促進學習了。**自動化（automaticity）是有效學習的結果，但也是新學習的敵人。**菁英表現者因此會被要求不斷讓自己超越自動化，超越他們的舒適區。要做到這一點，就必須要求自己超越巔峰。

心智訓練 💡 **Tips**

「演化」會出現在我們備受壓力、必須努力產生新的適應性時。所謂專家，就是能夠持續適應卓越表現要求的人。

這一點在軍事菁英部隊最為明顯。美國陸軍遊騎兵學校（Ranger School）要求報考的學員必須在各種地形上進行艱苦繁重的訓練，反覆演練戰鬥與領導技能。此外，受訓者每天最多只能吃一餐飯與幾個小時的睡眠。這樣做的目的是什麼呢？在為期61天的訓練中，大部分學員的體重得掉30磅（約14公斤）。

在海豹突擊隊基礎水下爆破訓練的地獄週期間，新兵必須連續132個小時進行劇烈的體力操練，承受或濕、或冷、或沙地的環境。整整五天半，他們要進行一個又一個艱苦繁重的活動：跑步、游泳、背負沉重的小艇、在沙地打滾、跳入冰冷的水中、背負更沉重的小艇……直到他們連在睡夢中都能做這些

事。事實上，考慮到睡眠被剝奪的新兵經常會出現幻覺，他們確實有種在睡夢中進行訓練的感覺——而這正是重點。**透過再三重複，即使極端的挑戰也會變成無意識行為**。這些訓練確保菁英士兵在戰場上經歷飢餓、疲憊、情勢不確定等情況也能有效發揮戰力並維持紀律；也確保像馬克·葛林斯朋的交易員能不假思索地交易，即使他們是在鋼索上交易。

　　任何領域的菁英從合格能力進展到專業技能，都是藉由製造比日常可能遭遇的情況更為嚴苛的績效挑戰。我們是靠著創造和適應超出舒適區之外的挑戰而演化的。

專業技能與內隱學習

　　對馬克和其他專業交易員的觀察讓我確認：**專業技能是在高度有挑戰性的表現條件下進行內隱學習的結果**。成就表現就像標準的戰鬥演習一樣，都可以用一連串的步驟來表示，但專家級表現必定不只是完全如實地複製步驟而已。經過戰鬥淬鍊的老兵會發展出一種感覺，知道什麼時候要前進、什麼時候要找掩護、什麼時候要臥倒射擊、什麼時候又該觀察敵人的行為。同樣的，專業交易者也會發展出一種感覺，知道如何處理買賣單意外成交的情況。他們不是只單純模仿標準作業程序。

　　我問過金斯崔的專業交易員，他們怎麼知道什麼時候要攻擊市場？什麼時候要翻轉部位？而我得到的答案相差無幾，像

是「他們不可能再壓低，所以我決定買進」，或者「就跟上星期差不多；你知道一旦所有人都做多，就會把它壓下來」。這些交易員看過太多市場與行情，因而發展出一種預測判斷力，堅信某件事情可能發生，因為以前發生過太多次了。

克里爾曼斯（Axel Cleeremans）與希門內斯（Luis Jiménez）的研究報告支持這個觀點。他們的研究調查序列學習（sequence learning）：預測系列中下個項目的能力。這對所有表現活動都很重要，比如運動或交易，在這些活動中，預測競爭對手行為的能力極其關鍵。他們總結說：內隱學習導致的是對事件序列的統計結構有深刻了解。這聽起來很拗口；我們且來拆解分析研究人員揭露的專業技能相關內容。

有個不錯的實例是柯倫（T. Curran）評論的一項調查序列反應時間（serial reaction time, SRT）研究：迅速對系列項目做出反應的能力。這項研究是讓受試者觀看螢幕上的游標，游標會出現在其中幾個地方。他們會根據游標所在的位置按下相對應的按鍵，以表示他們看到的游標所在。研究人員衡量受試者在兩種情況下的反應時間：以固定型態決定游標的所在位置，以及隨機決定游標位置，而這個型態不是簡單的形式。譬如，假設游標有四個可能位置（分別為1、2、3、4），這個型態可能是4—2—3—1—3—2—4—3—2—1，而且會在試驗區塊重複許多次。

SRT研究得出了幾個結果。首先，試驗區塊中的游標位置

按照型態出現，反應時間會隨著時間改善。這代表受試者學會預測游標會在哪裡出現；其次，隨機試驗區塊的反應時間沒有改善。這表示反應時間的改善，不只是因為熟悉任務而產生的結果；第三，雖然受試者明顯在學習預測型態，但他們無法用言語表達是什麼樣的型態──他們的學習其實是內隱的。

柯倫引述大量神經造影研究，從啟動的大腦區域找出內隱與外顯學習的差異。明確地說，SRT研究顯然是利用大腦的運動皮層：牽涉到控制身體的區域。這一點是合理的，因為研究中的型態辨識，與對型態的快速反應有密切連結。

克里爾曼斯與希門內斯觀察到，內隱學習出現在雜訊序列中（在型態之中混入隨機的要素），代表受試者可以從數據流中擷取出型態；這種技能聽起來非常類似短線交易者的活動。兩位作者總結，SRT實驗的受試者對於數據中的統計規律變得敏感──隨著時間過去，游標出現在螢幕上的某個部分之後，再出現在某些位置的可能性比其他位置高。本質上來說，受試者就像神經網絡，利用新數據更新對事件發生率的估算。

要注意的是，內隱學習只出現在多次學習試驗之後。本質上來說，SRT實驗提供一種密集演練。經過數十次的試驗後，受試者將他們無法充分描述的型態內化，就像金斯崔的交易員一樣。最重要的是，這種學習不是教室裡那樣吸收事實與數字；而是一種動作學習：感知與反應之間的連結。或許這是為什麼有那麼多高度成功的交易者，在書本知識學習上並不突

出。當他們說對市場有某種「感覺」時，說的其實是實話。

心智訓練　Tips

專業技能不是知道什麼，而是知與行的連結。

表現中的內隱與外顯學習

有些人認為泰德‧威廉斯是棒球史上最偉大的打擊手。他的《打擊聖經》（*The Science of Hitting*）就是菁英表現的經典說明。威廉斯花費漫長時光，在室內與戶外精進揮棒。他一絲不苟地將雙腳打開27英寸（約69公分），確定球棒的重量剛好；他把好球帶分成77個區域（7排11行），並計算他在每個區域揮棒的平均打擊率。具備這種空間意識後，他對投手投來的球是在好球帶之內還是之外，感覺十分敏銳。而比起他單季四成打擊率更令人印象深刻的，或許是他在生涯共7,706次的打擊機會中，只被三振709次，卻有超過2,000次的四壞球保送。他的打擊成功方程式很簡單：「好球才打。」

不過請注意，「好球才打」並不是光靠明確的想法就能做到的，因為對手迎面投過來的球，時速通常會高達100英里。知道什麼是好球、什麼是壞球需要動作預測，這不同於SRT實驗呈現的技能。從投手手臂的動作到放球點，再到球的轉動，像威廉斯這樣的打者會快速組合這些線索，提醒自己球的可能

落點。若沒有經過數千次的學習試驗，是不可能發展出這樣的專業技能的。

如果觀看拳王阿里早期比賽的影片，你會不由得佩服他對身體的控制和腳速。他會在預料到對手要揮拳時將上身往後仰，因此，對手的許多出拳攻擊都揮空了。我曾看過專業交易員因為突然有單一筆交易或大筆買賣單湧入而瞬間刪單。僅僅是一眨眼的時間，你清楚看到他們避開了糟糕的成交價。這和阿里的技能有什麼兩樣？

進行極短線交易的優勢，就是每個交易日都有幾百次學習試驗，交易員有如置身在一場持續不斷的 SRT 實驗當中。內隱學習在這種情況下會快速出現。這有助於解釋一個最初令我不解的現象。我在金斯崔遇到的超級交易員，絕大多數的年紀都在二十多歲或三十出頭，而且只交易幾年就達到靠本事過上闊綽生活的程度。還記得第一章的「十年定律」嗎？它是績效研究中一個經得起考驗的結論——普通人通常要花上十年的準備和刻意練習，才能在一個表現領域中獲得專業技能。但令我意外的是，在那些我觀察的超級交易員中，沒有一個人有十年以上的經驗。

我認為這個謎題的答案是：**產生專業技能需要的並不是年數，關鍵在於學習試驗的數量與品質。**短線交易者可能每天都進行一百筆以上的交易，日復一日，並以此觀察數千種交易型態。而外科醫生可能需要好幾個月才能完成數量相近的學習試

驗；若要棒球選手每天努力揮擊同等數量的球，他們可能會相當難受——對他們來說，專業技能需要更長的時間醞釀，因為學習試驗必須均勻分配到一段相對較長的時間中。

　　基於這個原因，我強烈懷疑長線交易者與短線搶帽客的學習曲線會截然不同（請見圖表5-2）。一個根據收盤基準進行交易的人，一年可能只觀察到幾百個價格型態；同樣的數量，短線搶帽客可能幾天就遇到了。我們也完全不清楚內隱學習在較長線與較短線的交易中，是否都扮演相同的角色。「為交易做計畫，按計畫做交易」的建議對長線交易者來說有其道理，但對短線搶帽客卻無濟於事。短線搶帽交易沒有外顯學習，它利用的是我們在SRT研究中看到的動作預測。大聯盟傳奇球星尤吉·貝拉（Yogi Berra）曾被問到當他站上本壘板準備打擊時會想些什麼，他回答說自己什麼都不會想，他沒有時間做那些事；短線搶帽客也是如此。

圖表5-2　　長線與短線交易者在專業技能發展的差異

	短線交易者	長線交易者
思考過程	內隱	外顯
學習過程	重複試驗	市場研究
交易風格	直覺，憑感覺	分析，遵循規則
交易優勢來源	經驗	知識
學習曲線長短	加快	延長

　　然而，中長線的交易者會更仰賴明確的型態來進出市場，也許是參照幾分鐘或幾小時的圖表型態，或者是從統計分析得出的型態；這些型態構成交易計畫與系統的基礎。這種交易者的行事作風遵循規則，而且他們的成就有很大一部分就是由遵從規則所建構的。

　　舉例來說，傑出的投手諾蘭・萊恩，就是謹守規則的人。他會仔細研究出賽名單上每位自己即將要面對的打者習性，了解他們是否有鎖定速球揮棒的習慣？他們喜歡打高球或低球？喜歡打內角球或外角球？

　　他會在心中推演這些資訊，幫助自己在特定狀況下選擇欲投的球種。就像他在《諾蘭・萊恩：投手聖經》（*Nolan Ryan's Pitcher's Bible*）一書中說的，他知道洋基隊的史蒂夫・薩克斯（Steve Sax）愛打高角度速球，因此會用低角度變化球來對付他。這就類似於交易者會計算市場出現突破走勢的機率，然後利用這個資訊順勢加減碼。

　　當績效表現大致取決於外顯的推論和學習，比如西洋棋或醫學等領域，可想而知，這就會有一個很長的學習曲線。的確，系統交易的一個優點就是可以用多年的市場數據快速測試交易型態，將漫長的經驗壓縮為短暫的時間，也可以藉由自動輸入買賣單，排除與培養執行技能相關的學習曲線。相對的，長線主觀交易者面對的實際狀況是，若沒有模擬工具的話，就可能要花上幾年的時間經歷牛市、熊市、區間盤整的完整循環。**對**

長線交易者來說，模擬的價值在於學習試驗的機會遠比實際交易多出許多。

事實上，大部分表現領域的專業技能都混合了外顯與內隱知識。就像諾蘭・萊恩即便會謹守自己的規則，但他也爽快地承認，當他在等待第一位打擊的球員上場時，他其實都還不確定要怎麼去投這一場比賽。當天的「感覺」──對打者的感覺及對自己投球的感覺──具有重要的作用。

另一方面，儘管萊恩會利用明確的外顯資訊引導投球的選擇，但實際的投球技巧也會隨著演練和內隱學習的過程雕琢精煉。他在書中解釋，他剛上大聯盟時的速球頗有宰制力，但控球不佳。專注在投球技巧與控球，讓他在年紀漸長、速球變慢時，依然能保持戰力。

同樣的，外科醫生的專業技能混合了外顯知識（明確了解人體）及內隱感覺（精通手術工具）；像藍斯・阿姆斯壯這樣的自由車選手也混合了外顯知識（明確的比賽計畫和賽道資訊）與內隱感覺（知道該在什麼時候突破重圍）。

傳統交易者教育的最大缺點，或許是嚴重偏向外顯學習。包括：講座、網路文章、書籍、雜誌……都具有明確的外顯本質，它們或許能促進我們對市場與交易的了解，但卻不可能產生我們在專業交易者身上觀察到的市場觸覺。

鑽研到內隱學習的程度，是大多數交易者在發展過程中最欠缺的部分。

專家與眾不同之處 1：感知能力

圖表 5-3 概括總結了菁英表現者發展的研究，以及他們因刻意練習與內隱學習而做出的改變。我們可以看到，密集的學習改變了表現者的認知和行為。這其實是一種實際發生的演化。菁英表現者的感知、思考、行為都迥異於專業程度略低的同儕。很重要的一點是，當交易者在發展專業技能的時候，他們眼中的市場不同於其他人看到的市場。

我們從崔斯（W.G. Chase）和賽蒙（H.A. Simon）的西洋棋經典研究來看。他們的研究有兩組受試者：專家級棋手和非專家級棋手。他們給每一組人簡略看一眼從棋局中擷取的棋盤位置，其目的是看有沒有哪一組人對棋子的位置，記得比另一組清楚。果然，你大概也猜到了，西洋棋大師準確記住的棋子位置，比非專家多出許多。你可能會斷定，這代表專家對表現活動的記憶優於非專家。

只不過，崔斯與賽蒙聰明地給這項研究增加第二個情況。他們給每組受試者簡短展示棋盤上隨機放置的棋子，然後測試他們的記憶。在這種情況下，沒有哪一組表現得比較好。專家組的表現甚至沒有勝過非專家。

研究人員推斷，專家的記憶並沒有比非專家好，**而是他們處理表現相關資訊的能力比非專家優異**。比方說，假設棋盤上有一部分放上了受城堡保護的國王。

圖表 5-3　專家與新手的差異

專家在專業技能發展過程中的變化

- **改變感知**：有效率地將資訊分組歸類。
- **改變推論**：在不斷進步的過程中靈活更新知識。
- **改變知識**：產生詳盡複雜的心智圖。
- **改變行為**：快速決策與反應。

　　這代表城堡、國王、兵之間的一種結構關係——專家會把它當成一大堆資訊或是一組資訊來處理；非專家不會以這種有意義的方式為這些棋子分組歸類，而是盡量分別記下每一枚棋子的位置。

　　根據有意義的標準處理大量資訊的能力，讓西洋棋大師在看到實際的棋子位置時，比非專家記住更多棋子。但如果顯示的是隨機安放的棋盤，缺乏有意義的大量資訊，專家就顯現不出他們的記憶優勢。

　　注意這個資訊的分組歸類，以及由此而產生的感知與記憶效率，對專家來說這並非是有意識的歷程。專家看到的不是各自獨立的國王、城堡、兵；專家看到的是有城堡保護的國王。同樣的，如果有客戶找我做心理治療，抱怨他們的失眠、情緒低落、專注力變差等問題，我不會把這些症狀當成三個獨立的問題來看，據此展開各種詢問。相反的，我會觀察憂鬱的潛在症狀，並以此提問，將憂鬱症與其他症狀的可能原因（藥物濫用、悲傷等等）區分開來。

　　當美式足球的四分衛進入口袋區準備擲球時，不會將後衛、線衛、安全衛分開看待。他看到的是區域防守，以及區域中有個縫隙可以擲球。「區域防守」和「憂鬱」對四分衛及心理治療師來說，就像「受城堡保護的國王」之於西洋棋大師，是一種與表現相關的資訊分類。

　　專業交易者同樣也會將資訊整理歸類到有意義的群組，幫助他們回憶並加速對市場事件的反應。假設我們在圖表上看到連續三根K棒。第一根是帶量下跌；第二根的長度略低於前一根，成交量較低，但收盤價較高；第三根顯示的成交量更低，但低點則高於前兩根的低點。這樣的結構在經驗豐富的交易者看來，不會把它當成三根獨立的K棒來看，而是會將之當成一個組合，可能稱之為「賣盤漸漸枯竭」。如果K棒的低點對應到當天稍早創下的低點，這個結構布局可能會被當成「賣盤在支撐點枯竭」來處理。這會被視為單一有意義的事件，可以當成潛在交易構想來處理；但如果你是個別看待這三根K棒，也把它們與當天稍早的圖形分開來看，那它們就不具任何意義，也不會構成交易的基礎。

　　研究顯示，菁英表現者的「硬體」並沒有比一般表現者好，他們的眼力、記憶、反射作用未必傑出。反而是專家累積了太多內隱學習，所以當他們處理事件時會比同儕更有效率也更有成果。他們受的訓練讓他們得以根據感知的分類，以新的方法去看待世界。

刻意練習和內隱學習會產生更有效率的新感知與新看法，
得以讓表現者做出快速且有創意的反應。

專家與眾不同之處 2：推論

專家不但看待世界的方法與非專家不同，他們的**思考方式**
也不同。這是感知差異自然造成的結果。

心理學家帕特爾（V.L. Patel）與葛羅恩（G.J. Groen）曾
對醫生進行了一項有趣的研究，他們發現，診斷專家與非專家
所展現的知識量差不多。該研究指出，區分他們正確診斷能力
的是專業技能，而不是記憶力。專業醫生利用該研究所稱的**正
向推理**（forward reasoning）得出診斷結果；非專家利用的則
是反向推理（backward reasoning）。觀察這些思維方式，就能
說明這些方式如何應用在交易上。

想像有兩個人在拼一份拼圖。第一個人先挑出邊緣平直及
屬於中央的拼圖片，接著根據顏色將這些拼圖片分類整理。她
開始尋找平直拼圖片與顏色相近者的關聯，並不時後退一步觀
察整幅圖，猜想它的脈絡。沒多久，她看出那是一片自然風景，
於是開始根據她看到的樹、天空、山脈，組合更多拼圖片──
這是正向推理的過程：從有意義的資訊組到推論整體，進而引

導更進一步的資訊分組。

　　第二個人拼圖的方式則截然不同。他從一開始就猜測那是一片叢林景致，接著他找出看起來像是叢林動物、熱帶植物及土著的拼圖片。他不是將拼圖片分組、整理至有意義的類別（邊緣平直的拼圖片、顏色相近的拼圖片），而是反向推斷棕色的部分必定是一棵樹，綠色的部分必定是植物。當他看到棕色的拼圖片太多，不可能是樹，天空藍也太多，不可能組成叢林景色時，他的推論過程就得回到第一步。因此，這是沒有效率的方法。

　　有經驗的醫生在鑑別診斷時，第一步會先蒐集病人疼痛與噁心的資訊，並測量病人的體溫。從這些基礎資訊繼續往下，醫生會向病人提問並蒐集更多資訊，藉此排除其他診斷結果，制定可行的假設，引導資料蒐集。經過許多提問和測試之後，最後剩下來的就是最終診斷結果。

　　然而，醫學生沒有辦法將疼痛、噁心、體溫，當成是需要詳細追問的診斷可能性網絡的一部分；反而可能直接跳到結論，判斷病人是罹患了流行性感冒，而且只會循著這條路線追蹤下去。從結論往回推理，醫學生在搜尋資訊上就變得以管窺天。一旦當否定流感診斷的資訊出現，這名醫學生就必須回到原點蒐集資訊、嘗試新的評估。

　　新手交易者也是在做反向推理：他們尋找的是支持自己意見的資訊，而不是從他們對市場的解讀中彙整出自己的交易構

想。專業交易者經常把「讓市場來找我」掛在嘴邊，這是換一種說法來表示：正確的交易就像正確的診斷，會從你蒐集的正確資訊中浮現。只不過，只有當交易者像醫師一樣，已內化了某種「決策樹」，藉此引導蒐集資訊和擬定試驗性構想的循環流程，這才有可能實現。

帕特爾與葛羅恩的研究結果，和崔斯與賽蒙的研究非常相近。當一個病例的症狀按照正常的蒐集方式排列整理，專家醫師獲得的準確診斷會明顯多於非專家。然而，若症狀是隨機排列，兩組人的表現就會同樣糟糕。**蒐集資訊的順序不影響非專家的診斷，但對專家來說至關重要。**這是因為技能純熟的醫生蒐集資訊的順序，反映的是正向推理過程。這個過程有助於感知—行動的連結，得以讓專業外科醫生與急診室醫生在片刻之間做出縝密周全、生死攸關的決定。

心智訓練　💡 Tips

果決的行動始於有效率的感知和有條理的資訊。

蔡茨（C.M. Zeitz）提出大量的研究結果，顯示專家處理資訊的方式如何幫助他們推理，並產生優越的表現。她指出MACR（適度抽象的概念表述，moderately abstract conceptual representations）是專業技能的基石。我們可以將MACR想成是一種交通路線圖，就像醫生的決策樹，用來組織整理專家的

感知。西洋棋專家用策略來轉譯棋子的位置；醫生根據診斷體系，將症狀整理成各種群組。

走筆至此時，正好是紐約市場收盤之後，歐洲與亞洲股市因為業績消息欠佳而大幅下跌，日本投資人又因為一家當紅網際網路公司據傳有不法行為，出現恐慌反應。全球的債券表現穩健、油價走高、S&P 500 指數期貨急遽下跌⋯⋯一名經驗豐富又擁有 MACR 的交易者，會將這些市場全都連結起來，將各國的不同工具視為單一型態的一部分：資產從投機類別轉移到相對安全的避風港；相對的，缺乏「內在路線圖」的新手交易員，只會專注在自己的市場，錯誤解讀強弱。

請注意，這些心智圖讓專家在推理過程中比非專家更靈活。比方說，區分金融恐慌時期與正常時期的地圖，會引導交易者去尋找原本不存在的市場之間的關係。缺乏這種靈活彈性的新手，遇到像前述的市場情況——即一個避險市場（德國政府公債）的變動導致另一個投機市場（美股）的變動，就無法進行有效的交易。新手交易者固守著利率下跌對股票有利的觀點，當經濟極度疲弱的消息導致債券上漲、股市爆跌時，他們會反應不過來而無法賣出股票。**當新手思維僵固的時候，專家會從脈絡背景去推斷。**專家不會武斷地認為 A 一定都會導致 B，他們會建立一個可能性的網絡——在 X 與 Y 的情況下，A 會導致 B，但在其他變數下則會導致 C。

教育學家保羅・費爾托維奇（Paul Feltovich）強調，**發展**

靈活彈性的一個重要方式，就是盡可能以變化最多的方式去練習技能。如此一來，表現者才能發展出豐富的心智圖，可以在幾乎所有情況下引導表現。還記得麥克納布在第四章的觀察嗎？他指出在第二次世界大戰中，只有15％的同盟國部隊真的有使用武器射擊過。因為他們在訓練中從未遇過類似的戰鬥情況，缺乏在這種險境下引導他們的心智圖。這對交易者意義重大。很多時候，交易者會在特定情況下賺到錢，卻在市場變化時全部回吐。但正如我們已經知道的，透過歷史數據練習交易，能使交易者面對多種市場情境和行情——這是建立心智圖和靈活彈性非常有效的策略，而這些心智圖與靈活彈性，正是在高風險與高報酬的情況下快速做出決策的必備條件。

專家與眾不同之處 3：行動與反應

想像有個職業交易者，每年靠積極交易 E-mini 指數期貨賺上 100 萬美元。我們之中多數人都會如此結論：這樣的交易者在市場有巨大優勢。然而，假設這名交易者以平均 200 口合約的規模，每天進行 50 筆交易。每天交易 1 萬口合約，或每年大約 250 萬口合約，也就是說，他是從每天、每口合約不到十分之一的 Tick 中，產生巨大利潤。而這種優勢與財經媒體上的論述正好相反——它並非來自發現什麼萬無一失的圖表型態、更好的動量震盪指標，或是什麼能計算買進與賣出點的數字命理

學，**而是更理想地執行買進與賣出，讓職業交易者在進場與出場時取得更好的價格。**

　　這個執行優勢的部分原因，在於使用了適當的交易平台，以及能夠與交易所快速連線；另一部分則是優異的反應時間。專業交易者能敏銳判斷出買盤或賣盤在什麼時候衰退，並快速將這個看法轉換成行為模式，這讓他比反應較慢的同儕早一個Tick進入市場或離開市場。這一個Tick的差別，經過無數筆交易的複合累積，日積月累下，就構成優異的績效。

　　在持續刻意練習的過程中，專業交易者獲得了在崔斯與賽蒙的研究中、我們在西洋棋手身上注意到的感知優勢。菁英交易者從有意義的資訊區塊來看待交易行情概況，由此建立的心智圖，將這些區塊組合成隨時可以採取行動的型態。正如同急診室醫生必須在查看傷者情況與生命徵象後迅速做出檢傷分類決定：這個病人要進手術室；這個要立刻做CPR；這個要開止痛藥並住院觀察。醫生的腦中有一套方案，包含常規、急迫、緊急的分類。快速評估，輔以許多不同病例的觀察心得，決定病人究竟應該要稍後、盡快，還是要立即治療。

　　在威廉斯與史塔克斯針對運動員進行的研究中，我們發現在各種運動中，技能純熟的表現者比新手更早預先使用感知線索。在實驗室的環境中播放實際運動賽事的簡短影片，技能純熟的運動員會比新手運動員更快看出參賽選手的下一個動作。比方說，頂尖網球選手根據對手肩膀與球拍的位置，能更快察

覺對手下一發球的可能落點。熟練的選手因而得以比新手更快移動就位，確保成功回擊的次數更多。同樣的，頂尖棒球打擊者能更快注意到投手投出的球；技術純熟的四分衛能更快獲悉對手陣營在防守上的變化。這些感知全都仰賴一種反應模式，讓表現者可以快速利用局面。

　　請留意上述研究人員的結論，與我們稍早看到的內隱學習的特點，兩者有什麼重疊之處呢？克里爾曼斯等人發現，透過內隱學習獲得的知識，其實是關於事件的統計結構。而在截然不同領域寫作的威廉斯與史塔克斯，則是發現專家擁有的是引導其行動的情境概率知識。因此，比如網球選手可以根據對手的動作，對擊球的位置做出合理的概率評估。這解釋了該研究中的一個有趣發現：專家選手不僅能對球的位置做出更準確的評估，他們對自己的評估也比非專家選手更有信心。

　　我們來看看如何把這些研究應用到交易上。我稍早介紹過金斯崔的一位專業交易員史考特・帕希尼。身為一位在E-mini S&P 500期貨市場進行短線交易的交易員，史考特進出部位的速度極快，他每天會做數百筆交易，交易數千口合約。近幾年來，在這個流動性非常大的市場，他個人的成交量就占總量好幾個百分點的情況並不罕見。要在幾秒鐘的時間進出交易，他必須迅速又準確地處理大量資訊。他大方地讓我觀察他交易的情況，而他說起自己的思考流程，則又提供一扇寶貴的窗，讓人一窺專家思維。

　　史考特處理市場資訊的說法，反映了威廉斯與史塔克斯的研究發現。他對自己交易的市場有非常詳盡的知識庫，他知道該市場的主要交易者與交易型態，並充分利用這些資訊理解其他人可能覺得隨機無序的情況（例如，市場上都是場內自營商，而他們一直在脫手）。史考特還能解讀進入市場的買賣單和交易，判別跟規模與價格有關的細微線索，從而對接下來可能的買盤與賣盤做出預判。我在自己的風控螢幕上追蹤史考特時，有一個頻繁出現的情況是，假如他輸入一個部位，我會瞄一眼自己的圖表，看看市場當時發生什麼事。在我看來那像是個糟糕的機會，而當我的眼睛再回到史考特身上時，卻發現史考特已經拋出了部位，賺了好幾個 Tick——在我了解他的部位、對照我對市場的解讀，再回頭看他的部位時，他的交易已經迅速脫手，並根據新的市場資訊開始新的交易。

　　正如威廉斯與史塔克斯所說的，他的速度背後有個關鍵因素，就是他的行動模式中有很多都是不假思索的無意識行為。他已經學會在看到 X 時，應該做 Y。而這個 X 與 Y 的關聯，會在各種不同的情況下不斷重複，成為他本能的一部分。我的外顯處理過程不可能跟得上這種無意識的內隱思維。

　　當然，許多專業交易者並不會像史考特那樣快速進出市場。不過，他們都展現出威廉斯與史塔克斯研究中，那些頂尖球員的基本特徵，也就是具備專業的知識庫，並能即時地處理大量資訊，做出快速且準確的評估。他們應對事件的能力，是

感知與認知過程高度精煉的結果，那是經過再三接觸各種多變的市場情況演化而來的。

心智訓練　Tips

熟能生巧：重複的、具有挑戰性的經驗，能讓我們的感知、思考、行為方式，產生根本的變化。

導師對專業技能的作用

還記得布魯姆等人的研究吧，他們在研究中發現，專業技能的進展要經過一連串的階段。在最初的階段，導師會扮演支持者的角色，教導基本技能並維持學生的動機。隨著學生的天賦更為顯著，輔導會進入第二階段。練習的設計會更有組織和規律，此時強調的是能力的發展。比如說，早期階段的導師可能是少棒聯盟的教練；中期階段的導師則會是高中的教練。

在能力發展期間，有些表現者會因為天賦過人而脫穎而出。他們學得快，而且能迅速適應各種不同的情況。他們往往因為未來的發展可期，而被教練挑選出來。這個時候，第三階段的輔導開始了，也就是要全心投入專業技能的培養。此時的表現者會開始與棒球界的狄恩・史密斯、網球界的尼克・波利泰尼、摔角界的丹・蓋博等教練，或是與奧運訓練員合作。在專家級訓練員的指導之下，學生如今面臨更高水準的新要求。

他們一天會練習好幾個小時，密集從事有高度挑戰性的演練。練習的焦點不再只是單純的能力，世界級的前程才是常態。

　　我所認識的成功交易者都有一個共同特點：成功之後會帶來更高的期望。真正優秀的交易者都有非常強烈的競爭心，他們不會對現況滿足太久。與我共事過的交易員，一天賺五位數甚至六位數，卻告訴我他們的績效欠佳，這種情況一點兒也不罕見。這並非謙虛或完美主義作祟，它反映的是菁英對表現水準的期望。

　　布魯姆在芝加哥大學研究團隊的成員蘿倫・索斯尼亞克推斷，從合格能力到專業技能的轉變過程中，最關鍵的一步就是與大師級導師合作。這樣的導師之所以特別，在於他們對表現者的期望很高，甚至會要求學生達到人類力所能及的極限。還記得艾瑞克森指出，專家表現者總是設法讓自己的技能超越在無意識完成的水準，那是他們進一步發展的唯一方法。這是為什麼海豹突擊隊的訓練計畫，不只要求新兵分解、組裝武器，還要求他們必須在限定的時間內在水下完成這項工作。專家導師是實戰驗證者：他們讓學生置身在能激發非凡適應能力的要求水準之中。他們是個人進化的催化劑。

　　我們已經看到，這種適應能力包括感知、認知和行為的徹底改變。經過在最極端條件下的測試，專家發展出自動反應的方式，藉此應對令絕大多數人都不知所措的情況。

　　《交易員月刊》（*Trader Monthly*）不久前刊登一篇關於行

動型避險基金經理人鮑勃・查普曼（Bob Chapman）的報導。在某次前往柬埔寨的叢林旅遊時，查普曼遇到一群具攻擊性的野生猿猴。看到齜牙咧嘴、準備撲上來的猴群，查普曼奮力快跑——他正對著猴群衝過去，還一邊露出牙齒、大聲咆哮。猿猴無疑被這不尋常的景象嚇到，於是便一哄而散。我猜我不是唯一有這種反應的讀者，我心想：只有優秀的交易者才會想到要那樣做。正如查普曼在那篇文章的後面強調，那些反射性反應之所以被訓練得深入骨髓，是因為有個兇猛的導師老是把他罵得狗血淋頭。「但也因為那樣，」查普曼解釋，「我是遠比其他人優秀的交易員。」

　　到了專業技能這個層次，導師不但需要熟悉表現領域的基本技能，還要深諳各種細微差異。如同布魯姆團隊的發現，這代表要在高水準的技術細節上提升表現。藍斯・阿姆斯壯的自由車教練克里斯・卡麥可協助他將衝刺過程拆解成四個組件：爆發性加速、最高檔速度、高頻率踏板節奏，以及超速（以超過正常速度騎乘，例如下坡時）。而這四個組件都伴隨著具體的訓練，卡麥可和其他教練會仔細觀察訓練過程，並隨時調整阿姆斯壯的技巧。

　　網球教練尼克・波利泰尼在與專業選手合作時，會追蹤他們比賽時的詳細統計數據。比方說，他可能會發現有位選手的第一發球得分率頗高，但在對手發球時丟分的比例也很高。這在波利泰尼看來，代表選手將對方的發球擊回球場中央，讓對

手輕鬆左右比賽。於是他讓球員進行特訓，練習接發球的落點。

當技巧純熟的表現者開始與導師合作發展專業技能時，他們已經確立「追求卓越」的動機。如同布魯姆團隊的發現，除非學生已將這種動機內化，否則大多數頂尖教練是不會收他們為徒的。這不僅僅是鮑勃・奈特所強調「想要贏的意念」，更是「準備要贏的意念」。

然而正如我們所見，那不光是意念而已。菁英表現者靠著極大的努力來產生心流狀態，讓正常的努力看似舉重若輕。**一旦那種內在驅動力出現了，導師的角色就從激勵者轉為表現調教者**。如果你指導的是像丹・蓋博那樣的摔角選手，你不需要敦促他專注或謹守紀律。但你可能需要幫他偵查、分析即將要迎戰的對手，假設你發現那位對手上半身的力量較弱，就要制定一套計畫和戰術來利用這個優勢。

同樣的，我不需要鼓勵專業交易員賺錢，但我必須幫助他們意識到：由於領先的、具相關性的市場（例如原油）發展，交易條件已發生了變化，因此有必要改變戰術。這樣的**轉變**不會輕易或理所當然的發生──要改變一直幫你賺錢的事情很難。不過，導師的角色就是要幫助專業交易者避免無意識行事的安逸，藉由擴大精通程度，帶來更多有價值的滿足感。

至於導師要怎樣幫助專家表現者呢？有一個辦法就是作為高水準資訊處理與推論的榜樣。致力於交易者訓練的北肯塔基大學教授麥特・弗德（Matt Ford）觀察到：「難以編排整理的

知識，無法以傳統的課堂方式轉移。反而是由學習者觀察專家榜樣的替代性學習（vicarious learning）過程……已證明是傳遞內隱知識的有效方式。」他的目標，是讓交易者「即時窺見專家的思考流程」，推進其技能發展。

如果成功了，就能實現心理學家提摩西‧索特豪斯（Timothy Salthouse）所說的「規避人類處理能力的極限」。與媒體上常見的廣告相反的是，交易專業技能並非是擁有優越的指標、心態或圖表型態所帶來的結果。專業交易者處理市場資訊的方式與非專業交易者不同，他們會培養成熟的心智圖，讓他們得以排除不相關的資訊，並默默處理市場雜音中的型態。具備了這樣的路線圖，專業交易者對市場事件的反應會比非專家更迅速、自信且準確。

在接下來的章節中，我們將探討交易者如何藉由系統性觀察及改變交易與情緒模式，規避自己的處理限制。

第六章

攀登績效表現的金字塔

掌握交易技術、戰術與策略

> 人們來看你演出,你就得使出渾身解數。多數人的生活就像一條
> 東縫西補的百衲被。或者充其量是一件套裝、一個衣櫥加上裝滿不協
> 調雜物的洗衣袋。一輩子的努力就只為了那 10 秒鐘。
>
> ——傑西・歐文斯(Jesse Owens),奧運田徑金牌選手

這是十大聯盟(Big Ten)學校聚首的活動,看起來,俄亥俄州立大學的明星是沒有辦法上場了。在比賽前一週,傑西・歐文斯不慎從階梯上摔下來,雖然已接受治療,但他的背部依舊在疼痛。

即便如此,他仍說服教練讓他在100碼短跑比賽時上場,令人吃驚的是,他竟然追平了當時的世界紀錄:9.4秒;15分鐘後,他又參加了跳遠比賽。歐文斯的大膽與自信令人聯想到貝比・魯斯,他把一塊手帕放到世界紀錄保持人的位置,接著

以將近六英寸的差距創下新的世界紀錄。不久，他再度參加220碼短跑及220碼低欄。他不但贏了這兩項比賽，同時也刷新了世界紀錄。總計歐文斯在45分鐘內創了三個世界紀錄，平了一項紀錄──這還是他帶傷上場的情況。隔年，他參加1936年的柏林奧運，成為第一個在一年之內贏得四面金牌的美國人。

傑西・歐文斯的天賦過人，加上長期訓練，讓他為100碼的衝刺做好準備。但他也擁有心理優勢：在痛苦之中完成比賽的韌性，以及對自己的技巧有堅定不移的信心。他在情緒方面展現的堅韌，與他的體能同樣令人印象深刻。我們很自然會意識到，拳王阿里、麥可・喬丹、藍斯・阿姆斯壯、丹・蓋博的驚人自信與競爭意識，使這些人有別於他們的對手──即便對手的身體條件與他們相同，但心靈卻天差地遠。專家表現者如何發展出頂尖的心理素質呢？這樣的心理框架可以靠後天養成嗎？現在我們就來解讀這些問題。

成功與表現的技術

專家表現者是技術完善的人。這樣說的意思是，表現者持續穩定地執行正確的動作、正確的方式。技術完善的汽車製造廠每天生產同樣可靠的汽車，反覆多變是他們的大敵：目標是執行的工作前後如一。像麥當勞之類的連鎖餐廳之所以有訓練

計畫和標準作業程序，是因為他們致力確保所有餐廳都能保持一致，不同地方的顧客能拿到一樣的大麥克，在蒙大拿州和在阿拉巴馬州用餐的體驗也都相同；優秀的外科醫生不管為誰開刀都一樣俐落準確；最好的父母不僅愛護、關懷子女，更是始終如一。

　　菁英表現者會展現非凡的紮實技術。紐約市芭蕾舞團的知名舞者溫蒂‧韋倫的準夫婿在為她拍照時，明顯注意到一點——她在不同照片做出的相同跳躍動作，看起來一模一樣。她扭頭、雙腳的角度，一次次都毫無差別；老虎伍茲的傳記作者比爾‧葛特曼提到，伍茲的揮桿測試顯示，他揮桿觸擊球心的一致性相當驚人——他每次揮桿的角度，都是科學家認為最理想的9度。

　　大聯盟投手諾蘭‧萊恩指出，他曾研究自己投球時的影片，仔細檢視電腦分析，糾正那些導致投球出現差異的小錯誤，比如舉起左腿時身體向前傾，以及太快打開髖部。他的投球動作被拆解成幾個檢查點：每次投球都必須以相同方式執行的這些基本動作。舉例來說，有個檢查點是將腿抬到肩膀的高度，再開始做出朝本壘板跨步的動作；第二個檢查點是必須等抬起的腿踏到地上後，才能鬆手放球。一旦把這些動作結合起來，就能確保他的身體在投球前的準備動作中緊密收攏，盡量延長隱藏放球點的時間，而釋放出來的球也能保有最大的前進動能。

　　泰德・威廉斯和老虎伍茲及諾蘭・萊恩一樣，靠著持續一致地發揮技術而在棒球場上獨霸一方。站上打擊區時，他的雙腳會打開27英寸的距離，手上的球棒幾乎與地面垂直，大步向前時髖部朝上翹起。他的球棒重量必須剛剛好，不能多也不能少。他在《打擊聖經》中說了一個故事，路易士威爾強棒公司（Louisville Slugger）曾經給他六支球棒，其中一支比其他球棒重了半盎司。蒙上眼睛的威廉斯挑出了比較重的那支球棒。他的技術被調教到非常精確。

　　反觀差勁的交易者，即便在一個有明顯優勢的條件下布局，但每次當行情出現時，他們執行交易的方式還是會不一樣。有時候他們會跟上布局，有時候卻跟不上；有時候的交易規模龐大，有時候卻很小；有時候進場晚了，有時候則是早了。就因為執行上有這樣的變化差異，令他們錯失了價格變動的良機。以ES合約為例，在每跳動點報價12.50美元時的代價似乎不大，但若乘上每天交易的合約數、一年約250個交易日的話，就能看出執行不一致的代價有多昂貴了。以一天交易2口來說，每筆交易只要少了1個Tick，一年算下來就會損失1萬2,500美元，相當於一個10萬美元投資組合的8％。

　　有些交易者會藉由制定規則來創造一致性，就像諾蘭・萊恩建立他的投球檢查點。這些規則可能籠統而簡單，例如只沿著當天的價格趨勢方向做交易；或者也可能更具體，例如當停損價的5分鐘成交量超過前5分鐘的成交量，你就退出部位。制

定規則的優點，是你能藉此檢討你的表現，就像萊恩檢視投球影片一樣，看看你的交易技術哪裡還有漏洞。規則，就像麥當勞的餐廳作業指引，能建立一個用來判斷表現好壞的理想情況。

對主觀交易者來說，規則會難以評估技術的完備程度，但並非無法做到。當我在與交易員共事時，我會觀察他們如何加減碼、交易的頻率如何，以及傾向於在什麼地方進行交易。我會在腦海中建立一個模型，歸納出每個交易員在賺錢時是如何交易的。對我來說，這個模型就像是一套規則：它提供我一個評估交易員表現的測量指標。

請回想第五章的金斯崔專家交易員馬克・葛林斯朋。他有許多出色的交易都是突破交易，也就是區間盤整的行情會在較高或較低的價格突破。馬克的最佳進場點是在這個突破點附近，而且通常是在突破點剛出現後不久。如果他是因為預判走勢而非看出走勢，而在遠離突破點的時候進場，那麼他成功的可能性就會小了很多。通常我要幫馬克做的，就是舉起那面象徵性的鏡子，映射他的技術。我透過觀察他而建立的模型，成了他可以用來評量自己表現的一套理想狀況。

不過，史考特・帕希尼擁有的是迥然不同的專業技能。他快速進出市場，卻很少有方向性的偏好。他在交易狀況穩健妥當時，會快速分批出脫獲利與虧損的交易。他尋找的是平穩、重複的小額利潤，而不是突破走勢的爆炸性獲利。如果史考特分批出脫虧損交易的速度不及脫手獲利交易的速度，他擁有的

可獲利交易或許會比虧損交易多，但仍無法賺到錢。就和諾蘭‧萊恩一樣，史考特的技術還需要調整，也許只是在進場交易時明確做出更嚴格的出場標準這麼簡單。

　　許多時候，交易者需要的技術修正就只是這種小小的轉變，長時間的重複累積，就能對績效表現造成很大的影響。泰德‧威廉斯就親身說明了，身為平均打擊率二成五的打者，和打擊率四成的名人堂級打者之間的差別，就在於他有能力選出那些投到好球帶下方和之外的壞球。傑出的交易者也知道什麼時候該退出某些市場、積極參與其他市場，以及什麼時候該執行買賣單、什麼時候該進入市場。

心智訓練　Tips

出色的成績來自於持續執行的小小改進。

　　當你擔任自己的交易導師時，你就要背負起監測自己技術的責任。這不是件容易的事。一個人很難從中立客觀的位置看待自己。在寫這本書時，每當我寫完一個段落，我會把原稿擱置一陣子，然後用讀者的角度來讀它。目的是讓我找出寫得不清楚、寫得不夠好，或者寫得不夠引人入勝的部分。我在寫作時無法察覺這些不足，況且如果我真的這麼做的話，恐怕會導致嚴重的寫作障礙。**同樣的，交易者在進行必須不假思索的無意識行為時，不可能同時監測自己表現中的技術。**跟我一樣，

他們必須把交易放到一邊，從不同的中立觀點來檢視。所幸，有一些特定工具可以為我們提供這種觀點。

改善交易技術：我的交易健身房

錄影、交易日誌和蒐集交易衡量指標，是我發現對改善交易者技術最有幫助的對策。把這三個工具結合起來，運用在模擬與即時交易上，就形成了我說的「交易健身房」。當然，健身房就是運動員用來鍛鍊各種體能的地方。重量訓練室有各種設備，可以鍛鍊特定的肌群；跑步機則用來維持理想的心率，以鍛鍊最佳的心肺功能，同時也可以讓跑者自訂程序，藉此維持興趣。

每個表現領域都有各自的健身房，讓表現者鍛鍊技術。職業舞者的健身房就是練功房，裡面有老師、鏡子、把桿、同伴；西洋棋冠軍可能會把複雜精密的電腦程式當成他的健身房，藉此測試策略、記錄結果、復盤棋局來做調整；爵士音樂家的定期公演不僅是為了娛樂或收入，也是為了精進節奏、時機掌握與即興演奏技能。

之所以要使用健身房，是為了雕琢技術以提升表現。對於參加溫斯頓盃（Winston Cup）[1] 系列賽的車隊維修站（Pit）團隊

1　NASCAR盃系列賽的前身，又稱為「全美改裝車競賽」。

來說，賽車場就是他們的健身房。這些車隊是技術穩定一致的模範：在競賽的壓力與危險的環境中，他們必須在大約13秒的時間內更換四個輪胎，並為賽車加滿油。維修站團隊的每個成員都需要不同的技能。

正如PIT績效方案（PIT Performance Program）發展中心主任布雷昂‧柯洛普（Breon Klopp）提到的，搬輪胎的人要有絕佳的手眼協調性；拿千斤頂的人動作要快，還要有過人的上半身力量，才能用槓桿抬起車輛。團隊會用碼表練習，改進他們的協調性，並將他們的耗時再縮短寶貴的幾秒。由於維修站的工作包含修復及維護，工作人員必須隨時準備就緒，在賽車出現問題時快速評估和修理。這代表不管是什麼時候，只要賽車一進維修站，就會有許多專業人士蜂擁而上。優秀維修員的技術，不光是準確有效率地執行自己的技能，還要盡量降低對其他工作人員的干擾。在這個每多消耗1秒就會在競賽中輸掉一個車身的領域，簡單的要素就變得十分關鍵，例如拿千斤頂的人要站在哪個位置，或搬運員要在哪裡放輪胎。在維修站主管的監督下，團隊在賽車場上的排練，就像是讓工作人員精通掌握表現技術的健身房，將非凡卓越轉變成無意識的行為。

新手交易者通常只把交易想成是買與賣的行為。他們沒有看出技術對成功起了重要的作用。將交易簡化成買賣，就像把賽車形容成走走停停的運動一樣。

在我們開始進入交易健身房的具體細節之前，先來看看交

易的一些技術，以及它們對獲利能力的影響。有鑑於交易利基的不同，這些技術顯然有些部分對某些交易者的相關性，會高於其他其他交易者（請見圖表6-1）。很明顯的，交易並非是一種技能，而是一套複雜、相互協調的技能，它和體育運動或醫學的實踐並無二致。

　　一個缺乏經驗的交易者會看著圖表說：「我覺得行情會走高。」接著，他會盡可能地建立最大的部位，看看交易是否成功。要是行情真如他的想法發展，他可能會獲利了結，也可能

圖表6-1　構成交易技術的具體技能

交易的技術

- **構想發展**：將對市場的觀察轉化成具體的交易構想；以正確的方式蒐集資訊，藉以產生有用的結論。
- **評估市場狀況**：評估市場是趨勢走向、區間盤整、波動起伏，還是走勢遲緩；確定交易構想適合當下的市場。
- **下單**：選擇適合市場狀況的買賣單，充分放大在預期價格成交的可能性。
- **買賣單落點**：選擇對應供需轉折點的買賣單價格，最大程度地減少回撤機會。
- **買賣單分配**：分批擴大部位以減少最初的暴險，並取得理想的平均成交價；分批出脫部位以確保利潤，並從有利的變動中獲益。
- **確立部位規模**：在交易中承擔足夠的風險，以此貢獻利潤率，同時避免在行情不力時資金歸零的風險。
- **分散部位**：將風險分攤到彼此不相關的交易中，既能獲得參與市場的利益，又能限制風險；挑選最有可能從該交易構想中獲益的交易工具。
- **出場決定**：確立清楚的標準，藉此評斷你的交易構想是否有錯；執行恰當的停損以控制每筆交易的風險。
- **出場的靈活性**：設定移動停損點來保護獲利，同時保留獲利的潛在可能。
- **執行的速度**：快速做出決策並執行。
- **執行的準確性**：下單時將失誤降到最低。
- **處理資訊的效率**：即時監測相關變數，正確管理交易。

不會；但如果走勢不如預期，他會在惶惶不安下出場——這筆交易既不是預先計畫也沒有系統性執行。這樣的表現和一個在心中想著「我現在要移動皇后」的西洋棋手相差無幾。

專家交易者會清楚區別「賺錢」與「交易良好」，其中的差異反映出對技術的清楚認識。當史考特和馬克那樣的超級交易員說自己交易成績良好時，未必表示他們賺了很多錢。他們的意思是說，「他們的交易做得很穩健完善」。技術鮮少是光彩奪目的，但卻能為獲利能力帶來驚人的影響。

我曾見過一位積極進出市場的專業交易員耐心地處理一筆委託單，就只為了能在期望價位成交 1 口合約。這個部位若在低於市場 1 個 Tick 的價位進場還算划得來，但不能再高了。同樣的，我也看過傑出交易員隨著對交易構想的信心增強而逐步擴大部位規模，在他們利用機會的同時，也降低了最初的暴險程度。

無論什麼時候，這些技術都可能讓交易者避免一筆糟糕的交易，或是給理想的交易增加幾個 Tick。然而隨著時間過去，這些技術可能就成為左右盈虧的關鍵，就像車隊維修站團隊的爭分奪秒一樣——技術是表現中乘數效應的基石。

精進交易技術的起點：觀察

在精進自己的表現時，不可能不密切留意好的技術與不好

的技術。在你使用「交易健身房」的設備之前，了解自己想要改進什麼是很重要的一點。

　　卡爾就是一位不知道自己要精進什麼的交易員。他才剛踏入市場不久，在做過一陣子的模擬交易後，他開始交易1口、2口、3口。我在一個走勢異常遲緩的午盤期間走進他的辦公室，觀察他交易那斯達克指數期貨。在我看來，市場不會有進展；大盤已經在窄幅區間來回好幾分鐘，沒有明顯可見的趨勢。那斯達克期貨合約略略走高，而卡爾突然進場買進3口。

　　我以最不帶情感的聲音問道：「你有什麼想法嗎？」

　　卡爾抬頭，用堅定的態度說：「似乎不可能再跌下去了。」

　　他的交易有幾分鐘都靜止在那裡，然後市場回到稍早的水準，讓卡爾虧損了2個Tick。我明顯看得出他忐忑不安，但他仍按兵不動。等到價格再次下跌，他的3口合約這才全部出場。令我意外的是，他認為我會為他果斷停損的自制力喝采。

　　卡爾是個技術欠佳的典型案例。讓我們從旁觀者的角度來檢視他的缺點：

- **他沒有真正的交易構想**：「似乎不可能再跌下去了」並不是理性押注籌碼的基石。真實情況是，平均每分鐘只有幾十口合約在交易的市場，是不會有什麼動靜的。缺乏合理可靠的交易構想，他在市場上就沒有優勢。
- **他不必要地放棄了優勢**：在走勢緩慢的市場中，沒有進

入的急迫性。如果他有令人信服的理由進場，本來可以耐心等待出價而賺取 1 個 Tick。然而，他卻在市場略為走高後接受賣方報價，因而暴露在那些已經出價的人面前，讓他們得以藉由短線搶帽交易獲利。

- **他衝動下注：** 一個理想的順勢市場會有多個進場機會，即使你不得不在接近突破點時進場，也能逐步擴大部位規模。但卡爾卻在他有機會看出行情是否會如他預期般變動前，就投入最大的部位，這讓他面臨最大的風險。

- **他情緒性地出場：** 他沒有在交易不如預期的時候出場，而是在對他不利的時候出場。如果他的交易真是以突破走勢或買盤湧現為根據，市場應該立刻轉為對他有利才對。然而，他一直等到盤勢觸及他的死線才退出。

- **他並未有效地處理資訊：** 在卡爾的交易期間，一直沒有買盤進入、或出現大量賣單取消的證據。他沒能在市場走勢對他不利之前，看出買方取消買單，所以無法快速出場。

卡爾是剛入門的交易者，而初學者遇到技術問題是意料之中的事。然而有趣的是，我也見過一些身經百戰的交易者有同樣的技術問題。就像本書稍後會提到的，有時候技術上的瑕疵是情緒因素引起的。比方說，有位交易者可能是月底到了急著想賺錢，既未清楚掌握到交易優勢，也沒有等待理想的價格，

而是在衝動之下進行交易。另一方面，有瑕疵的技術代表了在交易生涯中養成的「壞習慣」，例如交易者會在距離行情幾個Tick的地方設下停損點，卻未觀察當下的市場波動。在許多具備良好波動性的市場中，3個Tick代表隨機波動：機構交易者的一筆大單就可能讓你觸及停損點，即便這未必能證明你的基本交易構想是錯的。

我與卡爾這樣的交易員合作，目標是讓他們能敏銳觀察自己的技術。而這代表必須對交易執行力和整體獲利能力等量齊觀，也代表必須重視從確立部位規模到退出部位的交易管理。絕大多數的交易者喜歡把交易視為是一個事件：要麼賺錢，要麼賠錢。然而，從技術方法來看待績效表現，則會將交易視為是一個過程。**對於以技術為導向的輔導者來說，重點不僅是你做了什麼，而是你如何做。**

心智訓練 Tips

獲利能力是妥善執行交易的結果，而非只是做出「好交易」的結果。

觀察交易技術的檢查清單

在觀察你的交易技術時，有哪些需要注意的重點呢？從卡爾的經驗來看，我們必須要注意：

▶你有完善的交易構想嗎？

在你交易的時間段及其他時間段裡，你的交易構想符合市場情況嗎？符合當時相關聯的市場動態嗎？符合你在市場上注意到的供需情況嗎？你的構想、你整體的交易策略，還有你當天的交易策略都一致嗎？

▶你是否以合理的價格進入交易？

這筆交易讓你立即承擔了多少壓力？如果你進入市場，這些部位是否能立即對你有利，還是你能藉由下單獲得更好的價格嗎？如果你下單會成交嗎？如果不會，你是否在足以讓你脫困的位置進場，以維持風險與報酬間的良好關係？你進場的價格，是能讓你充分利用自己交易構想最大優勢的價位嗎？

▶你的部位規模對風險管理來說是否恰當？

你這筆交易承擔的風險，是否不會對你當日／當週／當月的盈虧造成太大的損傷？或者這筆交易若是對你不利，你是否有陷入困境的風險？你是否會逐步擴大部位規模，把初始風險降到最低，並觀察部位的變動是不是對你有利，還是尚未看到市場對你的買賣單有何反應，就先讓自己暴露在最大的風險中？

▶你是否使用正確的工具，充分發揮你的交易構想並將風險降到最低？

你是否藉由交易多個構想、多種工具、多個時間段來分

散風險？你是否能確保自己的交易彼此之間沒有關聯，或者你是對單一構想或工具孤注一擲？你是否評估、利用了最有可能從你的交易構想中獲利的特定市場和工具？你的交易構想是否能不受彼此的影響，還是被束縛在對市場的單一見解中？

▶ **你是否明確找到讓自己得知「我的交易構想有錯」的出場標準？**

你是否預先知道什麼原因會讓你退出交易，還是你會在耗損太多資金、太過痛苦時再退出交易？你會在虧損之前發現交易對自己不利，還是會讓虧損來告訴你答案？你會用移動停損點來保護獲利，還是會讓贏家變成輸家？你會分批出脫部位來保護獲利，還是會竭力追求全壘打而讓利潤過度暴露在風險之中？

▶ **你在交易期間是否會密切監測市場，確保進場時的供需情況依然有效？**

你在交易進行期間是積極監測市場，還是被動觀察？你是根據市場情況尋找機會分批加碼或分批減碼，還是你沒有在管理交易？你會積極重新評估交易的風險／報酬，還是會堅持最初的評估？

這些技術對交易的重要性，就像步法與姿勢之於拳擊，掩護、卡位與傳球之於籃球。技術跟戰術不同。戰術是告訴你該

做什麼，以及什麼時候做。戰術是從更廣泛的戰略衍生出來的行動。

相對的，**技術是執行的基礎，無論你的戰術是什麼**。戰術決定一支籃球隊究竟是要打區域防守，還是要緊迫盯人？究竟是要把球推進到對手的禁區，還是要發動特定打法？而技術就是基本動作：防守者要一直盯在運球者的前面、要空手跑位等等。**戰略與戰術是要確保我們做對的事；技術則是要確保我們以對的方式做。**

「戰場」就是美國遊騎兵部隊的健身房，他們會進行模擬作戰並演習基本技能，直到技術變成無意識的習慣。模擬作戰之後就是回顧，教官會檢討團隊及個人做對和做錯的地方。前述的檢查清單就是給交易者的事後回顧：可以用來檢驗自己表現的一套準則。**你的目標是將前述清單中的每種行為，在每次交易時都以相同的方式反覆執行，直到它變成一種習慣模式為止。**良好的交易基礎不是紀律造成的結果，而是習慣——你會希望進出交易就像早晨沖澡刷牙一樣，而不是努力在飲食中納入足夠的蔬菜。

風險管理的技術

請注意，前文概略提出的交易技術，有許多都能將之歸結為真正的風險管理。令我驚訝的是，我接觸到的絕大多數交易

者都對他們正在面臨的風險一無所悉，更遑論風險與潛在報酬的關係了。我發現，因為在少數情況下沒能守住下行風險而爆倉的交易員，比因為持續虧損而爆倉的交易者還多。有些交易者賺錢的日子比賠錢的日子多，但他們往往會在月底或年底的時候出現虧損，這種情況並不罕見。而且，這種情況只有在賠錢交易的平均規模超過賺錢交易的平均規模時才會發生。

學術研究告訴我們，大部分交易工具的報酬不會呈現常態分布，相反的，它們會出現「肥尾」（fat tail）：如果報酬遵循正常模式，將會出現比預期更多的極端情況——無論時間框架的長短，一定會出現3、4或5個標準差的極端上漲或下跌。在1987年10月及1997年10月，我們能看到這種極端報酬下行的例子；1982年8月和2003年3月的牛市開端，則是這種極端報酬上行的例子。

這種情況之所以危險，在於它們通常會群聚出現，也就是所謂的「**序列相關**」（serial correlation）：波動往往會緊跟著波動。在順勢市場中，可能會連續幾天出現極端上漲或下跌。如果沒有做好適當的風險管理，你很容易就因此爆倉。

肯尼斯·葛蘭特（Kenneth Grant）在他的《交易風險》（*Trading Risk*）一書中，建議交易者將風險限制在投資組合的固定百分比內。本書的第三章曾提到一個例子：如果你的交易方法有60％的機會正確，那麼就算忽略手續費與其他成本，你也有40％的交易會虧損。連續四次交易虧損的機率是40％

的四次方，大約是2.5％。如果你頻繁交易，這種情況一年肯定不會只發生一次。若不幸遇到這種情況，每次虧損都接近10％，你的帳戶將會嚴重縮水，迫使你要用剩下來的資本賺取67％，才能恢復損益平衡。

在市場風險中生存下來的另一個關鍵層面，就是投資組合的規模。如果一個人的合理押注只占總資金的一小部分，那他就能更安然地承受連續虧損的損失。倪德厚夫在《投機客養成教育》一書中觀察到，就算每一局贏的機率是60％，玩家想從1美元開始操作到10美元，也有66.1％的機會會傾家蕩產。即便賠率是有利的60/40，也需要有超過4美元的資金，才有理由追求那10美元。這就不難看出，在沒有適當的風險管理和僅有少量資金的情況下，大部分的新手交易者注定會失敗。

當然，這個分析並未考慮到交易者心理。在面對連續兩、三次大額虧損之後，許多交易者都會偏離正確的技術。他們會質疑自己的方法，嘗試加碼把錢賺回來，或者更頻繁地交易以彌補損失。結果就是最初具有合理風險參數60/40的觀點，如今成了風險過大的隨機拋硬幣。我看過有交易者在這種情況下，一天之內就賠光了幾個月的獲利。無論是金錢還是情感，都很難從這樣的創傷中復原。

如果交易者遵循葛蘭特的建議，以投資組合規模的固定比例做為每日最大虧損額度，那麼交易規模就會隨著虧損出現而縮減，並在獲利出現的時候擴大。這個做法有一個很自然的優

點，就是交易者在虧損時的交易量會變小，交易順利時的交易量會變大——這就是在跟隨趨勢（一種由交易者表現提供的趨勢）。不過，現實情況就是風險依然存在。無論行情好壞，你都是以投資組合的60/40的**比例**在下注。

心智訓練 💡 **Tips**

交易中的情緒問題，十之八九都能追溯到不當的風險管理。

在我自己的交易中，我制定的規則是：我希望能在連續八天的最大資金回撤中相對完整的存活下來。如果我將資金縮水的最高額度，設定為投資組合價值的3％，那麼在重大挫敗結束時，我依然有超過四分之三的資金完好無損。但如果我將每日資金縮水的最大額度調整為5％，若遭遇連續虧損，我的帳戶餘額將會縮減三分之一。也就是我需要50％的收益才能損益平衡，而不是在最初不到30％的收益。考量到心理健康及我的風險承受度，我不想面臨50％的資金回撤。絕對不想。這代表若我沒做避險（hedged），我的死亡點水準會更接近3％而不是5％（很明顯，有避險措施的投資組合比沒有避險的投資組合，可以承受更大程度的市場風險）。

應用適當的技術進行風險管理，意味著你必須了解每筆交易的風險、每天的風險，以及最大可容許的風險——這些將決定你下單的方式、買賣單規模，以及停損點的設置。那麼多機

構投資者之所以交易避險投資組合是有原因的。透過適當的避險，可以將事件風險（意料之外的新聞或市場波動）降到最低；投資組合經理人也會將風險分散到彼此沒有關聯的市場。

　　大部分散戶投資人的思考角度是從市場部位出發，而非市場投資組合，因此他們暴險的情況遠高於機構投資者。散戶往往想藉由限制持有時間來控制暴險程度。然而，這極有可能是在自欺欺人。如果將持有時間限制到幾分鐘，那就是完全受制於能在行情清淡時推升或壓低市場的大型交易者。以較緊密的停損點頻繁交易，危險程度可能不下於持有部位而不設停損點。一邊是隨機砍上千刀而死亡，另一邊則是遇到一次不利的走勢就一刀斃命。

　　葛蘭特一直在避險基金為專業交易員管理風險，他得出的結論是，99.99％的交易者在其職業生涯中，都會經歷大規模的資金縮水。

　　我個人的策略，是假設自己會在某個時間點遭遇危機，而我會用前述的風險管理技術進行交易，設法一直留在市場中。這或許不像操縱大型部位那麼迷人，但對你的心理和對帳單卻會產生神奇的作用。與其他交易技術一樣，關鍵在於，你必須盡可能將風險管理的要素（例如建立部位規模、設置停損點等），轉為能不假思索的習慣。正如老虎伍茲或泰德‧威廉斯一樣，你會希望自己揮桿或揮棒的動作千篇一律，次次都能準確執行。

┌───┐
│ **心智訓練** (💡) **Tips**
│
│ 來自心理醫師的忠告：找出證明會擾亂你情緒的虧損水準
│ （每一筆、每天、每週等等），將你的風險參數設定在那
│ 個水準之內。如果你的情緒不穩定，就無法穩定地交易。
└───┘

機械式戰術資訊蒐集

如果戰術有瑕疵，再好的技術也沒辦法讓交易者獲利。在走勢強勁的市場賣出、但下單和買賣單管理得當的人，虧損會低於基本操作差勁的賣方交易者，但總歸來說還是虧損。雖然技術欠佳可能會損害好的交易構想，但好的技術本身並不能提供機會。如果一個交易構想沒有利用特定時間段的供需失衡，無論執行得有多好，那都賺不到錢。

交易者漸漸發現，合適的戰術需要對科技進行投資。喬恩‧馬克曼開始從事選股和財經新聞工作時，第一步就是帶頭開發 MSN Money StockScouter，藉此從市場中篩選出符合各種技術、基本面、法人持股等標準的股票。沒有精密複雜的篩選工具，他不可能深入挖掘市場，找出偏離尋常路線的高績效股票。

同樣的，Trade Ideas 選股軟體的經營合夥人大衛‧艾菲利亞（David Aferiat）不久前跟我強調，「好的科技將幫助交易者

創造公平的競爭環境」，以便與經驗更豐富、資本更龐大的市場參與者競爭。Trade Ideas 程式可建立即時更新的多層次過濾選股，他將之比擬為「深海航行者」。如果特定市場深度的海洋生物不有趣，這項科技能讓交易者移動到不同的深度，發現前所未見的生物。就像軍方利用衛星攝影和電子情報蒐集來支援決策，交易者也可以藉助這類篩選工具擴大他們的認知能力。

　　優秀的運動員也會研究他們的對手，利用這些觀察心得來研擬戰術。丹・蓋博曾寫過一篇透過錄影情蒐，以了解對手長處與弱點的文章。他還主張研究統計數據來評估對手；諾蘭・萊恩同樣會研究打者的傾向，就像泰德・威廉斯知道投手大概會投什麼球來對付他；西洋棋大師會研究比賽對手的棋局；籃球教練會花大量時間觀看對手的比賽影片，找出可利用的弱點和備戰重點。就像特種部隊進行偵察、利用資訊來引導攻擊一樣，專業交易者也會根據當下的市場情況來調整他們的戰術。

　　我在《從躺椅上操作》一書中舉了拳王阿里對戰喬治・福爾曼（George Foreman）的例子，說明如何快速改變戰術。阿里在薩伊（Zaire）潮濕燠熱的戶外場地對上福爾曼。在這場「叢林之戰」中，阿里一開始利用自己的速度優勢發起進攻，然而在第一回合結束時，他發現自己無法整場比賽都維持這樣的節奏，也沒辦法阻止更強壯的福爾曼逼近自己。於是他一改戰術，採取後來被稱為「邊繩誘敵」（rope-a-dope）的防守姿態，在引誘對手進攻的同時奚落他。最後，福爾曼在薩伊的高

溫下筋疲力盡，給了阿里戲劇性擊倒他的機會。阿里的快速處理，和交易者發現突破性走勢出現時可能做出的轉變並無太大不同。一旦他們發現縮小波動區間的邊緣漸漸不再起作用，成交量正進入市場並將區間邊緣推向極端，他們就會改變戰術，趕緊跟上最新的走勢。

　　我自己的交易也能提供一個簡單的例子。我在交易日最重要的戰術決策之一，就是「要不要交易」，如果要交易，究竟是要謹慎小心還是要大膽積極。做這些決定時，我仰賴預測模型來判斷這個交易日的波動情況。這些模型的輸入資訊包括前一天的波動、隔夜交易區間的成交量與波動、美國市場開盤前歐洲平均指數的市場行為與開盤期間的成交量。如果模型顯示這一天的波動程度低，我不太可能以順勢操作的模式交易，因為低波動市場往往是在區間盤整，而我也不太可能積極交易。

　　我的戰術是在市場區間邊緣附近，找出買盤或賣盤無法支撐或突破的點，然後再重回交易區間的走勢中以可以獲利的價位進入。相反的，假如模型顯示這一天有高度波動的可能，我會以短線趨勢模式操作，利用上漲市場的拉回行情或疲弱市場的反彈行情交易。

　　我的市場考察大多是以市場行為的歷史研究來進行。這些分析都遵循我每天都在演練的一貫模式（請見圖表6-2）。這個模式就是在目前的市場中找出幾個明顯的特徵，然後調查過去出現這些特徵時通常發生了什麼事。因為我已經知道在我的資

料集裡面，哪些變數定義了最有意義的獨特模式，所以可以有效率地進行這些測試，把僵局降到最低。整個測試過程通常花不到一小時。一旦測試完成，結果會符合以下三種情況的其中一種：

1. **沒有優勢**：測試結果不一致，或並未顯示出明顯的展望。那麼我就不會交易，或者根據我在交易日中發現的型態，謹慎地做小規模的交易。

2. **優勢不太多**：測試的組合顯示有方向性偏差，但測試之間存在的不一致性頗多，或者結果的重要性甚小。那麼我只會在能成交到非常好的價格且仔細管理下行風險時，才會選擇性地交易該型態。

3. **有強大的優勢**：測試的組合顯示當天有明顯趨勢傾向，這是進場的明確優勢。這是我最希望積極交易、最大限度利用機會的地方。

這個測試過程的優點在於，它能提供我交易當天的期望路線圖。這既是心理優勢，也是邏輯優勢。

請注意，我最關鍵的戰術決策之一，就是「什麼時候不進場」。如果沒有看到市場上有足夠的成交量和波動，我就知道在我的時間段裡達到方向性變動的機率很低。與其擴大時間段讓表現欠佳，我會選擇不玩。這就像撲克玩家一開始拿到不成

圖表6-2　**透過分析市場進行機械式戰術資訊蒐集**

利用市場的歷史資訊找出交易優勢

· **找出目前市場的獨特之處**：通常是某種極端情況，比如一段時間內的大幅價格變動，或者某個指標的數字異常高或異常低。這些極端情況可能是一天，但一般都會持續好幾天。

· **找出與目前市場類似的歷史回顧期**：如果現在是牛市，我只會納入牛市的資料，或者與近期類似的牛市資料；如果現在是低波動市場，我只會納入這個市場的資料，以及類似波動率的資料。你會希望看看歷史上遭遇類似情況時，市場會怎麼做。

· **判斷這種特殊事件在過去發生時，市場是怎樣反應的**：我會從兩個面向尋找偏離樣本平均數的情況：（1）在獨特事件之後，市場走勢平均而言是大幅走高或走低，以及（2）在這些獨特事件之後，上漲與下跌的比例是否有明顯差異？我還會觀察在特定市場事件過後，市場的某個類股（例如小型股）是否比其他類股呈現更多方向性主導（directional bias）。這有助於引導我決定要交易的標的。

· **根據時間將回顧樣本分成兩半**：我想看看從整個樣本注意到的型態，是否都適用於被分成兩半的樣本。如果最近的例子和樣本中早期發生的情況不同，我就必須思考市場正在改變其行為的可能性。大致來說，我重視近期案例的程度會高於較久遠的案例。

· **跑全新的獨立測試**：我會回到第一步，找出目前市場其他獨立、獨特的特徵（通常是在不同的時間段），然後進行新的測試，看看從這些新模型得到的方向性主導是否與先前發現的一致。當不重疊的分析都指向同一個方向，就會出現最好的交易。

對的二和七而決定棄牌。如果勝率不在你這邊，為什麼要玩呢？在行情趨緩時，我共事的許多優秀交易員會在中午左右出場。這有幾個作用：（一）藉此理清思緒並恢復專注；（二）避免在機會低的時候從事交易，以及（三）保留子彈以待最高的機會。

　　監測成交量與波動，是掌握市場可能會出現多少變動的一種方式。歷史測試是一種手段，可確定預期走勢是否有方向性

主導，以及哪一種工具最有可能充分利用這股走勢。《股票投資者年鑑》（*The Stock Trader's Almanac*）出版商傑夫・赫希（Jeff Hirsch）評論說：「研究市場歷史的人一定會從中獲益。」

　　交易的「甜蜜點」就如同泰德・威廉斯的打擊甜蜜點，就位在我們預期行情會出現明顯方向性主導的地方。相反的，我們必須避免在那些預期不會出現什麼變化的行情中交易，因為它缺乏可明顯可辨的方向性優勢。**我發現，大部分的獲利能力就是遠離沒有明確優勢的市場和市場區段。**就像《股票投資者年鑑》創辦人亞爾・赫希（Yale Hirsch）強調的：「如果你沒有從自己的投資錯誤中獲利，別人就會從中獲利。」

心智訓練　Tips

「如何交易」與「交易什麼」，都不及「何時交易」重要。

　　不久前，我問了Market Delta程式的開發者崔佛・哈內特（Trevor Harnett），「你覺得交易者表現的基本要素是什麼？」他指出了所有戰術考量中最重要的一個：對交易環境的警覺。「我說的『環境』，」他說，「有個例子就是順勢市場或橫向盤整市場。許多交易者都忽略了他們在交易的是什麼樣的市場……這種情況太常出現了，因為交易者沒能後退一步，試著了解市場這一天隨著時間過去是如何發展的。」他創立Market Delta，以視覺圖像表現出導致環境變動的因素（即買方與賣方的活

動），提供資源給交易者發展技能，判讀不斷變化的市場。這樣的工具若使用得當，是學習戰術及何時運用戰術的利器。

你的具體戰術大概和我或崔佛的戰術大不相同，需要蒐集不一樣的資訊。不過，若你要做到將資訊蒐集分解成諾蘭‧萊恩形容的那種「檢查點」，就必須將「選擇戰術的過程」變成你的交易技術之一。基本原則就是，不管是什麼樣的交易風格，蒐集資訊與根據資料做決策的技術，都存在完備與不完備的問題。但如果用來做決策的資訊來自「可複製的步驟」，並集中在交易的基本面向，那麼如何交易（做多還是做空）、交易什麼（哪些股票、類股、市場），以及何時交易，這些就會自然而然地——就像拳王阿里一樣——迅速隨之而來。

真正專業的交易者都有一個特徵，他們都能快速調整戰術以適應快速變化的市場情況。仔細想想，這也是急診室醫生、戰場指揮官和教練等專業人士的標記。

當戰略失敗時：釐清是情緒問題？還是表現問題？

就像紮實的技術遇上不當的戰術也無法產生利潤，如果最高戰略不正確，就算戰術正確也不會成功。戰術能贏得戰役，但戰略能贏得戰爭。好的戰術能將產品賣給消費者，但若產品不適合市場或本身有缺陷，公司還是會失敗。戰略確立了機會；這不僅僅是找出特定日子的優勢，還是一個人在市場上建

立整體優勢的來源。理想的情況是，戰術執行戰略，就像技術執行戰術。這個概念可以用一個金字塔來呈現（請見圖表6-3）。

　　交易者的問題可能發生在金字塔的任何一層。菜鳥往往會因為缺乏經驗而犯了技術和戰術錯誤：他們無法找到好價位、缺乏明確定義的退場機制，以及過度暴險。他們沒能看清當前的市場情況，因而無法適應市場的變化。

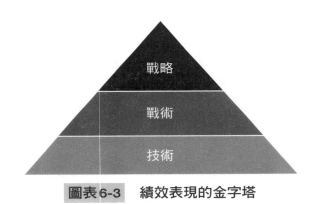

圖表6-3　績效表現的金字塔

　　如果經驗豐富的成功交易者犯了技術和戰術錯誤（犯了新手才會犯的錯），那麼問題極有可能出在情緒上，需要親自干預才能重新獲得控制。我會在後面的章節中談到這些干預措施。

　　不過，有時候非常成功、能長期穩定賺到六位數、甚至七位數的交易者，會突然在某段時間內陷入低潮，這種時候幾乎都是戰略失敗了。

　　馬可斯正好就是這樣的交易者。他靠著交易個股賺得荷包

滿滿，成為在交易大廳中小有名氣的人物。他熟悉市場技術面，並發展出一套趨勢交易風格。他每天的工作就是篩選出具上漲力道的個股。然後，當他看到大盤表現穩固時，他會在交易的第一個小時內建立這些個股的部位。這樣的戰略是有道理的，而他的戰術——在交易最活躍的時間找到相對強勢的個股進行交易——也算合理可靠。技術上來說，他小心翼翼地不去追價，而且明智地使用槓桿，將交易分散到不同的交易構想中。他同時會放空弱勢股、買進強勢股，進一步實現多元化。簡而言之，他是一個沉穩可靠的交易者。

唯一的問題是，他不再賺錢了。

一次接一次的交易都沒能為他帶來回報。他絞盡腦汁想知道自己哪裡做錯了，過程中又產生更大的挫折，讓績效雪上加霜。這也讓他下定決心要跟我談談。

輔導者面臨最困難的挑戰之一，就是判斷這究竟是情緒的問題干擾了表現，還是表現的問題影響了情緒。這兩者緊密關聯，而且情緒和表現之間會互相影響。然而，分辨哪個是雞、哪個是蛋至關重要。如果問題歸根結柢是出在交易技術、戰術或戰略上，那麼研究心理策略會浪費大量時間與心力。

我對馬可斯的戰略做了一些研究，得到一些心得。隨著時間推移，他交易的所有股票的日均成交量都在增加，其中有很多都是羅素2000指數的成分股，也有許多是那斯達克高beta（high beta NASDAQ）的股票——它們的成交量增加，有部分

反映出這些類股日漸受到歡迎。我注意到隨著成交量增加，它們與大型股票指數的短期價格相關性也跟著增加。小型股與中型股的交易情況，與道瓊及 S&P 500 指數的成分股更加類似。我認為最有可能的是，這某種程度是因為套利交易的增加，使得市場指數與類股之間保持一致。

隨著 2003 到 2005 年波動性遠離大型股指數，這種欠缺波動的情況也影響到那斯達克與小型股指數。很顯然，大型股的強勢力道在短期內往往會逆轉而非持續發展，進而創造出跨時間段的交易區間。我的研究顯示，隨著小型股與大型股的相關性增強，它們也會開始以反趨勢的方式交易，也就是「強勢不再帶來強勢」。

馬可斯的問題不是心理問題，而是戰略問題。他認為市場已經改變，就像燈泡被關掉般，曾經奏效的做法不再起作用。這種看法並不誇張。如今市場上的參與者已與過去不同，所以他的戰略不再具有優勢。著力於改善心理層面對他每筆交易的損益無濟於事，也不會提升他的技術或戰術。這樣的調整就像面對大災難時徒勞無功的掙扎。

馬可斯的問題只有兩個解決辦法：改變戰略，或者找出符合目前戰略的替代交易工具。他再也不能靠著遵循動量型態去交易主要指數成分股維生了。當 IBM 發現文書處理軟體已成為世界潮流之後，它並未堅持銷售自家 Selectric 打字機的策略，而是將資源轉移到個人電腦市場；等到個人電腦市場商品

化、變得更廉價之後，它又轉為經營針對電腦使用者的高端服務。就像商業市場的改變會促使公司轉型，當金融市場經歷劇烈變動時，交易者也必須改變戰略來因應。

　　簡而言之，馬可斯展現了第一層的交易能力，但在第二層能力中苦苦掙扎。他可以在趨勢明確的市場成功交易，但現在必須學習適應不同的市場情況，就像大學籃球隊的明星球員畢業後，當務之急就是要改造自己。要找到新的戰略進行交易，他就得重新進入學習曲線。

心智訓練　Tips

　專業交易者最常在市場變化、自己的優勢減少時失敗。

預測「交易者適應新市場的能力」的最佳指標

　　馬可斯的交易能力正在慢慢恢復。他調整自己的戰略，側重放空不會隨著大盤上漲的個股，並買進在市場下跌時仍有穩固支撐的個股。這樣做，讓他得以從大盤逆轉短期走勢的傾向中獲利，同時又能利用他的選股技能。他縮小交易規模來執行新戰略，並制定進場的新戰術。比方說，他將一些新的市場觀察套用在財報季交易活躍的個股，追蹤這些個股相對強弱的變化。這樣就能在股票波動時進場交易，從投資人與交易者的過度反應中獲利。

但馬可斯的東山再起並非只是因為找到新戰略。經驗最豐富且最成功的交易者，只要給他們足夠的時間，都能找到前景光明的新戰略進行交易。**問題在於，許多交易者都沒有時間了。**

原因很簡單。在戰略運作良好的輝煌時期，他們沒有存下錢。他們買了豪宅，享受揮霍奢華的旅行，生活一擲千金。在成功之後，他們想要炫耀它、享受它。他們從未想過，自己就像搖滾歌手史普林斯汀（Bruce Springsteen）所唱的那樣，「輝煌的日子很快就過去了。」

我就直說吧。我所見過偏離正軌的成功交易者，問題大多出在個人財務管理不當，而非有其他原因。

一旦交易者陷入炫耀性消費與滿足成功的生活所需，就很難回到學習曲線中的情緒。降低交易規模並學習新的做法很難，找回謙虛心態重返模擬平台測試新戰略也很難。交易者被自己的傲慢自大所困，在他們的戰略明顯失敗之後依然持續交易。他們債台高築，以致於始終沒有機會重振旗鼓。

不久前，我和帕布羅・梅嘉雷霍在金斯崔一起等電梯。這位專家交易員曾建議菜鳥，盡量多利用模擬交易來學習，這令我大為震驚，之後卻又恍然大悟。當時我們正討論到市場的變化，帕布羅提到職業生涯長的交易員，是在艱困時期也不會使自己深陷困境，之後當戰略發揮作用時，他們就會乘勢而起。這代表當你的優勢薄弱時，要能接受較小的交易規模與利潤，如此一來，當時機來臨時你才能積極追求機會；失敗的交易員

永遠等不到好時機，因為等到他們看到靶心的時候，已經太遲了──他們沒有子彈了。

帕布羅是金斯崔自2000年創立以來的元老，至今經歷過好幾次變動的市場。這些轉變教會他在多個市場追求成功：美國與國際股市指數、德國長期公債、債券與票據，以及各種商品市場。「有些人會被困在單一市場裡，」帕布羅解釋道，「不要害怕嘗試新東西。你要虛心，把它當成終身事業，而不是工作。」帕布羅確實將他的成功歸因於「美元的強勢價值」，他說：「我的風險／報酬比是我最好的部分……就算某段時間手感會變冷，但我會找回來的。」

缺乏那種謙遜，就會讓交易員埋下擺脫不了的麻煩。他們以為好時機就在眼前，一定可以把錢賺回來。在這種過度自信的情況下，交易員失去了對美元價值的判斷。「這一行最糟糕的部分，」帕布羅對我說，「就是會改變人。」諷刺的是，成功造成的改變可能與失敗造成的改變一樣具有破壞性。等到交易員習慣了交易的收入及它帶來的生活方式，心理上就難以重新進入學習曲線。

就像那句諺語說的，「每一種教條都有其盛行之時」，交易策略也一樣。沒有一種策略能永遠奏效。在發展出機械交易系統並即時進行交易時，這個事實就昭然若揭了。如果你曾經用一套策略成功了，極可能其他人也會受這個策略吸引，設法加以利用，最後降低了它的優勢──趨勢來來去去、波動性起起

伏伏。而第二層能力，就是在困境中依然有辦法勉強應付，同時確立新策略或找出現有策略的新的使用方式。

預測「交易者適應新市場的能力」的最佳指標就是交易者的流動性。順境時留下的儲備金提供交易者在逆境中生存的機會。專業技能發展更像是一種循環過程，而不是線性過程。改造自我是常規需求，不是例外。

如果你沒能從這本書獲得更多心得，那就學學這個吧！無論是順境還是逆境，對交易者來說，最好的態度就是這個簡單的智慧：**一切都會過去的。**

發展成功策略的最大障礙

成功的交易始於市場上的優勢，以及利用該優勢的適當技術與戰術。交易者的策略**是**他們的優勢來源，也是分辨市場拍賣的供需型態並做出行動的能力。這樣的策略是隨著時間慢慢培養的，不管根據的是長時間在螢幕前累積的判讀盤勢技能，還是透過徹底詳盡的研究，產生條理分明的完善交易系統。優越的策略就在人才、技能與機會的交匯處。可惜，許多交易者不給自己機會去發展出色的策略。他們飛快地從一種交易方法跳到另一種方法，尋找快速的報酬。他們知道許多交易技巧，卻無一精通。

這種情況通常會出現在我們對自己的能力失去信心的時

候。因為在一連串虧損的打擊下，我們會放棄原本成功的東西，開始以不符合我們的人格特質、也不符合自己技能組的風格去交易。系統交易者可能開始用主觀判斷來推翻他們的自動化系統；短線交者會質疑自己進出的訊號，轉抱更長期的部位。根據不斷變化的市場去調整我們的交易方法是一回事，但徹底拋棄自己的利基，從一種方法倒向另一種方法，又是另外一回事了。

　　《全面交易》（*Mastering the Trade*）一書的作者及 Trade the Markets 線上輔導服務的開發者約翰・卡特，看過了太多想尋找「聖杯」的交易者。他不久前跟我強調：「業餘交易者一旦停止尋找『下一個偉大的技術指標』，開始控制每一筆交易的風險，他們就會變成職業交易者了。」

　　「尋找幾乎每次都能奏效的失效安全（fail-safe）指標，會讓交易者走上一條屍橫遍野、散布著破碎夢想、結巴傻瓜的道路，」卡特解釋說，「許多交易者終其一生都在追尋這樣的聖杯。諷刺的是，這個階段的人認為自己正成長為專業交易者，但實際上他們的發展停滯不前。」卡特所說的這個類型的交易者，包括：追求曲線擬合（curve-fitted）系統的交易者、在市場橫盤交易時有75％機率失敗的順勢交易者、在標的工具不動時賺錢但在突破趨勢時回吐的選擇權策略交易者，以及無時無刻都在調整指標設定的交易者。

　　很明顯，完美主義會嚴重妨礙我們發展出優異的策略。很

重要的一點是，完美主義的交易者不是在設法賺錢，**他們是在努力不賠錢**。他們無法容忍損失，導致他們不斷從一種方法轉到另一種方法，以尋找市場不可能提供的確定性。

「基本原則就是，職業交易者並非在尋找下一個最佳標的，」卡特強調，「職業交易者專注在限制風險和保護資本。業餘交易者則專注在每一筆交易可以賺多少錢。而專業人士永遠都能從業餘人士的手上把錢拿走。」

成功的策略能將機會最大化，但不會排除不確定性。

心智訓練　💡 Tips

成功的交易者會擁抱風險與不確定性；不成功的交易者則會試圖否定它們。

自我觀察與錄影

最容易干擾表現的，莫過於一面從事活動、一面想著自己表現如何了。大部分的人都能理解影響演講者和考生的臨場焦慮：擔心自己的表現如何，會打亂你做事的連貫性。因此，你對自己技術、戰術、策略的觀察及評價，必須在交易之外的時間進行。交易期間，你是交易者；其他時間，你是那個交易者的輔導者。

積極出手的交易者不可能回想起所有交易細節。就算他們

可以回想起進出的價位，也不會記住交易中用到的所有技術：解讀供需情況、分批加碼與分批出脫；他們也沒有必要回憶驅動交易的戰術：當時的市場相對於當日區間和其他市場，交易表現如何？認知心理學家發現，回憶是一種變幻無常的現象。我們往往只會記住最鮮明的東西、順序中第一件發生的事，以及最後發生的事。回憶也會受我們的心情影響，以及受事件發生到最終回憶之間的經驗影響。

　　因此，「錄影」在你的交易健身房中就是一個強大的設備，它能讓我們重新經歷每一個交易日，檢討每一筆交易完成的經過。在追蹤市場和學習市場型態時，錄影尤其有幫助。你可以一再播放市場的轉折點及各種交易型態，看看它們實際上是怎樣演變的。這遠比回顧靜態的圖表有效得多。不過，在鑽研交易技術時，錄影則會用來顯示市場如何交易，**以及你如何交易**。那是檢討表現的工具。

　　有兩種錄影方法是交易者能輕易取得的。第一種是簡單設定攝影機，錄下當天的交易。由於影碟能保存的交易資料不足一天，將影像直接錄到硬碟、壓縮儲存到檔案資料庫中會比較方便；第二個方法是使用電腦桌面程式（例如Camtasia），它能將頻繁的螢幕截圖匯集成影片。這個方法的優點在於不需要額外的設備，但也限定了你只能固定錄製一個螢幕。而且，若你想長時間錄製大片螢幕區域，也可能會降低設備的效能。理想的錄影設置是要盡可能讓你忠實地重溫市場和交易，這樣你

才能看到自己在做什麼、什麼時候做，以及重現你為什麼要那樣做的原因。

　　我最喜歡的錄影方法就是「說出你正在做的事」，這樣才能捕捉到交易背後的思考流程，以及執行交易的過程。這會為事後檢討增加許多面向。首先，它可以讓你判斷你在前述「績效表現金字塔」中的哪個位置卡住了，並且能透露交易背後的思維哪裡可能有缺陷（戰術不當），以及構想不錯但執行欠佳（技術不當）的地方。相對的，影片也會捕捉到金字塔所有要素都協調一致的時候：戰術緊跟著基本策略出現、技術有效執行戰術。**檢討成功的交易和不成功的交易同樣重要**，就像我在《從躺椅上操作》中強調的，這些檢討將建立我們逐漸內化的成功模型。

　　用錄影來捕捉情緒拖累交易的時刻特別有效。當你看到自己在影片中的高明交易和差勁交易，會敏銳地察覺到這兩者的生理、情緒與認知線索有何區別。我做得最好的交易會伴隨著進場後積極的風險管理：我會大聲說出退出交易的標準，並不斷更新證明交易構想有效或無效的證據。在整個交易過程中，我會積極投入，監測有多少成交量、成交量是在哪裡交易的，以及在這些成交量中買方與賣方的比例如何。其他時候，交易若立即按照我的想法進行，我會放手不管，深信站在贏家那一邊。我最近一次出現這種情況，是一筆很快就獲利1點的交易，但直到它跌破履約價，我才積極介入。我簡單地回顧影片，這

才發現自己其實可以輕鬆取消那筆交易，然而過度自信導致我蒙受那筆沒必要的損失，即便金額不高。

在我當研究生的時期，我錄下自己為客戶進行心理治療的環節（這必須取得他們的同意），好讓指導老師跟我一起回顧影片。我從這樣的回顧中學到很多策略和戰術。不過，錄影有一個意想不到的後果──它讓我不敢鬆懈，因為我知道老師會藉此檢討評論我的表現，我必須向他解釋我在治療中的行為。如此一來，我就不太可能改變我原本的治療方案。同樣的，透過錄影可以讓我們維持交易初衷，如果你必須給輔導者看，那就更是如此。光是知道正在錄影，就會在交易時引入自我觀察的要素，讓你更注意自己的戰術與技術。

心智訓練　Tips

交易期間你要觀察市場。錄影則讓你得以觀察自己。

沿著表現金字塔的錄像與自我評估

我發現，表現金字塔的概念在回顧影片時尤其有幫助（請見圖表6-4）。重點是在交易結束後進行有效率的檢討，把重點放在當天你做對了什麼、有哪些地方需要改進。在我做的檢討中，我會特別找幾個主題：串聯起交易者所犯錯誤的共同要素。有時候是情緒性因素，例如交易者太想彌補虧損。像這種

時候，影片可能會顯示他進場的部位過大，在場上停留的時間
超過正常情況。此外，交易者在影片中的聲音明顯聽得出挫
敗，特別是當交易不如預期的時候。其他時候，影片顯示的主
題純粹與市場判讀有關，例如交易者沒有看出市場已經放緩，
還繼續先前的交易。就像四分衛沒能綜觀全場，視野狹窄而錯
過了眼前的事物。

圖表6-4　作為檢討回顧的表現金字塔

　　我自己在做交易時，我喜歡用「由上而下」的方式來檢視
我的交易。我會先問自己，「這筆交易是否與我的策略一致」。
對我來說，該策略是由兩個部分組成：結構優勢和資訊優勢。
　　先前我提過結構優勢，它的根本就是基於對市場參與者的

認識。這些參與者很多都是做日內交易，而且會使用高槓桿。這就造成他們的從眾行為——不管他們發現市場有何變動，都會一窩蜂地緊跟潮流。再者，由於必須做風險管理，他們往往會迅速退出部位。正因為如此，ES市場上大部分的日內交易都可歸因為由從眾行為帶來的買盤與賣盤，以及大量拋出實際市值遠低於履約價的部位——只要找出人群朝一個方向建立滿手部位的點，以及萬一證明他們的預測錯誤、需要出脫持有部位的點，就能提供結構優勢。

　　至於資訊優勢，是來自我對市場歷史的研究，就像那些我發表在TraderFeed部落格的貼文。寫到這裡時，前一天的ES市場在窄幅區間清淡交易，以技術行話來說是「內包日」（inside day）。我在資料庫中回溯過去三年的紀錄發現，類似的內包日往往會緊接著一波疲弱走勢。這讓我預期今天的走勢會跌破昨天的低點。那麼我的核心策略就是結合結構優勢與資訊優勢：當我看到買方進場，卻無法把價格推到新高點時，我就會以低於昨天低點的目標價輸入我的空頭部位。如果今天我選擇的是買進，那就違背了我的資訊優勢，也違背了我的策略；如果我在一瀉千里的跌勢中賣出，沒有充分利用結構優勢，同樣也違背了我的策略。綜合這兩點，我得以選擇性地進行交易，將暴險限制在我認為機會真正對我有利的情況。

　　如果我的交易符合策略，金字塔的下一層就是讓我檢討戰術。比方說，我的戰術之一，就是找出最適合利用我的策略的

市場去交易。像是我可能會注意到，有其他交易者在我預測它會走低（利用歷史研究）的ES市場中做多，但我也觀察到那斯達克的走勢比ES更疲弱，那麼我就會試著利用這個相對弱勢；另一個戰術就是我會逐步擴大交易，但只限一天的某些時間，以及大型市場參與者的成交量高於特定的門檻水準時。我透過研究知道，這種時候的走勢更有可能延長擴大。這也意味著在市場較清淡的時候，我的戰術是要分批出脫部位，而不是再加碼。

要注意的是，有獲利的交易未必就是戰術完備的交易。如果我是在中午左右交易並加碼部位，最初的部位有賺錢，但加碼的部分則回吐一些，那麼無論損益如何，我的戰術都算糟糕。我喜歡的戰術是，只要成交量朝我的部位擴張，我就繼續這個交易。這確認了要不是原先陷入錯誤方向的交易者正趕著出場，就是有新的市場參與者加入戰局。無論是哪一種，擴大的成交量通常與波動擴大有關，這會激勵我守住部位，不要過早停利。如果我獲利1個點就了結的部位，出現成交量擴大的情形，而且很快就帶來2、3點的獲利，那麼就算我那筆交易賺錢了，我的戰術還是糟糕。若我沒有加以修正，那些戰術缺點遲早還是會影響我的對帳單。

簡而言之，有賺錢的交易和好的交易、不賺錢的交易和差勁的交易之間可能有天壤之別。好的交易在金字塔的所有層級都能顯示出執行得當；差勁的交易則不然。你無法控制一筆交

易是否能照你的預期走，你能做的就是透過好的構想和完善的執行，保持成功的機會。

心智訓練　Tips

當你擁有正當、合理的交易優勢並執行得當，獲利就會隨之而來。

　　只有在檢討一筆交易的策略面和戰術面之後，我才會進一步檢驗技術。我喜歡遵循的一個測量指標是，當我做了一筆交易之後平均承受多少反壓，以及在我出場之後，它又朝著我預期的方向前進了多少。這些指標可以告訴我：我進出市場的價格是否合理。我還喜歡觀察我每一筆交易的持有時間。我大部分的交易都有明確的時間段。當一段時間過去，行情卻未如我預期的那般發展時，它就會阻止我繼續交易。因為我的策略是基於滿手部位的交易者要出脫的急迫性，這理當要能快速地立竿見影。如果時間過去了，而我沒有賺到錢，這就告訴我那種急迫性並不存在，而我必須在到達停損點前盡快退出部位。

　　錄影通常會迅速揭露交易者是否偏離了正確的策略與戰術。在回顧交易影片時目瞪口呆，心想：「我怎麼會這麼白癡？」這種情況一點也不少見。這是因為對經驗豐富且通常卓有成就的交易者來說，偏離策略和戰術大多都有其心理根源。它們反映的是被激發的情緒干擾了資訊處理（就像低潮時的挫

敗感），或者是疲勞和失去專注力。

　　不過，技術可能就需要大量的回顧檢討。透過影片能讓你恢復交易時的記憶，想起當時的市場情況，但通常需要更進一步挖掘，才能讓你知道哪裡的風險可以管理得更好，或是在哪裡設下停損點會更有效。在模擬模式下重播交易日的部分內容對檢討非常有幫助，回顧圖表和指標也是如此。我發現，這無疑是自我輔導中最費時，但也是收穫最大的部分。

　　比方說，我的戰術之一就是配合市場情況調整交易時機。某些市場的波動性低，但每日成交量相當不穩定。它們會在一段較長的時間內形成趨勢（也可能不會），但短期走勢卻會搖擺不定，甚至出現反轉。

　　我在這種市場的交易戰術，是淡化NYSE TICK指數的反趨勢端（以及類似的判斷標準），並按照策略指定的方向進行快速的突襲進出交易。執行這些戰術的技術，牽涉到進場建立部位，同時設定出場賣單。適當安排這些出場單，是我必須時時檢討優化的功課——將出場時成交的可能性增加到最高，與最大程度提高交易的潛在獲利，這兩者之間有微妙的平衡。適當的出場安排要用到大量資訊，包括當時的市場成交量與波動性、明顯的支撐與阻力線所在、市場深度，以及最近在該價位水準成交的意願等。

　　身為交易者的謹慎天性，使我在確定可以成交的地方退出交易，通常沒能賺到的獲利比我的理想預期的要多。因此，我

會花相當多時間檢討統計數據，例如我在出場時成交的次數百分比，以此監測我的技術；我甚至還會評估原本可用更好的價格成交的次數百分比。就像精進高爾夫揮桿一樣，調整技術也是一項必須持續不輟的工作。

　　或許最重要的是，這樣的檢討與調整迫使我們注意到市場行為。由於每天都在檢討，我對短線市場動機對買賣單安排的影響變得更加敏感。這會助長你對市場的內隱學習。如果你對市場有足夠的觀察，就能開始內化並預測它們的型態；**如果你對自己有充分的觀察，就會開始找出和預測自己的型態。**「觀察」是自我輔導的第一個步驟，也是最重要的步驟。所幸，在交易健身房中有許多強大的工具，能幫助我們將觀察轉換成具體的發展計畫。

　　現在我們就要來談這些了。

第七章

用科學方法改造績效表現

從診斷到強化的解決方案

熱情就是一切。它必須像吉他絃一樣繃緊、顫動。

——球王比利（Edson Arantes do Nascimento, "Pele"）

沒有人會指責足球巨星比利缺乏熱情。從他在十六歲的職業初登場踢進一分，到成為明星——期間更成為其他球隊進攻挑釁的目標——比利始終保有對他口中「美好的運動」的熱愛。他的表現幾乎超越人類：生涯歷經一千三百六十場比賽，獲得1,280分。觀察家將之比擬為棒球選手在大聯盟賽季期間共一百六十二場比賽，平均每場比賽都擊出一支全壘打，而且年復一年都重複這樣的壯舉。

他的表現有如此迷人的魅力，使得正在交戰的奈及利亞和

比亞法拉（Biafra）都宣布暫時休兵，就為了看比利踢球。歐
洲球隊開出高價，要吸引比利離開母隊，但巴西宣稱他是國
寶，努力留下他這個人才。他的體格幾乎沒有優勢，比起其他
球員其實相當單薄，但比利前所未有地融合了速度、眼光與準
確度。他成功的祕訣是什麼？答案是「練習就是一切」。

交易者的表現與準備

我們把目光從足球場移到納斯卡賽車的維修站（Pit）。我
們發現，「表現」已漸漸成為一門科學，同時也是一門藝術。
最近，半導體龍頭英特爾（Intel）的工作人員換上工作服，在
維修站中爭分奪秒地為賽車更換輪胎、進行例行維修。儘管英
特爾的團隊成員擁有高效率操作的理論與實踐經驗，但他們最
快也要花半分多鐘才能完成這項工作，而職業維修站的工作人
員通常只需要13秒，就能讓賽車重回賽道。

PIT教育訓練的發展主任布雷昂・柯洛普解釋，績效表現
的關鍵不在於速度，而是流程。「速度必須與精實的流程相輔。
如果你只專注在速度上，最後一定會出錯。」這是為什麼PIT
的講師會建議滿懷雄心壯志的工作人員「慢慢來比較快」。他
們的目標是順暢、精實的操作，而不是慌慌張張。

精實的流程也可應用在交易中。如果我沒有在開盤之前做
好所有的功課，如果我的戰術沒有經過徹底的研究與思考、完

成各種假設情境，我可以保證我的早盤交易感覺會像一個瘋狂的賽車維修站。**主觀的時間感受，高度取決於我們對掌控的感知，以及對事件的熟悉程度。**當我們有所準備的時候，時間會過得比準備不足、兵荒馬亂的時候慢。市場也是如此。在我們有準備、知道要留意什麼的時候，市場似乎會變化得比較慢。如果你在市場變動時瘋狂地尋找交易構想，那麼無論你當時做了多少交易，都會感覺追不上市場。

心智訓練　Tips

許多表現的成敗，早在準備過程中就決定了。

因此，像 PIT 教育訓練講師之類的培訓教員，會強調要聰明地做，而不是快速地做。維修站的工作團隊有七個人，各自有清楚明確的角色，不能有一絲意外。團隊會標示車子將從哪裡進站，每個人要站在哪裡，各自要拿什麼工具。任務要同時進行，而不是接續進行，因此一個疏漏不會打亂整個團隊。他們會在練習時反覆演練，因而儘管是在危險又嘈雜的賽車環境，也幾乎是不假思索地做出習慣動作。相對的，英特爾的員工雖然有經驗，但缺乏這種賽車維修的特定訓練。在他們忙碌來去時會撞到彼此、掉了輪胎、沒能正確地鎖緊車輪螺帽。每個小錯誤都會讓駕駛多損失好幾秒的代價而落後給對手。

觀看錄影內容抓出差勁的交易相對容易；比較不明顯的是

那些你始終沒有做成的交易，因為你落後市場兩步——這裡錯過一筆交易，又在那裡以較差的價格進場或出場：效率不彰的成本會持續累計。這是英特爾小組為一輛車更換輪胎和加油要用到33秒，而專業維修站團隊只要花13秒的差別。這些就是比賽輸贏的差別。維修站的成員布雷昂・柯洛普強調：「熟能生巧，好壞皆然。」他的重點是，我們日復一日的表現會成為我們習慣性的表現，會變得更好，也會變得更差。我們固定在做的事，會成為我們的自然慣例。

為市場中的意外做好準備

《激發戰鬥力》(*Unleash the Warrior Within*)一書的作者理查・馬可維奇（Richard Machowicz）離開海豹突擊隊後開始創業，為有興趣的學員傳授自衛方法。他發現，儘管有技巧也做過練習，許多學生卻在模擬真實情況的攻擊中嚇呆了。由於他們沒有預先編程的判斷力，能辨別當下要做什麼或要攻擊哪裡，所以他們陷入所謂「分析癱瘓」(analysis paralysis)的困境。然而他也發現，如果他們專注在潛在目標（眼睛—喉嚨—鼠蹊部），就更能選擇他們的武器（例如拳頭、膝蓋或腳後跟），藉以執行必要的動作。

因為恐懼會打亂我們正常的思考流程，馬可維奇會訓練學員真正的鎖喉和其他類似攻擊。他指出，所有成功攻擊的要

素，皆包含出奇不意、速度及猛烈行動。這些要素全都在對手的常態行為之外，所以平常的判斷與計畫都會變得不管用。但如果是有經驗、有預先編程的目標，在遭受攻擊之後就能快速回應並保住性命。缺乏這種機制的人，就會像二戰時從未開過槍的士兵一般，很容易動彈不得，正如同我們無法理解超出常態標準的事件。

我們無法想像的事情，就無法預先準備。納斯卡賽車的維修站人員不單要預期有例行維修，還要準備好面對未知事件，例如意外造成的機械故障和損害；SWAT特警隊破門進入室內時，要準備好面對形形色色的反抗。「意外」是最大的敵人。如果我們因意外而措手不及的話，那麼所有的訓練都是徒勞。

交易者通常會透過檢視圖表來回顧市場。這些靜態的圖像無法描繪出隱藏在市場波動背後的意外、速度與劇烈破壞。一張5分線圖可能顯示5個Tick的高低區間有8,000口合約在交易，這看起來像是非常溫和的市場行為。但這張圖沒有顯示的是，那5個Tick中有4個是在幾秒鐘的時間內出現的，因為取消交易及重新出價導致價格驟跌，然後又再次上漲。短線交易者在猝不及防之下遇到這樣的轉折，很容易被誘騙著退出大好部位，或是以不利的價格進場建立新部位。

不管在什麼樣的時間段，都會有有行情盤整的時期（通常行情較清淡）和大漲大跌（行情較忙碌）的時期輪流出現。這些波動絕大多數並非是反映基本面的消息或事件，而是那些資

本雄厚又精明的人，伏擊那些從眾的市場參與者而造成的結果。**如果你唯一的市場演練是依靠靜態的圖表，那就像士兵靠著解讀作戰計畫來為戰鬥做準備。**在伏擊戰最激烈時，敵人可能會打亂你所有的計畫。市場的變動（或者沒能變動）將會超出參與者的預期水準——那是伏擊者從被伏擊者手中奪取金錢的唯一途徑。為可預期的市場事件做準備很重要，就像為車輛例行的維修保養做準備，是所有維修站人員的主要生計一樣。但只有為意想不到的狀況做好準備，才是長期下來能贏得溫斯頓盃的關鍵。

　　戰鬥機飛行員約翰・鮑伊德上校（Colonel John R. Boyd）給自己的挑戰是要在40秒之內咬住挑戰者的機尾，藉此在近距離空戰中勝出，這讓他被稱為「40秒鮑伊德」。他的本事是用對手的思維模式去思考，也就是他所說的「OODA循環」（OODA loop，即觀察、了解、決策、行動）。鮑伊德認為，行動來自決策，而決策則是憑藉觀察來了解自身處境。當你在近距離空戰中的動作都在對手的預料之中，那麼你就處在對方飛行員的OODA循環之中。獲勝者必然是跳出對手思維的那一方。這也是馬可維奇所說，為什麼出奇不意、速度及猛烈行動會如此有效的原因。意料之中的攻擊，比如英國軍隊穿著紅色軍服排成隊形、旗幟飄揚並演奏音樂，就在精明殖民者的OODA循環中；游擊隊迅速又出人意料的猛烈攻擊，才能讓比你強大的對手感到不安。

　　眾所周知和被廣為宣傳的消息（從圖表型態到新聞報導），代表一般市場參與者的OODA循環。如果你的優勢是來自即時圖表或市場深度應用程式等任何交易者都能輕易取得的資訊，你就處於專業人士的OODA循環中，而不是在這個循環之外。

　　當市場上的「鮑伊德上校」要挑戰你的部位時，他們不會用響亮的樂聲和鮮紅的大衣告訴你他們來了。他們也不會給你40秒的迴旋餘地。他們會以迅雷不及掩耳的速度、猛烈的行動去推動市場、製造意外。他們的優勢，在於他們有能力造成對手心理的混亂。我們的職責必須像遊騎兵部隊看待巡邏工作一樣的去看待交易：慎防伏擊，專注於我們的任務、敵人、領域、部隊（資源）、裝備與時間。最重要的是，你必須弄清楚跟你站在同一個利基市場操作的敵人是誰。他們會讓你推翻自己完善的交易構想，干擾你千錘百鍊的本能反應。不同的市場有不同的敵人：外匯市場不像股市，股市也不像大宗商品市場。誰比你更大？誰又比你更快？他們就有可能會傷害你。風險管理的第一步，就是要知道有誰在玩這個遊戲，以及他們通常會如何行事。

心智訓練　💡 Tips

當你的操作跳出市場的循環之外，市場的變動就會變得比較緩慢。

交易者的績效表現：從藝術進化到科學

當我們在回顧各種表現領域時，你會發現表現的藝術已漸漸被科學取代。現今運動員進行的訓練，是由專家利用精密複雜的飲食規定、有氧運動、重量訓練所設計的系統性方法。藍斯‧阿姆斯壯騎乘的自行車，是配合他的理想騎乘姿勢而特別訂製的，目的是將風阻降到最低。他的訓練會追蹤他踩踏板的速度、雙腿向上與向下運動的力量及耗氧量等，全都是為了把他的優勢放到最大；納斯卡賽車維修站利用特別製作的工具和零件，讓每項工作得以進行得更順利。車輪螺帽比正常尺寸大，以方便鎖緊。螺柱則是根據螺帽特別訂製。汽油桶也設計成能盡快清空的樣式。千斤頂經過不斷測試優化，以便輕易舉起車輛。人類的表現（即演化的驅動力），很大程度上是經過設計的，而不僅是後天習得的。

而這種設計的關鍵就是資料的蒐集。光是追蹤交易對帳單上的獲利與虧損，已不如更廣泛地蒐集能精確評估交易者各方面表現的績效衡量指標。隨著交易電腦化，如今比過去更能評估一個人的策略、戰術及技術。交易者因而得以磨練自己的表現，就像賽車團隊努力縮短比賽的秒數一樣。

我最早蒐集的交易者衡量指標，是使用Trading Technologies平台中的Trade Analyzer模組，再來就是使用TraderDNA程式；後來我才得知Ninja Trader的模擬模組也附

帶蒐集這些交易衡量指標。我確信在不久的將來，這個功能將成為大部分交易平台的基本配備。那是交易者追求改善績效、以科學方法增強交易藝術時最強大的步驟之一。

　　我舉一個蒐集績效衡量指標及如何利用它的簡單例子。瑪麗莎是原油市場的短線交易員。她會在一個交易日內進出部位，尋找因原油供需轉變而產生的價格趨勢，以及政治局面多變的產油國新聞。假設我們追蹤她每日的獲利與虧損一段時間，並將她的損益拆解成幾個類別。

　　比方說，我們可以回頭將過去三個月的每一天編為上升趨勢日、下降趨勢日、反轉日及區間盤整日。上升趨勢日會在低點附近開盤、在接近高點處收盤；下降趨勢日則剛好相反；反轉日的交易價格會遠遠偏離開盤價，但收在開盤價附近，或是相反的極端；區間盤整日會在價格區間的中央上下收盤，接近開盤價。然後，我們就能繪製出隨著瑪麗莎遇到的交易日類型而變化的盈虧情形（請見圖表7-1）。

　　為了方便解說，我先大幅簡化數據網格。比方說，我通常會將「勉強獲利」的交易和「獲利」的交易分開來看，還會納入獲利與不獲利的交易日數量（這個稍後會再討論），以及獲利能力隨著交易合約數變化的一些跡象。此外，追蹤扣除手續費與其他費用後的績效表現也很重要，這裡也沒有納入。這裡單就各種市場情況的近期交易表現來做初步說明。

　　大多數找我諮商的交易員只知道表格右下角的那個數字，

圖表7-1　以交易日的類型追蹤盈虧

	獲利或勉強獲利的交易數量	虧損的交易數量	獲利總數	虧損總數	整體盈虧（P/L）
上升趨勢日	50	35	$55,000	$35,000	$20,000
下降趨勢日	45	30	$75,000	$30,000	$45,000
反轉日	35	30	$45,000	$30,000	$15,000
區間盤整日	30	45	$25,000	$65,000	（$40,000）
總數	160	140	$200,000	$160,000	**$40,000**

單位：美元

許多人甚至說不出具體的數字。如果我們只專注在這個數字，那麼瑪麗莎可說是一位還算成功的交易員。她在市場上有所斬獲，但在扣除成本後大概賺不了多少錢，特別是考慮到她交易的頻率和規模會產生的手續費。

　　若仔細觀察圖表7-1，就能看出她為什麼無法賺得更多。她在趨勢日的總獲利是6萬5,000美元，非趨勢日則根本沒有獲利；她在區間盤整日的虧損跟這三個月下來賺的一樣多。很顯然，這削弱了她的績效表現。

　　但這是干擾她整體獲利能力的唯一因素嗎？請仔細檢驗這張表格，看看你能不能找出其他交易問題。如果你的眼光銳利，就會注意到瑪麗莎每筆交易的獲利與虧損（第三欄除以第一欄，第四欄除以第二欄）不正常。我們再做一張表格來說明這個發現（請見圖表7-2）。

圖表7-2　以平均損益追蹤盈虧

	獲利或勉強獲利的交易數量	虧損的交易數量	每筆交易平均獲利	每筆交易平均虧損	整體盈虧(P/L)
上升趨勢日	50	35	$1,100	$1,000	$20,000
下降趨勢日	45	30	$1,667	$667	$45,000
反轉日	35	30	$1,286	$1,000	$15,000
區間盤整日	30	45	$833	$1,444	($40,000)
總數	160	140	$1,250	$1,143	**$40,000**

單位：美元

　　啊哈！現在有點進展了。瑪麗莎每筆交易的「平均獲利」並沒有比她整體的「平均虧損」大多少，這限制了她的獲利能力。當我們深入挖掘這個衡量指標時，可以看出她的績效表現並不平均。不光是她在區間盤整市場的虧損交易比獲利多，在這些市場的虧損規模更遠超過獲利規模，虧損交易更多也更大，兩者結合起來就造成巨大的虧損。

　　表面上這代表瑪麗莎對區間盤整市場的判斷不太好，但她在這些市場中抱持虧損交易的時間，可能也比獲利交易的時間長。如果這是她的正常傾向，我們就會在所有市場中都看到這種情形；但如果這個傾向只出現在區間盤整市場，我就知道這類市場必定有某種因素讓她的表現失常，且很可能有一部分是交易面問題（需要識別區間盤整市場），另一部分是心理問題（避免窄幅區間市場觸發挫折、干擾風險管理）。

　　但是請注意，這些績效衡量指標能突顯優勢，也能突顯劣勢。瑪麗莎在下降趨勢日非常成功，不但能放大獲利，虧損的平均規模也小得許多。這是非常罕見的結果。為什麼呢？下降趨勢日通常比其他時候的波動更大，因而容易有更大規模的獲利，但虧損相對也會更大。瑪麗莎在下降趨勢日的某些行為縮小了虧損規模，同時也讓她跟著趨勢獲利，這顯然是她最好的交易。一位要提出解決方案的教練，會希望研究她如何在下降趨勢中進場、然後管理這些部位，藉此幫助她將這些技巧應用到其他市場情況，特別是區間盤整日。

心智訓練　💡　Tips

績效衡量指標會指出你的交易問題出在哪裡，以及解決方案是什麼。

　　我們從瑪麗莎的表現數據中還能診斷出什麼問題呢？我們先假設，在追蹤她表現的這三個月期間，落在這四個市場類別的天數相當平均。這告訴我們的是，瑪麗莎在這四種交易日的交易都同樣積極。她每天的交易量不會因為市場行情變化而變化。這就是一個問題。因為在某些時期，比方說下降趨勢日，她確實擁有優勢；但其他時期她不但缺乏優勢，甚至會虧錢。事實上，在其他條件不變的情況下，她應該要在趨勢市場中頻繁交易，其他時候就不要太積極地出手。

身為瑪麗莎的導師，我要做的就是針對她的需求做訓練。我打算提供幾個指導方針和工具給她，讓她試著評估市場究竟會朝趨勢或區間盤整的方向走。這些工具大概會用到成交量與近期、未來幾天波動性的序列關係，協助她評估市場情況。如果她能看出市場什麼時候可能會出現區間盤整，就能相應調整交易，最起碼能遵照醫生的座右銘——最重要的就是不要造成傷害。

光是不要在區間盤整市場頻繁出手，並加強損失控管，就對她的整體獲利能力大有助益。

請注意，我們只要針對自己的交易蒐集系統性數據，就能輕鬆地從績效診斷進行到績效提升計畫。正如TraderDNA創辦人大衛・諾曼（David Norman）強調的，這會讓我們在研究自己的時候抱持科學精神。想想我們能擁有多少過去從未想過要去蒐集的交易資訊，就會讓你清醒冷靜下來。我非常感激大衛，以及他對交易者心理測量的遠見。

關於風險管理的註腳

如果我要為瑪麗莎至今的表現做個短評，我會說她在波動市場的交易表現相當出色，但在非波動市場的表現欠佳。當市場反轉並出現合理變動時，她會堅守自己的立場。這有助於解釋她為什麼在下降趨勢中更賺錢，每筆交易也能實現更多利

潤。這也解釋了為什麼區間盤整行情是她的死穴。顯然，我需要蒐集更多數據來支持這個假設，並觀察更長一段時間。如果我是在她的公司工作，我會在各種市場情況下站在她旁邊，觀察她成功與失敗的模式。

不過，要是我的假設正確，瑪麗莎的處境就堪憂了。她公司的管理層可能不會認為她有麻煩，她自己也不會這麼覺得，但她還是有危險。她大部分的獲利都取決於當時的市場行情，而非取決於她對不同市場的掌握程度；她展現出的是第一層能力，而非第二層能力。或者我們可以說，她展現的是合格的能力，而不是專業技能。

萬一原油市場進入長期區間盤整怎麼辦？萬一中東地區轉趨和平、外交勝利、原油價格持續平穩怎麼辦？**趨勢**與非**趨勢**日的數量再也不會相對平均了。突然間，交易方式的主流會轉為瑪麗莎表現得最差的方式——她會開始虧錢，到最後失去信心。她在清淡的窄幅區間行情原本就拙劣的風險管理，可能還會進一步惡化。只要幾週的時間，就算是一向賺錢的交易員也可能會負債累累。

此時，稱職的輔導者最能彰顯他預防作用的一面。**績效衡量指標已顯示出爆倉的端倪。**藉由協助瑪麗莎學會分辨區間盤整行情、進行更有效的交易，也幫助她將操作下降**趨勢**的技能延伸到其他市場情況，如此一來，她就能從第一層能力進階到真正的專業技能。

心智訓練　Tips

以數據為本的輔導，能提供積極主動的風險管理。

　　我們往往等到虧損超過一段時間之後才會想到風險管理，或者狹隘地認為那只是針對個別交易的停損。然而，理想的風險管理也會要求我們分辨獲利集中在相對少數的交易或市場條件中的情況。交易者的優勢愈有限，被淘汰的風險就愈大。將績效表現當成一門科學，意味著我們要嚴肅看待交易者的優勢究竟來自哪裡，並利用這個訊息擴大優勢、解決弱點，並適應各種不同的市場情況。

心理典範與表現典範

　　我們可以用瑪麗莎的例子，來對比我所謂交易者發展的「心理典範」與「表現典範」。假設瑪麗莎是在挫折沮喪的狀態下找上我的。她每個月的獲利還算不錯，但最近一直在虧錢。她有幾天的虧損已經失控，引起公司的疑慮，也讓她的帳戶結算單不好看。她對市場感到挫折（她認為市場的變動不如以往），對自己也感到失望。為了阻止虧損增加，她最近縮減了交易規模，但卻遇到原油庫存數字公布後的行情下降趨勢，而她只能適度參與，這又讓她更加沮喪。

如果我用的是心理典範，我會假設瑪麗莎的交易問題是源自她對情緒的處理。我會評估她的態度和看法，觀察她的行為，並向她展示幾個改變想法、感受和行為的技巧。此外，我可能會探索她的過去，看看她早期在交易之外經歷的衝突，是否干擾了她現在的決策和行動。比方說，我可能會和她一起制定一個交易計畫，重點是避免在挫折期間進行交易，轉而用寫日記的方式來增加對市場的理解與判斷力。

然而，若我採用的是表現典範，就要仰賴績效衡量指標來診斷瑪麗莎的問題了，而這會讓我認為她缺乏基本的交易技巧：分辨市場變動的能力，例如趨勢市場什麼時候會轉為區間盤整。我提供她的協助是資訊和技能建立方面。或許我會幫她制定一個能即時監測市場的試算表，它能在市場出現明顯趨勢時顯示綠色數字、在市場趨向區間盤整時顯示紅色數字。此外，我可能會教她配合當前的行情走勢調整獲利目標，在波動性市場與非波動性市場以不同方式持有部位。我不會在她的腦袋下工夫，而是與她一起設法改善策略、戰術及技術。

心理典範強調獲利能力的問題是源自情緒問題；表現典範則強調獲利是來自兩組變數的適當調整：（一）天賦、技能與市場，以及（二）策略、戰術與技術。如果你有交易問題，表現典範會斷言，要麼是你選錯了市場，要麼就是在正確的市場以錯誤的方式交易。

當然，現實情況永遠沒有這麼清楚明白的分類。**大部分的**

交易難題都參雜了績效與情緒的成分。我們的行為與情緒模式會妨礙我們的天賦與技能，而糟糕的訓練則會產生痛苦的情緒。有時候我必須要從心理典範來處理，有時候表現典範才是根本之道。對身為心理學家的我來說，這就像知道什麼時候該用談話治療某個心理問題（例如憂鬱症）最好，什麼時候又該使用藥物治療。通常，雙管齊下的效果是最好的。而交易也是如此。

瑪麗莎就是非常好的典型案例。根據我們蒐集到的早期衡量指標，我大概會使用表現與心理兩種模式與她合作。表現模式可能會從調查瑪麗莎的市場開始。我會研究歷史數據，判斷哪些數據最能預測近期市場情況。比方說，我可能發現原油的波動性與開盤區間，是預測當日走勢的準確指標。我會跟瑪麗莎分享這一點，並說明在當天交易早期取得及利用該資訊的各種方法。我也可能會在她交易時觀察市場，為她更新市場的相關資訊，告訴她該如何做這些事。我會觀察她判斷市場條件的情況，並針對她在交易上做的調整提供回饋意見。

不過，由於數據顯示，瑪麗莎在區間行情的風險管理比較糟糕，因此我還會對她使用心理模式。我會觀察她的交易，密切留意挫折或其他情緒侵擾的徵兆，尤其是觸發這些挫折的因素：在她失控並偏離完善技術之前，發生的市場與交易事件。接著，我會進行具體的短期治療方法，排除這些觸發因素，使她掌握對挫折的認知與生理控制（請見第八章）。我會對瑪麗莎

解釋這些方法，說明其用途，觀察她嘗試使用這些方法的情況。

　　比方說，我可能會在某段區間盤整時期前往她的辦公室，向她指出一個挫折感加劇的跡象，然後鼓勵她在進入任何交易之前，使用行為自我控制方法。她或許會因此暫時離開螢幕，集中注意力，利用聲光機器轉換思維，然後在心中排練對非波動市場的交易計畫，再回到交易中。

　　請注意，無論我是透過表現模式還是心理模式與瑪麗莎合作，我通常都會在她的交易現場協助她。開盤前的作戰計畫很有價值，收盤後的檢討回顧也會有幫助。不過說到底，人在最接近表現情況時的學習效果最好。在對一筆交易感到焦慮時，他們會學習處理焦慮；在交易中途必須退出交易時，他們會學習如何安排出場。觀察交易者的交易，可幫助輔導者區分出問題的表現層面與心理層面，並能藉此發現那些無法被衡量指標捕捉到的型態。

　　比方說，衡量指標可能無法顯示出，交易者是在遭受挫折時下了大注，或者是在虧損之後未能按照有效的交易構想行動。結合表現典範與心理典範在交易現場與交易者合作，能使輔導者與交易者在技術和思維模式間無縫切換，再反覆重來。跟交易者談論他們的交易，與在他們交易時一起合作大不相同。成功的輔導者永遠是親自上陣，就像約翰・伍登（John Wooden）[1]、丹・蓋博，以及尼克・波利泰尼一樣。

1　被喻為美國大學籃球史上最成功的教練，曾經幫助UCLA奪得10次NCAA冠軍。

心智訓練　Tips

當導師在表現環境中實際進行指導時，心理典範與表現典範會同時並進。

每日績效表現衡量指標

瑪麗莎的數據是按日累積的。我們根據市場動態將這些日子分類，並根據市場情況檢視她每天的交易與損益。每日衡量指標會提供廣泛的表現概要，特別是當它們涵蓋數週或數月時。我們就來檢視幾個基本標準及其意義：

● **每日交易的筆數與交易的股份（合約）數量**：這裡我們想看交易者的積極程度，這應該是在市場上「發現機會」的結果。理想的情況是，在行情較為忙碌的時候，我們應該會看到更多筆數的交易和更多合約買賣，當然，也會有更多的買賣的設置。若每日的交易筆數或合約數量相當，則代表在發現機會上可能有問題。交易者在機會不多的市場積極交易時，第一個想到的假設，就是他們急切地想創造機會。

● **獲利與虧損日的排序**：這個衡量指標的目的是要從獲利與虧損的日子中找出規則：是相對平均分配，還是會有

一連串連續獲利或虧損的日子？如果看到不尋常的冷／熱期，就值得深入探究，判斷這究竟是由市場情況或交易者的心理狀態引起的。比方說，2005 年 10 月時，不少交易者透過電子郵件和我聯絡，說他們連續虧損了好多天。當時白襪隊在世界大賽的精采表現或許是讓本地交易者分心的原因之一，但是績效不佳的真正原因，是那個月的市場波動加劇，而且呈現下降趨勢。交易者習慣了先前較緩慢的區間盤整行情，對驟變的交易環境措手不及。

- **獲利、虧損、不賺不賠的交易數量，以及獲利、虧損、不賺不賠的交易股份／合約數量**：多數交易者都有自己鮮明的交易風格，有些是虧損交易的比例高得嚇人，卻能靠著少數有獲利的交易大賺一筆；有些交易者的平均打擊率很高，贏的次數遠高於輸的次數，但未必會為了追求全壘打去持有部位。記錄這些獲利、虧損、不賺不賠的交易，能幫助你看出你是否有按照自己的風格在操作，並找到你的優勢。不賺不賠的交易數量對極短線的交易者十分重要，因為它能識別出交易者在虧損之前迅速退出交易的情況。如果獲利相對虧損交易的比例，迥異於獲利相對虧損的交易股份或合約的比例，那麼問題通常是出在部位規模上；大筆交易容易虧損，可能透露出難題就在處理規模與風險的情緒壓力上。

● **多頭與空頭的交易與股份／合約的數量**：這代表你在盤中的交易是否偏向多方或空方。如果你的空頭部位比多頭部位高出許多，但市場正在橫向盤整或上漲，那麼你的偏向就不符合市場現況；如果你處在順勢市場，但多頭與空頭的交易數量相當平均，那麼你也可能會錯過大局。有時你會注意到，在某段時間內市場會傾向偏多或偏空，這代表會有一段較長期的偏向。如果這些偏向與交易者的策略和戰術脫鉤，那麼就會出現問題。偶爾你會注意到，多頭與空頭交易的比例，和做多、做空的合約數或交易數比例大不相同，這是因為部位的規模差異：其中一方的部位可能比另一方大出許多。這種差異可能會指向交易者的心理問題，比如在挫折期間押上重注，或者在緊張之下大幅降低規模。

● **因為多頭與空頭部位的關係，影響到獲利與不獲利的交易數量，以及交易的股份／合約比例**：現在我們要看的是，你做多時比較成功，還是做空比較成功？有時候出現這種差異，單純是市場情況造成的結果：行情在上漲，因此多方交易的結果比空方好；有時候則是績效表現問題：A交易者比B交易者更善於看出行情發展中的弱勢或強勢。若交易者本身的發展不平衡，就會像某些健美運動員一樣，左側的肌肉比右側更發達。要解決這個問題，就必須透過系統性訓練來彌補弱點──模擬交

易中那些帶有交易者弱點的市場行情，對你會特別有幫助。同樣的，若我們看到有許多在多頭部位獲利的交易，但你卻沒有那麼多合約能從多頭中獲利，就代表你的部位規模有問題。

- **部位的平均持有時間**：我們回到交易者本身的交易風格：多數交易者都有自己偏好的持倉時間。透過檢視你平均持有部位的時間，就能找出一致性，也就是交易者是否有堅守自己一貫的風格。要注意持有部位的時間愈長，負擔的風險就會愈大——若交易規模保持不變或進一步擴大，或者市場波動加劇，這將會是一個很大的隱憂。持有時間非常容易受交易者的心理狀態影響：面對憤怒時的焦慮或固執，可能會大幅改變你的持有時間，扭曲績效表現。

- **部位以獲利、虧損、不賺不賠分類後的平均持有時間**：這可能是最基本的紀律判斷標準了。如果持有虧損的交易時間比獲利的交易長，你會非常難賺到錢。有時候這個指標會被幾筆長時間持有的交易扭曲，結果就是出現重大虧損。這通常會發生在短線部位低於履約價時，交易者卻找藉口將這些部位當成中、長線去持有。相對的，獲利部位的持有時間過短，通常是焦慮和缺乏信心的結果，因為交易者害怕失去帳面上的利潤。雖然這或許能產生短期利潤率，但長期下來卻相當不利，因為那

些虧損後凹單的交易會遠超過那些早早停利的交易。

諸如 TraderDNA 或 Ninja Trader 程式的優點，就是它能幫你計算上述這些統計數據，並透過表格與圖形一目了然地呈現結果。這樣在檢討績效表現時就相當輕鬆，而且能精確突顯出那些異常的績效。這是做自我輔導時不可或缺的部分。此外，這些程式還能讓積極交易者即時評估自己的表現，以便在盤中進行修正。令人意外的是，許多交易者在午盤看到這些數據時會說：「沒想到我居然交易了那麼多！」或者「我不敢相信我做空的次數比做多還多！」對交易導師來說，也可以即時追蹤 TraderDNA 的評量指標，記錄交易者如何交易。這就將風險管理帶到積極主動的新層次。

很明顯，該蒐集哪些績效衡量指標，以及如何蒐集它們，完全取決於你的交易利基。價差交易者必須將每筆買賣價差部位當成單一單位，計算獲利率；長線交易者則不會蒐集每天的績效數據。至於不會每天大量交易的人，特別是不會每天交易的人，專用的績效衡量指標就沒那麼必要。他們可以建立自己的試算表，手動輸入相關數據即可。Excel 的統計與圖表功能，就很適合他們。但對那些每天會進行數十筆交易的人來說，手動輸入數據就太過繁重，也缺乏能即時更新、可隨時檢討的優點。

對交易量大的人來說，績效衡量指標是必要的工具，你可

以在模擬交易中蒐集到這些指標。交易新手可以藉此追蹤自己的學習曲線，而經驗豐富、但希望嘗試新戰術的交易老手，也能藉著這些指標練兵、測試新構想。

重點在於，我們無法改進那些自己沒有觀察到的事物。大多數的交易者根本不知道自己在各種不同衡量指標中的位置，也不知道他們的衡量指標會如何受到市場環境變化的影響。我們花在研究市場的時間遠比研究自己還多，這是非常危險的。這些指標會在你的交易問題變成財務問題之前，幫你把問題抓出來；它們會在你遭受毀滅性的虧損之前，提醒你崩潰的可能性。同時，它們也能優化你的學習循環，把自我觀察與自我提升連結起來。

心智訓練　　Tips

績效衡量指標會專注在你的交易過程中。如果你持續改善績效表現，利潤就會隨之而來。

深入探究績效衡量指標

雖然你蒐集的大部分數據是按日整理，但積極交易者可以進一步深入鑽研，藉此評估和糾正特定的交易技術。比方說，每日績效統計數據不會告訴你：你的停損點是否設置得當，或者決定進場、執行買賣單的時機是否合理。這些問題都必須在

交易時間內觀察，有些部分只有回放影片或透過輔導者協助才能得到答案。

　　我通常會觀察一整天下來的交易順序，就跟我喜歡注意不同天的交易順序一樣。光是隨機靠著機會，交易者就會獲得一連串的獲利和虧損交易，但有時這類交易的意義更加重大。有個常見的情況是：上午的市場趨勢到了中午會變成區間盤整。交易者看到趨勢盤就立即跟上，做成了好幾筆成功的交易，但等到變盤之後，原本的順勢做法不管用了，結果被一筆又一筆的停損單砍得七零八落。

　　會出現一連串的虧損交易，代表要麼你沒有正確看待市場，要麼就是你的判斷出了問題，或者兩者皆是。從這個角度來看，如果你的交易真的有優勢，一連串的虧損應該會是統計上的異常，但如果這類連續虧損頻頻發生，要不是你的優勢並非如你所想，就是你沒有妥善利用該優勢。最起碼，你可以把連續性虧損當成「暫停交易」的訊號，藉此讓你重新評估自己和市場。

　　在檢視一天的逐筆交易帳目時，我也喜歡尋找那些異常的交易。當我們沒能做好風險控管時，就會出現這種異常損失。其他時候，異常交易會因其規模較大或持有時間較長而顯現出來。我認識一位交易員，他一天有90％的時間都在做小額、謹慎的交易，但隨後會以大於先前十倍的規模去押注個別的標的。不用說，他拿一整天（有時甚至是一整個星期）的成果在

單筆交易中孤注一擲，這會對他的績效產生很大的影響。對他最有效的績效衡量指標，就是拆解他盈虧與部位規模之間的變化關係。不出所料，我們發現他的大筆交易，獲利機率並沒有比小筆交易大。整體來看，大筆交易確實讓他賠錢，因為那些交易通常反映了他對整體利潤率的挫折感。把這些異常交易的數據拿掉，再來判斷你的核心效益，是很有啟發意義的——如果你大多數的時間都能交易得很好，而且有獲利，那麼在努力減少異常交易的同時逐步增加部位，或許也是合理的做法。

檢視個別交易紀錄，並說明它們與獲利或虧損的關係可能有些複雜，尤其是當你分批加碼與分批出脫時更是如此。看似在一筆虧損之後有兩筆獲利的交易，實際上可能只是一個交易構想，交易者在核心部位之外加碼了兩次。我喜歡把這種交易構想當成是一筆單一交易，然後分別檢視核心部位與加碼部分的規模和盈虧。如此一來，不僅能驗證核心構想是否正確，還能說明分批加碼交易的成功程度。很多時候，核心部位和基本交易構想是完整健全的（代表戰術有利），但加碼的部位卻可能有瑕疵（代表技術不當）。真正的短線搶帽客可能隨著買賣單完成而進出多頭與空頭部位，這又會使得在會計核算上更加複雜。在這種情況下，或許有必要在他們不活躍的每個點位上做出標記，藉此專斷地定義不同的交易。

對數據最重要的深入探討之一，就是隨著一天時間的變化，會對盈虧造成什麼樣的影響。由於單一交易日的波動幅度

可能非常大，交易者的績效表現自然也會隨之改變。一般來說，我會觀察上午、中午和下午的盈虧，並將這些數字和當時的市場狀況做比對，藉此了解交易者的長處與弱點。績效表現在一天中的某個時刻驟然下降是很正常的，這通常與成交量和波動性的下滑相對應。這對交易者來說是非常有用的訊息，因為可以鼓勵他們在這些時刻縮減部位和交易頻率。此時正是出場、恢復專注力，以及重新審視行情的大好時機。從不同天數來看，盈虧隨著一天的不同時刻所產生的差異，可能會透露出特定交易者的長處與弱點。我自己的績效上午會比下午好很多，因為那段時間似乎最能運用我對市場型態的歷史分析；上午也是我最專注和警覺的時刻。有趣的是，當我把交易限制在上午時段，其餘時間則用來做其他能投資自己的事情之後，我整體的獲利能力及心理狀態都有了巨大的改善。

此外，還有許多深入探究的可能性，包括觀察更長或更短的時間段。追蹤一週內每一天的盈虧變化，例如週一和週五的績效有無差異，以及新聞事件（最新經濟數據公布）產生的影響，就是其中幾個例子。

我喜歡以質化方式來檢視的一個績效衡量指標，就是交易者在虧損時的績效表現。這個粗略的判斷方式，可以評估交易者在虧損及困境中的操作能力。某些時候，交易者在虧損時會改進自己的交易，因為虧損會讓他們注意到自己技術不足的部分；或者虧損會造成情緒上的影響而益發強化自我。轉虧為盈

的能力是衡量交易者韌性的指標之一，也是優秀交易者的標誌。還有另一個相關的績效衡量指標，就是交易者在賺錢時留住獲利，或者增加獲利的能力，這也是「跳脫交易困局」的另一面。偶爾，當交易者有賺錢時，他們會改變交易方式，彷彿他們是拿賭贏的錢在玩，不需要擔心風險。蒐集近期獲利能力對盈虧的影響，對於判斷交易者會如何處理風險和回報非常有幫助。

心智訓練　💡 Tips

衡量情緒控管的指標之一，就是結果是否具有一致性，而不管最近幾筆交易的獲利能力如何。

　　我們發現，你可以蒐集到許多跟你交易有關的訊息，以及許多獲取這些訊息的方法（請見圖表7-3）。你的績效計畫——建立學習循環並培養專業技能的方式——將反映最適合你的交易市場與風格的組合。箇中的關鍵就是「自我觀察」，包括：不斷地了解，以及願意了解——哪些行得通、哪些行不通。你真的知道自己身為交易者的優勢嗎？如果不知道，又如何以自己的優勢為基礎，加以擴大延伸呢？你知道自己的策略、戰術、技術有什麼弱點嗎？如果不知道，又怎麼能改進它們呢？我們身為交易者，就跟我們交易的市場一樣有固定型態。利用我們的型態，是我們能從市場中獲利的一個重要部分。

圖表7-3　　自我觀察與提升績效表現的策略

	錄影	蒐集衡量指標	輔導者直接觀察
方法的優點	可以重播並檢視一個人的技術與心態；最適合用於追蹤技術。	突顯用其他方式難以發現的交易盲點；追蹤交易者的進展。	有助於從交易問題中篩選出心理問題；中性回饋意見的來源。
方法的局限	無法看出交易隨著時間進展的整體情況。	不見得能捕捉到那些看影片才能觀察得到的技術細節。	未必隨時可得；無法重播；不像績效衡量指標可以量化。
最佳用途	回顧並努力精進技術。	判斷策略與戰術是否有效。	診斷績效表現的問題所在。

交易日誌：自我觀察的重要工具

交易者用來自我輔導最普遍的工具，或許就是交易日誌。這個日誌包含各種資訊，但通常由以下幾項組成：

- **交易計畫**：你打算怎樣交易。
- **目標**：你在交易中要做到的事情。
- **觀察**：關於你自己和市場。

大多數的交易日誌都是以日記的形式來記錄，口頭總結發生過的事及對未來的打算。記錄這樣的日誌，是提升覺察能力的絕佳方式。在市場行情正熱時，你很難將具體的計畫和目標一直放在心上，但只要先把自己的優先順序寫下來，就能在你

最需要覺察能力時，增加記住它們的機率。

「交易者改善績效時最需要做什麼事？」我向《交易基本概要》一書的作者約翰·福爾曼問道，他表示：「你必須始終如一地應用自己深思熟慮、認真設計的交易計畫。」

身為Trade2Win論壇網站的新任內容編輯，福爾曼觀察過許多交易者最常見的問題。他指出，多數交易者最大的挑戰是「做他們明知自己該做的事——百分之百遵從他們的交易計畫。交易計畫是引導交易者達成目標的路線圖，但他們往往會拋開地圖，最後迷失在市場的荒野中。」簡而言之，交易者失去了察覺的能力：在行情正熱時，他們不是更有計畫，反而變得更沒有計畫。

把交易日誌當成書面日記還不夠，它應該是一個多媒體文件夾，裡頭包含了**所有**為強化你交易能力所做的努力（交易影片、績效衡量指標、輔導者的觀察總結，以及根據這些內容所做的日記），這樣的交易日誌才能幫助你取得重大成就。

我喜歡把交易日誌看成是一種成績單：記錄你努力要完成的事，以及你每天的表現。它會從影片、績效衡量指標、輔導者的觀察中提煉出訊息、轉為可執行的方案，然後評估你執行這些方案的進展。理想的情況是，它會包含較長期的績效表現計畫，以及每日改進計畫。

當然，這或許會讓你被淹沒在影片和績效衡量指標的資訊之中。如果你沒有將這些資訊整合、排出優先順序，那麼最後

只會得到大量的事實和數據，卻無法得到具體、可當成你未來行動依據的資訊。當教練在觀看對手的錄影和自家隊伍的表現時，他們會將選手及團隊的表現數據整合到比賽計畫中，每位選手都有具體的目標和優先任務。交易日誌也有類似的功能——它會從你的績效表現組合中獲取所有資訊，建立一套自我輔導的行動方案。**它會將觀察轉化為行動。**

要注意的是，教練的比賽計畫無法取代長時間觀看錄像和情蒐。計畫必定是從詳細評估自己與對手的長處與弱點而來。光靠日誌來發展交易也同樣有缺點——由於未根據數據制定計畫，因此這通常太過廣泛而無法聚焦，也無法引導戰術或技術做有意義、持續的改進。醫生在治療病症之前會透過蒐集資訊來做出診斷，交易者也可以透過績效表現組合來達到相同的效果。錄像、績效衡量指標和觀察能提供數據，就像驗血和醫學影像一樣。根據這些數據，我們可以診斷出交易問題，並發展出具體的解決方案。

把模擬交易當成練習、把實際交易當成真正的表現，這是人為的區分。**只要是為了自我發展而發生在具體計畫的框架中，所有的表現都是練習。**不斷發展進化的表現者會問：我今天要努力做什麼？我要怎樣努力？我如何知道自己是否成功？我今天學到了什麼是明天可以用上的？交易日誌的作用就是整理這些問題的答案，並使它們能內化至你的意識中。這會讓我們專注於達成過程目標（process goals），而不是獲利。

　　非常重要的一點是，不管是哪一筆交易或哪一天的交易有沒有賺錢，那都不是我們能控制的。雖然我們可以讓機率對我們有利，但市場永遠都存在著無法預期的不確定性。**我們能否賺錢取決於當天的交易，但我們可以決定是否賠錢，以及要賠多少錢**。如果策略是完備的，那麼優勢就在。久而久之，良好的交易就會轉變成能獲利的交易。

心智訓練　Tips

專注於做「良好的交易」的專業交易員是在跟自己競爭，而不是在跟市場競爭。

專業交易者會如何運用交易日誌？

　　正如我在《從躺椅上操作》中描述的，寫交易日誌對於應付交易中的情緒挑戰非常有幫助。如果你記錄的是「事情發生的過程」，而不僅僅是後見之明，那麼效果又會更強大（若你沒有錄影的話更是如此）。雖然處理資訊和做決策時會有許多情緒干擾的來源，但是困境的共同來源就是我們容易沉浸在當下正好遇到的狀態。我們不再觀察自己，彷彿是透過三稜鏡看世界，卻忘了濾鏡的存在。我們把自己的主觀體驗當成實際情況。

　　我們的心理狀態和身體狀況，作用就像我們觀看世界的濾

鏡。認知行為治療先驅之一的亞倫・貝克（Aaron Beck）提到「負向認知三角」（negative triad）：憂鬱的人偏向以悲觀態度處理有關自身、他人、未來的資訊。同樣的，焦慮的人只會看到處境中的威脅，而不是希望。當我們把濾鏡當成現實，就再也無法完全掌控自己的思想與行為。我們行動的根據是自己扭曲的判斷，而不是最好的判斷。

即時日記的價值在於，它能促使我們跳脫自我並移除三稜鏡。只需要問：「我現在的狀態是什麼？」以及「我的狀態對我的感知能力與行為有什麼影響？」這種要求我們跳離自己心境之外的問題。日記培養我們成為自我觀察者，建立刻意轉變自身狀態的能力。我會在第八章深入探討這個治療方法，而它的基礎就是使用這樣的日記。

《寇克報導》（*The Kirk Report*）的編輯查爾斯・寇克（Charles Kirk）通曉市場資訊與交易概念，不久前他跟我分享一個想法，他提到日記對交易者發展的價值。「我發現好的交易者和優秀交易者的差異，在於優秀交易者總是能敏銳察覺到需要改進的地方，而且會非常努力地去消除那些脆弱環節⋯⋯在我看來，什麼工具都比不上在日記裡好好記下你學到的事情。我自己在看我幾年前的交易日誌時，總是會驚訝地發現原來我忘記那麼多事。」寇克的寶貴意見是，交易日誌不僅僅是教育工具，它也是持續教育的途徑。**市場上有許多重要的教訓需要學習及溫故知新，就像人生一樣。**而交易日誌可以支援這

兩者。

還記得我們在第五章提到的專家交易員馬克・葛林斯朋嗎？儘管他前一年賺了數百萬美元，他仍持續勤懇地把自己的績效記錄下來。他時常在我們的談話中提起自己這點，他會用交易日誌來追蹤自己過去做對、做錯的地方。從幾個月前的日誌紀錄中得到的獨到見解，幫助馬克在交易中做出重要的改變。這就是將日記當成持續教育，也是馬克可以保持事業成功的原因。

記錄日記不能取代刻意練習、影片、績效衡量指標的回饋意見，但確實可以將回饋意見化成具體的行動方案，並將這些方案與狀態轉變造成的蒙蔽效果區分開來──當我們寫到自己的時候，我們必須要跳脫到自身之外。這時候，我們才能認同自己就是內在的導師，而不是遇到困境的交易者。

> **心智訓練 Tips**
>
> 若你身兼導師與交易者二職，交易日誌就是你們相互溝通的工具。

設定目標：將自我觀察轉換成績效表現

在檢視「績效教練」這個領域時，無論是交易、運動，還是其他領域，有兩大介入措施特別重要：設定目標與具體想

像。事實上，有些作者會讓你相信，提高績效的方法就是制定
目標、相信目標並想像達成目標。當然，這很可笑。設定目標
和想像達成目標，不可能取代天賦、技能，以及透過系統性練
習與回饋來達成目標。缺乏有計畫地追求目標，卻靠想像來達
成目標，那是自我欺騙，不是正向思考。

　　然而，**有證據顯示，設定目標確實有助於績效表現**。洛克
（Edwin A. Locke）與萊瑟姆（Gary Latham）在一項檢閱商業
界幾百份目標設定效果的研究中，發現有一致的證據顯示，設
定目標能改善各種活動的績效表現。這些改善的層面包括：

● 集中表現者的注意力。
● 引導表現者努力前進。
● 鼓勵持續堅持。
● 促成解決問題的新方法。

　　柏頓（Burton）的研究小組也找到證據，證實目標設定對
改善運動員表現的作用。不過有意思的是，證據顯示，目標設
定的效果在體育界不如商業界強大。該研究還發現，運動員認
為目標設定的效果相當普通。

　　仔細觀察這份研究就會發現，**如何**執行目標是成效優劣的
決定性因素。可惜許多輔導者和交易者並不了解這份研究，因
此無法從研究結果中獲益。

拉瓦利的研究小組則指出「結果目標」（result goal）和「績效目標」（performance goal）的差異，而後者會比前者更有效果。比方說，結果目標可能是交易者打算每天賺 2,500 美元；績效目標則是提出交易者能直接控制的行動，例如確保虧損交易的最高額度不能超過獲利交易的最高額度。

結果目標可能沒有那麼有效的原因，在於它會造成表現者心理的分散作用，在他們努力維持沉浸狀態的同時，依然會評估自己的表現。作家在寫作時若同時批判自己的文章，會陷入靈感枯竭；同樣的注意力分散，也會造成演說家和運動員在大型賽事中的臨場焦慮。大部分的表現有賴內隱的過程，而當結果成為明顯關注的目標時，這個過程就會出差錯。

另一方面，績效（或過程）目標讓表現者專注在取得理想表現的具體行動上。一名納斯卡維修站菜鳥成員的績效目標，可能是準確地站在指定的位置上，在賽車進站加油維修期間，讓他與其他工作人員的相互干擾程度降到最低；短線交易者的績效目標，可能是每當交易上漲 1 點時就隨之提高停損點，以確保損益平衡。像這樣的績效目標反映的是技術：執行良好的具體行動，將會產生良好的結果。它們能讓交易者保持在心流狀態，而不是分散交易者的注意力。

儘管績效目標有其優點，但柏頓的研究也發現，結合過程目標和結果目標兩者的效益，要比單獨運用其中一個目標的效益更好。他們建議，對於尚在發展技能的表現者來說，最好專

注在績效目標上；至於經驗豐富的表現者，能維持動機的結果目標則更能讓他們受益。因此，在專業技能發展的各個階段，目標達成的效果極有可能迥然不同。目標是否起作用，取決於它能否滿足表現者在特定發展階段的需求。

這對交易有很重要的意義。新手交易者受益最大的，可能是設定能展現適當技術與戰術的過程目標（例如風險管理目標）。他們在錄影和蒐集績效衡量指標時，應該要把重點放在基本原理和達成目標上。相對的，能讓專家交易者受益的，則可能是有激勵作用的結果目標。就在我寫這篇文章的時候，一位跟我合作的交易員因早盤的下單失誤而賠錢，我給他的建議是，把今天的目標放在轉虧為盈即可。他知道自己該怎麼做，而我的螢幕也顯示他達成這個目標了。「結果目標」幫助他在交易中專注於做正確的事。

研究發現，並非所有目標都是均等的。拉瓦利的小組用SMART這組縮寫字母來表示有效績效目標的共同特色。這類目標是——具體明確的（Specific）、可衡量的（Measurable）、行動導向的（Action-Oriented）、實際可行的（Realistic）、有時效性的（Timely）。

SMART的目標能為交易者設定優先順序。他們根據從錄像和衡量指標觀察到的績效診斷，轉換成改善結果的即時行為。當目標設定沒有成效時，通常是因為他們的目標不符合SMART。

常見的目標缺點包括：

- **不夠具體明確**：用籠統的措辭來表達目標，比如「我要更有紀律的交易」，或者「我要順勢進行能獲利的交易」。這種目標無法引導具體的行動，也無法培養正向的習慣模式。

- **無法衡量**：用心態來表達目標，比如「我會更自信地交易」，或者無法用衡量指標來追蹤結果，比如「我會好好交易」，這些目標都會對自我進展的評估造成阻礙。

- **不是以行動為導向**：目標是以「結果」來表述，而非以要執行的活動來表示，比如「我今天要賺到錢」。

- **不夠實際可行**：用畫大餅的方式來表達目標，比如「我希望這個月的每個交易日都能獲利」，或者目標多到無法一次就能有效解決。

- **沒有時效性**：目標放在太遙遠的未來，無法引導當前的表現，比如「我希望這是我交易做得最好的一年」。

制定目標的理想情況是，交易者根據輔導者的反饋、觀察錄像及績效衡量指標的結果，詳細列出需要改進的戰術與技術的優先順序。接著將順序中的事項轉換為未來一天或未來一週的具體目標，最後用交易日誌去追蹤進度。如此一來，目標就能引導交易者努力聚焦，並增強動機。

當目標危害績效表現時

柏頓等人的深入考證得出幾個有趣的結論。其中之一是根據洛克研究團隊的成果，即目標的明確程度和困難程度，會大大影響提升績效表現的成效。

SMART 標準的第一項指出，具體明確的目標對交易者的幫助大於不具體的目標。這一點沒錯，但是在許多表現領域，「具體明確」的好處卻很有限。如果表現者試圖維持高度一致的表現水準，具體明確的目標確實會有幫助，例如芭蕾舞者溫蒂・韋倫，學會在一支舞中每次都以相同的方式跳躍；或者像老虎伍茲，揮桿動作達到驚人的一致性。雖然交易者需要一致性，但他們的一致性並非是在各種環境中都要以相同方式重複展現技能。因為每個市場及其特性皆各不相同，交易者很少會日復一日都以同個方式去建立部位，因此，非常具體的目標對發展中的交易者的幫助，可能比對職業保齡球選手的幫助還小。

此外，目標的範圍要夠廣，以便讓交易者適應不斷變化的市場環境。根據市場的波動和最近的支撐／壓力設立停損點，就是比在距離進場點的固定位置設立停損點，更廣泛也更有彈性的目標。

比目標是否具體明確更重要的，就是目標的困難程度。在商業領域中，困難的目標往往比容易的目標更有成效，因為它更能激勵人心，也更能激發挑戰性。但在體育界就未必如此。

根據針對奧運選手的調查報告，相較於高難度的目標，他們更偏愛難度適中的目標，而且理由很充分：這些已知的、難度適中的目標比非常困難的目標更有成效。目標的難度與運動員的表現，呈現倒 U 型的關係。非常容易的目標不能激勵表現者，或者讓他們充滿幹勁，但非常困難的目標似乎也有抑制作用。難度適中的目標讓表現者在卯足全力的時候，仍對達成目標抱持樂觀。這與我們稍早在心流狀態討論過的研究一致，也就是與能力程度匹配的任務，是維持心流的必要條件。

　　這項研究的重要性在於，目標如果設定在錯誤的難度，可能真的對表現有害。完美主義的交易者會長期定出無法達成的目標，造成挫折與失敗的經驗。同樣重要的是，不夠嚴格的目標對積極性有抑制效果，會降低專精的狂熱。績效表現組合中最有價值的部分，就是它們能長時間追蹤交易者的技能水準，**這就允許你設定相對目標，而不是絕對目標。**相對目標是根據先前的表現改進，而不是絕對的成就水準。比方說，如果有交易者正設法以不錯的價格進入交易，我可能會計算一週內的平均跌幅，並鼓勵交易者設定目標來超越這個數字。相對目標避免了完美主義，而且比絕對目標更有可能符合交易者的能力。

心智訓練　　Tips

　　相對目標能確保學習的挑戰性，但不會讓你被目標擊垮。

如果沒有把目標當成持續流程的一部分來執行，也可能會損害績效表現；一個與近期計畫和回饋意見無關的目標，也會讓交易者無所適從。柏頓等人提出一個很好的觀點，信心與效能水準較低的表現者，特別能從創造成功與掌控經驗的目標中受益。當交易者被賦予一個與計畫、評價、回饋意見和糾正措施等沒有具體連結的模糊目標時，就無從擴大他們的勝任感。這種目標既無法聚焦，也無法激勵發展中的交易者。有效的目標會成為加強技能與培養勝任感的廣泛學習循環的一部分。對交易者及其輔導者來說，重要的是要把目標當成是學習過程中的一個環節，而不是達成後就將之拋諸腦後的靜態標靶。

意象：讓目標變真實的表現工具

正如我們會在第八章看到的，意象是認知行為治療的重要成分，也是運動學家和其他表現領域輔導者的支柱。雖然大部分意象的重點皆強調想像，但也有可能會喚起其他感知。意象的主要用途有兩個層面：

1. **喚起特定的情緒狀態**：人對意象的反應跟真實事件一樣。想像令人恐懼的場景，可能會提高我們的緊張程度；想像性愛情境可能會產生覺醒衝動。用意象複製現實的能力來產生理想中的狀態尤其有用。比方說，我們

可以在緊張、壓力大的事件中，用舒緩的意象來讓自己
放鬆，或者想像實現目標來提升動機。

2. **演練行為**：意象在這裡會被用來當成練習的途徑。比方
說，交易者可能會針對聯準會即將發布的消息，想像各
種可能的劇本，以及面對這些劇本時該如何交易。意象
練習的目的，是讓期望中的行為更有可能在實際表現時
發生。

就跟設定目標一樣，意象也是一種很有價值的表現工具，
但如何使用它，則會決定它的有效性。同樣的，我們可以從意
象的相關研究中獲得啟發。

霍爾（Hall）的研究指出，意象在現實經驗中其實有替身
的效用。比方說，大腦的造影研究發現，我們對想像的事件與
遭遇的事件反應類似。利用意象的行為治療，比如接下來的章
節會探討的暴露療法和認知重建（cognitive restructuring）等
方法，在結果研究中算是最有成效的。運動員在調查報告中指
出，他們在練習與競賽場景中會大量使用意象。因為意象的作
用相當於實際經驗，表現者可以透過意象增強技能，作為是刻
意練習的補充。

這並不是說意象可以完全取代現實世界的經驗。大部分的
研究發現，相較於實際練習，光靠意象對表現的好處沒有那麼
大。此外，意象並不是對所有表現者的作用都一樣。拉瓦利等

人從研究文獻中總結了意象的五大結論：

1. 心理練習可以改善表現。
2. 心理練習加上生理練習對表現的改善程度，超出只採用其中一種。
3. 心理練習比動作練習更能提高認知技能。
4. 心理練習對專家表現者的益處會高於新手。
5. 心理練習的益處會隨著時間推移而迅速減少。

　　另外一個有趣的發現是，以意象為主的練習，在意象鮮明生動且積極正向時最有效。每個人產生這類意象的能力不盡相同，而非常鮮明的意象似乎最適合用來為實際表現做排練。心理練習的效果可能不及實際刻意練習的原因之一，就是想像表現場景時，很難達到高度寫實。此外，有好幾項研究都發現，正向意象（想像成功的表現）比想像不成功的表現更有效。雖然對一個表現者來說，使用負面意象似乎不合常理，但事實上，這種情況卻因為擔心和臨場焦慮而經常發生。經驗豐富的交易者一定知道，為了機會而交易與為了避免損失而交易的差別。

　　這些發現或許有助於解釋，為什麼意象對經驗豐富的表現者效果最好。他們精通技術與戰術，因此想像的情境遠比新手生動鮮明且逼真。經驗豐富的表現者也有更多的成功經驗，探

取正向意象時會更容易。相對的，初學者很難生動地想像自己
獲勝的情境。

　　意象若是使用得當，可以藉著讓目標變得更真實來改善目
標的設定。意象可以激發積極與熱情，還能強化生理練習來加
速學習曲線。可惜交易界的大部分輔導者不熟悉大量關於人類
表現、學習、目標設定與意象的研究。這種資訊匱乏的情況，
導致這些方法被粗糙濫用──更像是大眾心理學，而不是表現
科學。比較縝密的學習方法，是藉由錄像、績效衡量指標、他
人輔導的系統性觀察，將觀察結果轉換為和策略、戰術、技術
有關的績效表現計畫。

　　交易日誌、設定目標與意象，只是交易輔導機制中的部份
技巧，可以區別出良好意圖與穩定進步。不過，如何針對學習
者的需求和學習風格來設計應用，將決定這些技巧的有效性。

心智訓練 Tips

如果有硬科學引導的話，交易就最有可能成為藝術作品。

找到尚未被發掘的交易優勢

　　本章要傳達的訊息是，專業技能的發展既是一門科學，也
是一門藝術。

　　從蒐集交易模式的數據到自我觀察，再到使用量身打造的

績效改進策略，交易者可以汲取從其他領域了解到的績效表現知識，加速自己的學習曲線。要成為頂尖交易者，僅僅是閱讀書籍與文章、參加研討會、檢視圖表等還遠遠不夠。績效表現發展是針對自己按部就班進行的系統性工作。我們從納斯卡賽車團隊、奧運選手、表演藝術家的身上都能看到這一點；從績效表現的相關研究中也能獲得經驗與教訓。

　「交易也是一種表現活動」，交易界對於這個簡單的事實始終慢了半拍。指導其他領域的菁英表現者的原理和過程，也可以用來培養交易者的專業技能。這或許是當今市場上最大、卻被開發與利用得最少的優勢來源。

　只不過，有哪些情況下，我們的心態會阻礙我們沉浸在適當的訓練中呢？這是心理學要解決的任務，而且交易者要扮演自己的治療師。

　這真的有可能做到嗎？接下來我們就來仔細瞧瞧。

第八章

扭轉績效表現的認知療法

當情緒扼殺你的獲利時

> 認為人類會始終如一,這是最大的錯誤。一個人再怎麼樣也不可能長久不變。人一直在改變;就算只有半小時,他也很少維持原樣。
>
> ——葛吉夫(G.I. Gurdjieff),俄國哲學家

我在前面幾章強調,如果沒有先找到市場利基,並進入學習循環中來培養能力與專業技能,那麼交易心理學對你的幫助是有限的。

不過,現在讓我們從另一個面向來看:如果你的心理模式(psychological pattern)會損害你的績效表現,那麼世上所有的訓練和技能發展對你來說都會無濟於事。

在接下來的兩章,我將會嘗試一點不一樣的東西:我會概略描述技能純熟的交易者感到苦惱的主要情緒問題,總結研究

發現這些問題最有效的兩種短期治療（brief therapy）方法，然後說明如何為自己執行這些調整方法。如果你想成為自己績效表現的導師，就必須掌握這些治療方法。

追究交易問題的根源

我在《從躺椅上操作》中證明，對交易者影響最大的問題，就是影響我們所有人的各種問題之變體。

這一點非常重要，因為這代表在對照結果研究中發現最成功的短期治療方法，對交易者的情緒與財務也有益處。不同於傳統心理治療方法是仰賴每週談話時間來探索心理問題的根源，短期治療會提供一系列的實用工具和技巧，來改變現有的思考、感覺及行為模式。

哲學家葛吉夫的真知灼見，就是人類並非「永遠始終如一」，這一點在認知神經科學已經獲得驗證。在應對環境變化事件時經歷的不同情緒、生理、認知狀態，會導致我們在某種情況下的思想行為是一種方式，在其他情況下卻又是另一種方式。

客觀的觀察人類會得出一個總結：人缺乏自制力。人並非始終如一。這就讓正常情況下有責任感的人，在做大規模交易時會忘了風險管理。於是，我們發展出複雜的交易計畫，但卻在市場劇烈波動時眼睜睜地看著那些計畫被丟出窗外。我們並

非是凡事都有意圖的生命——我們最好的意圖經常被瞬間的事件和經歷破壞。

我們的思維、感覺與行為方式，與我們的身心狀態有關。我們並非始終如一，因為我們一直處在轉變狀態，從一個模式跳到另一個模式來處理這個世界的問題。

大眾心理學並沒有考慮到這一點，而是告訴我們：只要採取更有利的態度、意象、自我對話，我們就能改變。倘若真是如此，那就不需要心理治療師了。每個人只需要閱讀DIY自學手冊，就能從此過著充實的生活了。

然而，對絕大多數人來說，「改變」並非是源自簡單的意志行動。在我希望「某件事發生」後不久，其他的自我就會接替「我」來發揮他們的意志。不然為什麼一個長期節食的人會突然大吃大喝，然後又瘋狂催吐呢？又為什麼一位在日誌中寫了一條又一條規則的交易者，會突然做了一筆大單，然後在走勢不如預期時緊抱不放呢？這幾乎就像是自我毀滅，而且比毀滅更糟糕。

這是缺乏「統一的自我」造成的。短期治療可以有效整合我們的自我，並幫助我們變得更有意圖目的。認知治療是藉由訓練我們以不同的方式面對世界來達到這一點；行為治療是藉由對有挑戰性的生活事件創造新的反應形式，將我們統整合一。

按照自己的選擇思考和行動，這是你成為自己的心理治療師的最好回報。

解讀支離破碎的「自我」

　　自我是什麼？自我讓我們從一種狀態到另一種狀態都能保持連續性。無論「我」處在什麼樣的狀態，「我」都感受到自我。同樣的，即使我們的情緒與行為持續轉變，其他人仍會感知到「你就是你」。當我說「我愛你」時，會被理解為這是一種自我的表達：是某種基本、重要、不變的東西。但這並不表示「在我目前的狀態下，我感覺到對你的愛」。

　　我們在「自我」中感受到連續性，但同時又感受到它的破碎不全，這就是我們之所以會有許多情緒困擾的根源，也是我們在交易中遇到大多數問題的根源。**因為連續性，我們認同自己所處的狀態；我們認為，每一種狀態都是現實的反映。**葛吉夫最著名的練習，是讓人們靜坐一段時間，保持充分的自我覺察──我們是必然做不到的。我們的心思飄移；我們與當下的思想、意象、感覺一致，卻忘了保持自我覺察。如果在這樣與情緒無關的簡單練習中都不能維持目標一致，又如何能期望在不確定的冒險期間保持一致和掌控自我呢？

　　很簡單，我們心中的「我」（me），也就是我們對自己是誰的感覺，比我們刻意引導自己行動能力的這個「我」（I）更強大。我們分裂的程度已經到了沒有完全自由的意志。我們受制於環境與事件，以及觸發內在的東西。

　　一個世紀前，最早由佛洛伊德開創的談話療法，在產生改

變這方面，很可惜效能不彰。治療往往是長期的，這並非是因為問題特別嚴重棘手，**而是因為治療是在當事人處於某種心智狀態下進行的，但該問題卻是在他的另一種心智狀態下發生的。**這也是大部分交易者訓練的局限。針對交易目標、計畫及方法的討論，是發生在實際交易的背景之外，而當情緒轉變時，會讓人難以觸及那些良好意圖。短期治療能在短時間內產生改變，因為它是即時操作的：它是在通常會出問題的環境及狀態下，與人合作處理。

　　針對這點，有一個好用的思考方式是：**除非你在自己四分五裂的時候處理它，否則你不可能達到「自我」的統一。**這就是即時自我治療的根本重點。

心智訓練 💡 **Tips**

短期治療會利用當下的四分五裂來創造掌握自我的機會。

　　我會在交易員交易的時候進入他們的辦公室，通常這也是他們交易得很差勁的時候。我可能會跟他們說：「聽好了！你剛剛在市場上賠錢，現在又開始更積極的交易。你上星期就是這樣賠錢的；你挫折沮喪，想要做出點成績。現在你又覺得挫折了。現在就跟先前一樣，遇到絕對虧損的機會。或者，我們也可以做點不一樣的事。」

　　葛吉夫認為我的角色就像鬧鐘；佛洛伊德則稱之為「觀察

自我」（observing ego）。我在做的事，彷彿是抓著交易者的肩膀猛搖，舉起一面鏡子說：「看看你自己！你現在很暴躁！你真的想繼續交易嗎？」其目的是幫他跳出自我，成為觀察者，即便他們正隨時變化狀態。**那樣的觀察能力，是將自我結合在一起的黏著劑，讓我們能有意識地採取行動。**「你覺得挫敗；別去」就是我們內心的治療師給交易者的自我發出的訊息。·

　　靠著自我觀察，我們就沒有那麼支離破碎了。現在我們有一部分置身事外，問自己一個問題：「我此時此刻想做什麼？」再三重複後，努力的「記憶自我」（self-remembering）就會產生正向的習慣模式。**如果交易者反覆練習從退出市場、回顧他們在挫折時的戰術，最後自然會產生對狀態轉變的認知及檢討，並成為交易者「行為戲目」（behavioral repertoire）新的部分。**

失去交易能力的養家男人：掉進情緒黑洞的詹姆斯

　　詹姆斯是能力不俗的債券交易者，他擁有兩年的獲利經歷，而且正逐漸擴大交易規模與成功經驗。然後他得知一個消息：他的太太維多莉亞懷孕了。起初，詹姆斯欣喜若狂。他滿心歡喜，期待即將到來的家庭生活。維多利亞一直夢想當媽媽，同樣開心得不得了。這對夫妻開始找房子，把重點放在擁有明星學校的地區。房價直升，但詹姆斯知道維多利亞想遠離

市區。至於他自己，他不介意通勤，他認為自己的交易事業負擔得起新家與寶寶的支出。

只不過，當殖利率曲線縮緊，然後反轉時，詹姆斯的交易岌岌可危。習慣了操作長、中、短期各種票據債券的利差，詹姆斯現在卻再也無法仰賴舊有的關係。他這一週回吐了過去兩個月的絕大多數獲利，可說是他職業生涯交易得最差的幾週之一。正常來說這並不是問題；他以前也經歷過虧損。他通常會削減規模，觀察新的市場關係，然後重新安排交易。過去有一次，政府宣布再次發行長債，他有好幾筆交易因此受到重創，於是他暫時不再觀察利差，而是藉著降低規模進行單一部位交易，很快地就恢復了平衡、重新回到能獲利的日子。

然而這次不一樣。詹姆斯在虧損之後首先想到的是，他需要賺回多少錢才能滿足他先前的財務預測。他打定主意不要像許多交易同行一樣，過著「貧窮房奴」的生活。因此，他認為自己的交易規模不能再小了，於是更加積極交易，決心要把錢賺回來。

這個策略產生嚴重的反效果。他害怕虧損加劇，因此迅速把他超大規模的部位平倉出場，而且停損的速度比平常快了許多。他甚至連正常的部位都無法承受，還因此退出了那些有機會獲利的交易。這產生了更多的挫折，進而又導致他更積極交易。等到我開始輔導詹姆斯時，他已經從過去的穩紮穩打，惡化至挫折、頻繁出手、焦慮、失敗又更加挫折的交易循環。平

常跟其他交易員處得很好的他，如今顯得沉默寡言、格格不入。

　　他彷彿變了一個人，成了不同的交易者。這兩種人他都不喜歡。

　　以下我們就來分析詹姆斯究竟發生了什麼事，然後研究認知治療對他翻轉交易的作用。

交易者為什麼會調適失敗：認知的作用

　　有一個重點是：雖然固定資產工具之間的關係，因為殖利率曲線反轉而改變，但詹姆斯賴以為生的交易並沒有改變。比方說，10年期美國國債的趨勢沒有突然改變，波動率也沒有出現大幅變化。他確實不能仰賴過去的利差關係，但他以前也處理過這個問題，還因此變得更強大。因此，沒有任何客觀理由指出他不能從最近的虧損中重新站起來。

　　然而，詹姆斯不再對客觀的市場情況做出反應。這是他調適（Coping，或稱應對）失敗的原因。**威脅已經不是特定一筆交易的風險，而是將來有一天無法從容支付房貸並供養家庭。**交易不再是做出良好交易的事，而是賺到一定金額來維持一種生活方式。因此，正常的虧損如今成為一種威脅。雖然正常部位的正常虧損，不可能對他的前途造成實質傷害，但他還是將這些虧損解讀成「威脅」。他對事件的解讀（不是事件本身）產生了危機感，這改變了他的交易。

　　這就是認知治療作用的方式：讓我們改變對事件的解釋，就能降低威脅，並仰賴我們有效的調適機制（coping mechanism）。

　　顯然，詹姆斯退出部位並改變交易方式，是為了控制自己的焦慮，而不是正確管理交易。他在調適內在威脅，而不是市場風險。這改變了他的交易型態，造成更多痛苦，進而又為了管理這種痛苦而產生截然不同的第二重調適。沒多久，一個善於交際又自律的年輕人，就因此表現得孤僻內向且行事毫無章法。

　　佛洛伊德對心理學的不朽貢獻之一，就是他體認到**調適失敗時，人往往會恢復到人生較早時期奏效的調適風格和策略。**他稱之為「退化作用」（regression）。根據佛洛伊德的觀點，狀態轉變和性格變化是時間上的倒轉，回到我們童年時處理威脅的方式。這些早期的調適策略雖然過去奏效，但通常不適合目前的實際情況，所以非但不能解決問題，反而引發新的問題。當像詹姆斯這類交易員尋求心理諮詢時，他們的目的是為了解決自己改變調適方法而造成的問題，而非只是解決當初導致狀態轉變的疑慮。

　　退化作用導致狀態與性格的轉變，這種轉變會以截然不同的調適方式表現出來。當我們一再回到舊有的調適方法，造成的就是一種問題型態：一連串重複弄巧成拙的行為，而這實際上是當時我們所知道的唯一調適方式。詹姆斯不希望過早退出

交易、承受虧損，但卻發現自己還是這麼做了。

　　如果你能掌握這個概念，你就已經為「成為自己的治療師」邁出了一大步：當我們對情勢反應過度時，通常是以過去的調適方式做反應。就跟詹姆斯一樣，我們的反應是針對「我們對情勢的極端解釋」，而不是針對情勢本身。

心智訓練　　Tips

對交易績效的心理干預不僅是問題的結果，更是應對這些問題的「調適方法過時」的結果。

　　認知治療之所以有效，是因為它會改變我們對事件的解讀，並為「更新調適技巧」提供機會。有趣的是，我們發現透過同樣的過程，可以產生績效表現能力與專業技能：漸進式練習與刻意練習的立即回饋意見。

進行認知療法之前應該知道的事

　　在我們進入認知療法的操作指導之前，先來看看什麼時候自助比較恰當，以及什麼時候可能需要外部協助。當有人向我尋求交易相關的協助時，他們通常會有以下幾個問題：

● **處境問題**：交易者正在遭受情緒干擾，原因包括交易低

潮、人際壓力造成的分心、健康或財務的變化等等。

- **缺乏訓練**：交易者因為策略、戰術、技術運用不當，導致虧損、挫折而痛苦。

- **市場行情不斷變化**：交易者有良好的技巧和績效紀錄，但他的市場發生巨大變化，現在需要重新適應、調整。

- **長期問題**：交易者遭受的情緒干擾，是源自更廣泛的性格問題，受影響的不只是交易，還包括生活中的許多方面。

當我第一次與交易者碰面時，我會用上述四點來評估他們發生的問題。如果問題出在缺乏訓練或市場行情變化，短期治療方法或許有助於控制痛苦，但如你所知，最終的解決方案還是要進入（重新）訓練流程。缺乏訓練的交易者必須透過模擬和有條理的回饋意見精進技能；但對那些在市場變化後失利的老手來說，就必須使用模擬和較小部位的試單，來測試新策略、新戰術，甚至是新的市場。

再強調一次：**在展開心理治療之前，必須先了解究竟是交易問題影響了情緒（缺乏訓練、市場變化），還是情緒問題影響了交易（處境或長期問題）。**這個問題的答案，將有助於決定你要找的輔導者類型，以及你需要的具體協助。

如果是處境問題，通常你自己會知道，因為交易問題發生的時間，正好對應到人生發生的重大變化。處境的困難點也可

能就是交易本身——行情不振和績效焦慮都很常見，成功之後的過度自信也是；或者也可能追溯到交易之外的生活。比方說，人際關係和財務問題蔓延到交易上，就跟詹姆斯的狀況一樣。人際關係的喪失，不管是離婚、分手還是死亡，尤其會影響到在交易時分心。這些處境問題用短期治療方法最為理想。問題在於調適一種處境，而不是基本人格型態的問題。

　　其他時候，則是交易者有長期狀況造成的痛苦；可能是因為憂鬱、焦慮、注意力欠缺、上癮行為等長期存在的問題。確認這些問題的關鍵是：它們是否在你的交易生涯開始之前就已經存在，而且也影響到交易之外的生活領域？

　　自我施行的短期治療技巧，對於控制長期問題造成的痛苦可能會有幫助，但我仍建議你向經驗豐富、具備相關證照的專業人士諮詢，這會包括仔細診斷的醫療諮詢。看似心理問題的，有時純粹是出於醫學原因（例如內分泌失調）。干擾到工作與人際關係的持續性情緒問題，藥物治療也可能會有幫助，絕大多數的藥物治療不會成癮，副作用也很輕微。在你為長期的情緒性問題或行為問題尋找自助對策之前，最好先諮詢經驗豐富的專業人士。

　　那麼，什麼時候適合當自己的短期治療師呢？當我在指導我自己，還有在與交易者合作時，會運用圖表8-1的檢查清單。如果你符合這個清單的其中一個或多個類別，那麼我的短期治療技巧極有可能會對你有所幫助。

圖表8-1　短期治療可以改善的交易問題

交易問題檢查清單

- **績效壓力**：對盈虧損益的擔憂程度，已超過對執行良好交易的關心程度。
- **臨場焦慮**：交易時不知所措，沒辦法做出理想的交易。
- **衝動交易**：因為無聊、分心、失去專注力而過度交易（交易部位過大或交易次數太過頻繁）。
- **報復性交易**：由於先前的交易虧損，出於挫折／怒氣而偏離交易計畫。
- **失去自信**：因為交易成績低迷或交易之外的生活出現問題，產生自我懷疑和負面思維。
- **阻礙良好交易決策的態度**：完美主義、負面預期心理、過度自信、將自尊建立在盈虧之上。

開始接受認知治療的詹姆斯

　　詹姆斯是認知治療的理想人選。他擁有深厚的交易技能，所以菜鳥會犯的錯誤，顯然不是他遭受挫折的原因。他也不是受終身心理缺失困擾的人。他的問題雖然因市場改變而惡化，但大致是處境問題：生活上的變化（即維多利亞懷孕），改變了他對風險與報酬的看法，而這逐漸損害了他的交易。我們來看看認知治療如何幫助詹姆斯翻轉處境，然後我會詳細說明如何把這些方法運用在你自己身上。

　　詹姆斯第一次和我碰面時，他認為問題出在懷孕和小孩為他的交易帶來經濟壓力。他對自己把問題怪罪到妻子懷孕這件事上感到很歉疚，但他又找不到其他原因來解釋自己的困境。這是他對問題的解釋：他認為是這些事直接造成他的痛苦。

「我們來做一個小小的思想實驗，」我建議，「假設維多利亞懷孕了，但你們兩個人都還不知道。在沒有驗孕之前，你認為懷孕這件事會損害你的交易嗎？」

「當然不會，」詹姆斯回答。

「或者假設你知道她懷孕了，但你的銀行戶頭中有1,000萬美元。有了孩子這件事會對你的交易造成什麼影響嗎？」

詹姆斯微笑，明白了我的意思。「要是我有1,000萬，」他開玩笑說，「我大概就懶得做交易了。」

「如果懷孕可能毀了你的交易，」我提示說，「無論你有多少錢、不管你知不知道，也都會破壞你的交易。這就像是給你下毒；不管你知不知道自己中毒，毒藥都會傷害你。無論你在銀行裡有多少錢，毒藥都會傷害你。懷孕是毒藥嗎？」

我和詹姆斯進行的，是認知治療中所謂的「蘇格拉底式對話」（Socratic dialogue）。我想做的是，鼓勵詹姆斯從不同的角度看待問題，或者更恰當地說，看出他的問題是他看待生活處境的角度造成的結果。

「有了這個孩子之後，你對自己說了什麼嗎？」我問詹姆斯，「你在交易時，腦子裡想的是什麼？」

「我想當個好爸爸；我想好好撫養他，」詹姆斯說，「我不希望他的母親還要擔心錢的問題。」

「我明白了。**好爸爸**撫養自己的兒子，對吧？」我問詹姆斯，還加重了那三個字。我略略停頓了一下，直視詹姆斯的雙

眼。「萬一你賠錢了，你會怎麼做？」

詹姆斯畏縮了一下。

他的認知治療還在進行中。

認知治療的第一個改變：詹姆斯做出轉變

我和詹姆斯的蘇格拉底式對話（先前的引述只是一小部分）目的是要逐漸破壞他對問題的定義。「這件事讓我有這樣的感覺和行為」是它的定義。我藉由故意唱反調來幫他看清楚，事情本身沒有干擾他交易的力量；反而是他對事情的**解讀**、事情對他的意義，給他造成壓力。

詹姆斯出身貧寒，清楚知道雙親養不起家的生活是什麼樣子。他最不希望的就是自己的孩子遭受這種情況。詹姆斯並非因為維多利亞懷孕給他造成壓力；他的壓力來自他擔心像自己的父親一樣，無法照顧家庭。「交易虧損」只是這股憂慮的觸發因素。

他無法用平常的調適機制緩解這種憂懼，他覺得束手無策。然後他企圖用更早之前，童年時幫助他的其他調適方法來減少痛苦——逃跑／躲避。

不同於心理分析治療，認知治療並未專注在那些早期事件，雖然了解那些事件對理解我們的性格轉變可能非常有幫助。不過，認知治療能幫人看清楚，自己對事件的反應，其實

是他們對那些事件的自我對話造成的。詹姆斯的交易問題，其實跟懷孕沒有關係。他過度交易，然後一有風吹草動就退出不錯的交易，是因為他告訴自己，要當個好父親就需要賺錢，而且承擔不起虧損。

心智訓練　Tips

如果我們看待世界的方式就像我們戴的眼鏡，那麼認知治療就像改變配戴處方。

「如果你在交易時我在旁邊監督，你會有什麼感覺？」我問詹姆斯，「而且我還拿著槍指著你的頭說：『你一定要賺錢，否則我會扣下扳機。』你認為這對你的交易會有什麼影響？」

「我會無法專心，」詹姆斯回答，「我會害怕得不得了。」

「害怕得像是『你一定要賺錢，否則你就是個失敗的丈夫和父親嗎？』」我問，「你認為有沒有可能，你拿著一把名為『情緒』的槍指著自己的腦袋？」

認知治療過程的第一步，就是看出我們比自己所想的更能控制我們的反應：我們的問題型態得以持續，是因為我們看待事情的方式，而非事情本身。

等到詹姆斯終於知道他其實是拿著槍對著自己的腦袋——並非是因為他弄巧成拙，而是因為他迫切希望逃避自己的過去——他就做了那樣的轉變。

下一個改變：詹姆斯收起他的槍

　　一旦詹姆斯明白，痛苦是他對金錢與市場的想法造成的，也認同他的思維可能受到過去殘留的影響而扭曲，他的變化就不會太過驟然。這在認知治療中是相當重要的階段，因為交易者從察覺自己的負面思考模式，轉變成質疑那些思考模式。一開始，做蘇格拉底詰問（Socratic questioning）的人是我。隨著時間過去，由詹姆斯接下了這個角色。

　　幫助詹姆斯做出這種轉變最重要的技巧，就是認知治療師所謂的「合作驗證」（collaborative empiricism）。我們決定把詹姆斯對「合格的養家男人」和「在市場上賺錢」的想法當成前提。和所有優秀科學家一樣，我們同意對這些前提做些測試。

　　舉例來說，其中一個測試是簡單的思想實驗。我請詹姆斯想想辦公室裡另一位最近賠錢的已婚交易員。我問詹姆斯：「你會說他不是好丈夫嗎？」詹姆斯當然說不會。他清楚看到，作為一個好丈夫或壞丈夫，是跟交易者與另一半的關係有關，而不是跟每日、每週的交易績效有關。

　　另一個簡單的測試，發生在我觀察詹姆斯交易、等他做完一輪成功獲利的交易時。我問他：「比起今天稍早，你現在爸爸當得更好了吧？」詹姆斯只是笑了笑。

　　「詹姆斯假設」中最好的測試，發生在我們與維多利亞一起晤談的時候。出乎詹姆斯意料的是，維多利亞並不擔心錢的

問題。她在考慮以兼職的方式重返校園完成學業，這樣以後就能教書並發展自己的事業。令人玩味的是，她一直躊躇著沒有跟詹姆斯提起這個想法，因為她覺得如果自己重返職場，會讓詹姆斯覺得她是個糟糕的媽媽。她也不希望讓詹姆斯認為她在擔心經濟問題，因為那樣可能會為他增添更大的壓力。她堅稱，自己已經準備好要度過一段經濟拮据的時期，只要他們能陪在寶寶身邊就好。詹姆斯得知維多利亞可以接受他的績效低潮之後，覺得如釋重負；而維多利亞對詹姆斯支持她重返職場，同樣也感到很高興。

心智訓練　Tips

認知療法最有效的部分，是它能提供直接經驗，逐步破解我們最負面的想法。

隨後我建議詹姆斯，「強迫自己賺錢」非但不會讓他成為更好的父親和丈夫，反而會危及他在家中的影響力。我鼓勵他在家中自己測試，看看他承受壓力的憂慮時期，是否也是他為人父母表現最好的時候。當他發現自己心情不好時，其實會逃避親職教養時，我便指出他在連續虧損期間愈來愈孤僻、沉默寡言且鬱鬱寡歡。我明確地指出，這就是不陪伴在家人身邊的本質。

接下來，我們在詹姆斯交易時實際應用這些新見解。當他

經歷一段虧損期時，我們會高聲討論他過去是如何給自己壓力的，而這只會傷害他的交易和家庭生活，以及他如何做出不同的反應。在這個節骨眼上，以解決方案為中心的方法特別有用。我請詹姆斯回想他上次成功走出虧損時期的時候，是怎麼對自己喊話的。他解釋說，他會減少規模並暫時在交易中撇開盈虧，以便找回自己的節奏。每當他在交易日期間虧損了，這就成為他的核心策略。

　　我們還有效地利用「槍」的比喻。那天上午，當詹姆斯一再虧損之後，我問他，他的槍在哪裡？他是否準備好下午要拿槍指著自己的腦袋？詹姆斯同意把槍收起來，休息一下並打通電話回家，藉此減輕壓力。聽到維多利亞的支持，提醒了他要為自己打氣、慢慢把虧損彌補回來。當我走進詹姆斯的辦公室時，我知道他真正進步了，我還來不及說什麼，他就說：「我今天沒帶槍。」我恭喜他後便隨即離開。詹姆斯已經慢慢成為自己的治療師了。

認知治療的成效

　　認知治療是最被廣泛研究的心理學方法之一。研究發現，它對焦慮、憂鬱、憤怒及衝動控制等問題卓有成效。我自己的經驗是，認知治療對詹姆斯這類例子特別有效，也就是失去信心、憂慮、負面思考等情況。把這些問題設想為「自我對話」

的一部分，交易者可以在遠離舊型態、展開新型態這方面取得快速進展。這個療法的價值在於，若消除了負面的自我對話，交易者就不會再經歷觸發舊的調適模式而產生進一步問題的高度痛苦。比方說，只要詹姆斯不再拿著自我逼迫的槍對準自己的腦袋，他就不會貿然進入規模過大的交易，或過早撤出有獲利的交易。他能夠因應市場，而不是對付自己內在的惡魔。

　　認知治療被視為短期治療方式，但這不代表它一夜之間就能奏效。我們探討的所有方法都需要持續演練和應用。多久能見到進展，端看你要解決的問題有多根深柢固，以及你在解決這些問題上的積極程度。一般來說，我鼓勵大家以週為單位衡量進度，而不是幾天，也不是過了幾個月或幾年之後。**研究告訴我們，專注投入治療——每天練習技巧，在情感上投入，並在實際生活情境中應用——可加速改變並提高成功的可能性。**治療就跟表現一樣，練習造就持久。

　　就像我們在詹姆斯的例子中看到的，認知治療是根據一個簡單的認知：我們對生活事件的感受，是我們對那些事件的思想與信仰造成的結果。

　　認知治療的目的是幫助你成為思考自身思維的專家：覺察到自己的無意識思維模式，才能批判性地評估並加以改變。某種意義上來說，認知治療是一種故意「忘記所學」的過程。學習會讓技能成為無意識的習慣；忘記所學則是將無意識的習慣帶到意識層面控制。藉由捨棄無意識的思維，我們就能重新控

制自己對事件的解讀及對事件的反應，結果就是讓自由意志獲得擴張。

認知治療的第一步：找出無意識的習慣思維

如果我們始終沒有察覺到自己的認知扭曲，就不可能做出改變。認知治療的第一步就是時時觀察我們的思考流程，這樣才能在我們扭曲事件時捕捉到自己。這種自我觀察一開始既花時間又花力氣。經過練習之後，這種行為就會變成一種無意識的技能。

寫認知日誌是輔助自我覺察的絕佳第一步。認知日誌的概念，是在經歷自己典型的問題之一時，比如負面思考或衝動行為，打斷自己，然後找出與這些問題相關的思維與信念。認知日誌能迫使我們成為自己的觀察者，而不是一心只想著當下的問題。

臨床心理學家亞伯·艾利斯（Albert Ellis）提出一個他稱為ABC序列的簡單日誌格式：

- **啟動事件（Activating Event）：** 在我們經歷問題型態時出現的狀況。
- **信念（Beliefs）：** 由事件觸發的想法與看法。
- **後果（Consequences）：** 我們的感受和行為，是觸發

　　的信念造成的結果。

　　你可以將這些格式的內容，按照一天的不同時間點，條列式地寫在日誌中，如圖表8-2所示。

　　ABC序列的目的並不是要改變人們的思考方式，而是讓他們覺察到自己思維與情緒、行動之間的關聯。很多時候，B欄可以幫助交易者覺察到，貫穿在他們的負面自我對話裡的核心信念。比方說，圖表8-2第二行的「信念」（我得把錢賺回來）的根源，就是更深層的信念，我們可以藉由問自己：「不然呢？」把它找出來。**交易者認定必須把錢賺回來，否則他會覺得自己是個失敗者。**他的核心信念是，他個人的好壞跟他當天的交易成績掛勾。這導致每當他交易失敗，就覺得自己也一樣失敗。

　　ABC日誌格式的另一個優點，就是讓交易者專注在核心信念的後果。正如我在《從躺椅上操作》強調的那樣，改變問題型態的最好辦法，就是對型態的相關負面後果建立情感連結。我不時看到有人在將問題型態視為是自己最大的敵人之後，做出驚人的改變，包括終止長期的成癮行為。認知日誌能讓交易者專注在一個訊息：「我不是失敗者；是我的負面思考方式讓我感覺自己是失敗者。」藉由再三強化這個訊息，日誌就能幫交易者維持改變的動力。

　　交易者應該堅持ABC日誌格式多久呢？這有兩個答案。

圖表 8-2　認知日誌中的A-B-C-D-E序列片段

	A. 啟動事件	B. 信念	C. 後果	D. 爭論	E. 改變的嘗試
上午9:30	在我等待一切就緒時，錯過了一次絕佳行情的布局。	我承擔不起虧損，因為我一直處於低潮狀態。	挫折，渴望去追高行情。	我會希望別人這麼對我「別再賠錢了」嗎？如果我把注意力放在「不賠錢」上，我真的能交易得更好嗎？	我不需要永遠都看對；我只需要確保機率對我有利。
中午12:00	我做了幾筆交易，但它們在遲緩的行情中毫無動靜。	我得把錢賺回來。	在幾次震盪起伏中，我賠了一些錢，感到很氣餒。	自責無法幫我做出好的交易。而且那是一開始就讓我賠錢的原因。	那筆錢是拿不回來了；我能做的就是從虧損的交易中學到教訓，下次做得更好。
下午2:15	數據連線中斷；當行情出現時我的設備卻故障了。	我的運氣糟透了；我贏不了。	我很沮喪，考慮放棄交易。	我會僅僅因為設備問題，就判定另一名交易者很差勁嗎？設備出了問題不代表我自己也有問題。	讓我沮喪的並不是交易，而是我的「思考方式」。這與運氣無關；我需要更好的備援系統。

第一，認知日誌應該要每天記錄，直到交易者明確找出干擾績效表現最嚴重的一、二種核心信念或扭曲。關鍵在於，交易者必須辨別自己的模式，並了解自己思維模式化的程度；第二，日誌只是一個學習工具。我們最終的目標，是要能識別出那些發生在我們身上的認知模式。等到交易者能夠捕捉到自己身陷在扭曲事件中，並落入舊有的無意識思維中時，此時就該進入認知治療的下一個階段了。一般來說，我發現至少需要兩週的日誌紀錄，才能清楚看出、捕捉到這些有問題的認知模式。

認知治療的第二步：打斷並質疑負面想法

認知行為療法中有一個非常簡單的技巧，稱為「**思考中斷法**」（thought stopping）。當你發現自己陷入一種無意識思考模式的時候，可以故意大聲對自己喊出：「打住！」藉此打斷負面的思考過程。這個技巧的目的，是要你更加警惕留神：當負面想法出現時，不僅要能及時發現它，還要積極打斷它，不被它牽著走。按照葛吉夫的說法，思考中斷可以阻止認同感覺負面的「我」，轉而去認同那個希望更積極面對世界的「我」。事實上，葛吉夫確實曾對他的學生使用「打住！」的技巧，此時他們得停止所有的活動，只能從外部觀點來觀察自己。這個概念即是建立「靜觀」（mindfulness，或稱正念）。

靜觀的相反是「無心」（mindlessness）。深受無意識思維之

苦的時候，我們無心覺察，也就是不再完全掌控自己的思維和精力。認知療法的下個階段，便是將日誌延伸到鼓勵靜觀。要做到這一點，我們不僅要注意那些無意識的負面想法，還要積極地去質疑它們。這就構成了日誌中的第四欄，在ABC之外的D。D代表爭論（Disputation），因為我們將透過日誌來爭論、逐漸化解自我設限的扭曲信念（請見圖表8-2）。

　　第四欄的概念，是質疑負面的想定與信念，而不是下意識地去認同它們。藉由扮演跟你的無意識思想唱反調的人，強化你不想落入舊有窠臼的靜觀部分。有意思的地方是，隨著你日復一日地在日誌中重複扮演這個唱反調的角色，**爭論的過程本身會開始變成無意識**：你更有可能在負面思考模式出現時捕捉並排除它們。

　　研究顯示，帶有情緒力量的爭論最有效果。認知治療師稱此為「熱認知」（hot cognition）：一種處理情緒力量的新思考模式。意象用在將例行日誌項目轉換成強大的情緒經驗，效果特別好。《從躺椅上操作》曾提過一個方法，想像某個特定的人（通常是你不喜歡的人）不斷對著你重複你的無意識負面想法。換句話說，你會把你的核心負面信念，看作是你和自己的例行對話，而與其進行這種自我對話，不如想像是別人主動和你進行這種負面消極的對話。真正有趣的是，多數人都不會接受這種對話是來自他人。例如我們經常會問自己：「我做什麼事都不對；我到底是哪裡有問題？」但我們不喜歡聽到別人對我們

說：「你做什麼事都不對；你到底是哪裡有問題！」藉由將自我對話轉換為對談，並生動地想像來自另一個人的談話，我們就成了那些扭曲想法的觀察者，也更能夠批判性地看待它們並拒絕它們。

　　有時候，爭論我們的無意識負面想法，最容易的方法就是大聲地把它們說出來，這樣我們就聽得到它們，而且是帶著批判它們的角度聆聽。比方說，如果我的自我對話告訴我，我因為最近的虧損而必須把錢賺回來，我可能會大聲地說：「我告訴自己，我現在必須把錢賺回來，因為我賠錢了。這是一個能讓我賺錢的交易構想嗎？或只是我的挫敗感在說話？」大聲說出自己的想法是給予客觀性，讓我們得以扮演傾聽者和說話者的角色。交易者在用言語完整表達出負面想法之前，就先捨棄想法的情況稀鬆平常；那些想法在說出口時聽起來是如此愚蠢。我常常在想，身為一名治療師，我對交易者最大的價值就是讓他們有機會用言語表達和審視內心隱藏的想法（那也是他們認同的想法）。

心智訓練　Tips

如果你與自己對話的方式不是「你希望別人與你對話的方式」，那就是你被無意識想法接管的明確跡象。

　　「現在是誰在說話？」這個簡單的問題，對於進行認知日

誌中的 D 欄條目很有幫助。我經常會問一個問題：「這是你內心深處的優秀交易者在說話，還是你受挫的自我在發洩？」這個提問的目的，是要讓站在無意識負面思考模式之外的內在觀察者動起來。如果交易者承認，這的確是在挫折之下所說的話，接下來我就會說：「那好，現在我們有一個機會。你可以選擇順著自己的挫折，繼續用這個模式來進行我們的談話。或者你也可以選擇做點不一樣的事，讓我們從這裡打破這個模式。」

認知治療的第三步：為改變而努力

在理想的情況下，認知治療不但能質疑負面的思考模式，還能灌輸正向積極、具提升效果的思考模式。每一次「爭論」，都是開啟和演練更多積極思考流程的機會，直到這些成為你的第二天性。

「你會對一個處境跟你完全相同的好朋友說些什麼？」這也是一個我經常提出的問題。如果交易者想像自己在與有相同處境的人說話，幾乎都能以未扭曲的角度來看待處境。同樣的，用意象將這種積極的思考流程帶進現實生活是極為有用的。我會請交易者閉上雙眼，生動地想像，他們內心扮演交易導師的那一部分，正在與扮演受訓交易者的另一部分在交談。「你是交易導師，」我會對他說，「你想對你的學生說什麼？什

麼才能幫你的學生下次表現得更好？」關鍵是想像的對話要鉅細靡遺，甚至要大聲說出來。

　　如果生活中曾經有人給你正向的輔導，比如父母、老師或教練，那麼請清晰地想像那位輔導者，以及他／她在你目前的情況下會說些什麼，這或許會相當有用。

　　藉由探取先前輔導經驗的情感力量，可以打斷當下的苦惱，並轉向更積極的心態。其實，任何模範榜樣都可以用來做這個練習。我認識的客觀主義者（沉迷於已故艾茵・蘭德〔Ayn Rand〕哲學的交易員），在遇到情緒困境時會問自己：「約翰・高爾特（John Galt）或霍華德・洛克（Howard Roark）遇到這種情況會怎麼做？」或者，基督徒可能會問：「如果是耶穌會怎麼做？」我們的信仰體系之所以能衍生精神力量，有一部分是因為它呼應了我們的理想。當我們以最不理想的方式在與自己對談的時候，藉由諮詢和體驗自己的信仰，就能超越打斷無意識思想，進而強化正向認知模式。

　　在所有啟動認知改變的方法中，我最喜歡的，或許是鼓勵交易者透過重新經歷成功克服扭曲的經驗來輔導自己。看過《從躺椅上操作》的讀者應該都知道，這是一種聚焦在解決方案上的改變方法，它可以讓我們**觀察問題型態的例外**，而不是問題本身──這構成解決方案的基礎。

1　約翰・高爾特與霍華德・洛克皆為艾茵・蘭德小說中的人物。

比方說，如果交易者在虧損的觸發下，感受到無意識的自我批判想法，那麼焦點解決法的策略，就是留意他遇到虧損卻**沒有**自我批判的時候。「那麼你當時做了什麼？」是我一般會問的問題。「你做了什麼不同的事而沒有痛責自己？」通常藉由再現例外事件，可以找出交易者擁有、但未必知道它存在的正向思考模式。

接下來，這些思考模式就成了力求改變時可用的模範，只要重演曾經做對的事即可。要做到這一點，就必須詳細回想你面對沉重壓力情況的具體事件，以及你具體做了什麼才沒有落入負面的思考、感覺和行為。一旦取得這些具體細節，你就能將之演練為自己的調適策略，並根據問題的例外情況建立解決模式。

這些方法都有一個共同要素，那就是告訴自己：「讓我有這種感覺的並不是處境，而是我面對處境的處理方式。」一旦你明白了這點，就有空間跳離自己的處理方式，並設法從不同的觀點看待事情。

在你的認知日誌中添加 E 欄「改變的嘗試」（請見圖表8-2），就是為了改變認知型態而設計的一種辦法。在找出負面信念的後果並加以質疑後，可以花點時間用這一欄制定你**想要**怎麼處理啟動事件。把這些寫下來，並透過前述的意象方法喚醒它們，更進一步讓你脫離無意識想法。

再強調一次：認知治療成功的關鍵，就是再三重複。這之

所以是短期治療的原因之一，就是它每天都能提供你解決問題
的辦法。

　　事實上，你每天的目標就是要找出觸發你負面模式的啟動
事件，然後加以質疑並重新處理它。傳統的治療方法大多是每
週進行一次，很少會在兩次諮商面談的中間設計活動以追求改
變。透過自己組織活動，你也能成為自己的治療師，有能力即
時中止事件並重新處理它。我在《從躺椅上操作》一書中，將
這種能力稱為「在躺椅上操作交易」。你既是市場的觀察者，
也成為自己的觀察者。每天的認知日誌是一個建立內在觀察者
的工具，讓你可以體驗情緒，但不會迷失在情緒之中。

　　我發現，認知治療方法對交易最有幫助的地方，是用來讓
成長中的交易者面對虧損的心態正常化。

　　克里斯・泰瑞（Chris Terry）是職業交易者，他和琳達・
拉許克同樣會透過線上即時交易室輔導其他交易者。他強調：
「身為交易者，我們會面臨的其中一個問題就是『自我』（ego）。
我們無法把虧損當成是一種常態，虧損意味著失敗，而我們一
直以來都被教導不能當失敗者……有句話說：**『多數人都為了
避免虧損而賠錢。』**但成功的交易者都明白，虧損是交易遊戲
的一部分。他們在成功之前都經歷過多次的失敗。」認知技巧
可以重塑我們對輸贏的認識，讓我們把焦點放在**學習**與**改進**
上。將歸因於市場不確定性的可預期損失正常化，這些方法有
助於提供我們維持學習曲線的韌性。

當認知治療失靈的時候

正如圖表8-3所示，許多影響交易者的情緒侵擾問題，是認知治療可以成功排除的。如果你按照表中的方法，循序漸進地做改變，並鎖定特定型態作為努力的目標，那麼你的成功是可期的。

圖表8-3　交易者中最常見的認知問題型態及如何分辨它們

最常見的認知問題型態	核心負面信念與自我對話	交易中的常見表現形式
完美主義	你的好壞優劣就如同你的最近一筆交易或交易日一樣；你的價值取決於交易成績；你做得不夠好；你應該做得更好。	害怕犯錯，導致決策癱瘓；未能達成遙不可及的預期而感到挫折。
負面預期	不管你做什麼都會出錯；市場總是跟你過不去；你不夠好；你是失敗者。	交易是為了不賠錢，而不是為了找機會；在承擔太多風險（過度交易以感受成功）和承擔太少風險（錯失機會）之間搖擺不定。
過度自信	你已經對市場瞭若指掌；你應當從交易中獲得報酬；如果你每天都這樣做（賺錢），最終就會獲得巨額收入。	過度交易，在沒賺到錢時感到挫折；因為挫折或驕傲自大而衝動交易。
過度關注金錢	在交易期間時時關注盈虧；頻繁計算你需要賺多少錢才能維持生計；目標和預期都是以盈虧損益來表示，而不是以交易品質來表示。	用過於大膽冒險的交易來滿足盈虧需求，或用過於保守的資金管理來保護資本；因為擔心虧錢而反覆猜測交易。

不過，凡事都有例外。假如你發現自己並未從認知療法中受益，那麼問題很可能出在以下幾個因素中：

- **缺乏焦點**：有時我們急於想一次改變太多問題，反而使自己陷入困境。同時處理多個問題型態通常沒有效果，比較可行的是排出優先順序，一次克服一個。
- **重複次數不足**：許多時候你想捨棄已經存在多年、而且經過強化的型態。但這不可能在一夜之間就能實現。持續一段時間每天關注，才有機會將學習內在化。
- **缺乏情緒強度**：這或許是一般人在認知治療中最常犯的錯。寫日誌可能成為例行性、不帶感情的事，因此始終未能以熱情和迫切性質疑舊有的思考模式。相對的，採用例如大聲談論模式、利用意象等積極的方法，就能產生更強的情緒投入。
- **不正確的診斷**：或許問題並不是你想的那樣。如果你的負面思考是因為生理方面的憂鬱，認知療法或許有幫助，但應該由專業人士引導；可能還需要輔以藥物治療。另外，挫折的情緒型態也可能是由交易問題引起，比如市場的改變已大幅減少特定策略的優勢。

最重要的是，如果認知方法不起作用，而你仍持續虧損，那麼你最好先暫時停止交易，或者只交易非常小的部位，直到

你弄清楚發生什麼事、知道該怎麼解決為止。比起延續不奏效的方式可能造成的損失，諮詢心理專業人士或交易導師的成本相對較小。

自己輔導自己是好事，但如果問題已嚴重干擾你的人際關係、工作、交易和休閒時間，那麼你就得做對的事。車子如果出了大問題，你會把它交給專業人士；對自己也應該一樣。

「你的思考方式會影響你的感受和行動」是認知療法的座右銘。然而，當認知還來不及啟動，感覺就壓得我們喘不過氣，這會發生什麼事呢？有沒有辦法直接改變我們的情緒體驗呢？有的，而且那是一種古老治療方法的優勢：行為治療。

第九章

強化績效表現的行為療法

當創傷制約你的意圖時

> ⋯⋯更令人愉悅的刺激未能做到，危機或困境卻往往可能產生意義感⋯⋯和平安詳不能激起任何反應，危險卻可能讓你感覺自由。原因就是強迫你要專心。
>
> ——柯林・威爾森（Colin Wilson），
> 《心理學新路線》（*New Pathways in Psychology*）

我們在上一章看到，認知技巧如何強大地改變我們看待和回應處境的方式。然而，有些時候我們對事件的反應似乎是完全不假思索的——並不是交易的結果觸發我們的負面思考，進而又造成更糟糕的交易；相反的，我們對交易情境的反應似乎是憑空冒出來的，讓我們對自己的行為深感困惑。行為心理學家稱這些無意識的行為模式為「制約反應」（conditioned response）。

當我們過度學習對某種處境的反應時，就會出現制約反

應，而且這種反應是在我們無意識的情況下發生的。通常這種過度學習的反應會干擾交易計畫和良好決策，導致我們不知所措。許多統稱為「行為治療」的短期治療技巧皆為此而生，目的就是要對抗制約反應。

　　和認知方法一樣，行為治療的有效性也已得到廣泛的研究與驗證，只要交易者願意努力，你也可以運用本章所述的方法，成為自己的治療師。正如我們即將看到的，危機和危險是許多麻煩的制約反應的來源，但就像柯林・威爾森領悟到的，它們也可以成為正向變革的催化劑。

什麼是「制約反應」？

　　制約反應通常會以兩種形式出現。第一種是透過重複聯想。這是典型的「巴夫洛夫情境」（Pavlovian scenario）。假設你每次進入麥當勞餐廳時，都會聽到擴音機播放同一首歌，之後即使你前往不同的麥當勞，腦子裡就會自動跳出那首歌，而且還會哼唱那首歌。這就是制約反應。

　　產生制約反應的第二種方式，就是透過次數有限但具有高度情感衝擊的事件。最好的例子就是情緒創傷。比方說，我在一個下雨天前往雪城（Syracuse）上班的途中，在一個紅綠燈前停了下來。沒多久，後方的車子狠狠地撞上了我的車屁股。原來，後方的駕駛根本沒注意紅燈，先是撞擊我後方的車子，

又再推撞到我的車尾。我的頭猛然往後一甩，車子也因為衝擊力道而震動不已。雖然力道不足以讓安全氣囊爆開，但威力足以觸發我對之前一場意外的瞬間記憶。當車子修好之後，我對再次開車上路雖然沒有什麼障礙，但我發現，往後只要當我停等紅燈的時候，我就會焦慮地查看後視鏡。這種恐懼反應，就是那次非常危險的事故造成的制約反應。

　　我的行車事故突顯了制約反應一個重要的層面——它們可能會產生高度適應性，抑或嚴重的適應不良。如果那場意外導致我在天氣惡劣時，行經交叉路口時會更加小心，這個經驗可能相當有幫助。比方說，我會因此更注意其他車輛，並再三確認自己有繫上安全帶。反之，如果它導致我每次接近十字路口時就極度焦慮，不用多久，我就會完全放棄自己開車。偉大運動員所展現的許多「本能」——在足球場上移動，賽車手瞬間動作——都是複雜巧妙的制約反應。不幸的是，困擾成千上萬人的許多焦慮事件也是如此，尤其是心理創傷的事件。

創傷：了解極限制約

　　如果你要成為自己的治療師，那麼就必須了解：制約是如何在創傷中發生的？這點非常重要，因為這將幫助你理解，你有多少情緒反應和行為反應，是在自己無意識思考下出現的，同時這也能指引出創新的行為改變方法，讓你可以積極正面地

利用制約。

　　想像一個比較複雜的例子，有一名年輕女子是在公園中遭遇性侵未遂的受害者。在刀子的威脅下，她擔心自己性命不保，情況完全失控。

　　幸好，一開始的尖叫聲，引起附近一名慢跑者的注意，使她倖免於可能發生的謀殺，最後行兇者在驚慌失措之下逃走了。只不過，她在最奇怪的時刻重新體驗到那種恐懼。公園自然是與事件有關的背景，傍晚的時間也是。她對任何突如其來或意料之外的身體接觸也都反應激烈。可想而知，這些「信號」都會觸發她的焦慮。令她困擾的是，即便沒有這些信號，她也會想起那次侵犯。當她安靜地坐在家中或是走在人群之中時，會突然感受到嚴重的恐慌。她想知道這究竟是怎麼一回事，「我要瘋了嗎？」

　　這位年輕女子發現，即使是看似毫不相關的信號，也會讓她強烈聯想到那次受到侵犯的經驗。當她走在路上，她注意到一個高大的男人，讓她想起那名行兇者；當她安靜地坐在家中，電視上的一幕場景又勾起了她的回憶；就連在商店裡聞到的一股氣味，也會讓她想起那個壓制她的男人而莫名恐慌。許多不同的感官信號都變得和「那件事」有關，觸發她的焦慮。因此，各種看似沒有惡意的情況都會令她失控。

　　在這種情況下，人們會自然而然地避開那些會觸發恐懼的信號。漸漸地，這代表她必須避開愈來愈多和微妙的創傷信號

相關的場景。最終，創傷者可能會變得太過專注於自我保護，進而產生「廣場恐懼症」（agoraphobic）。他們對自己的焦慮感到恐懼，於是瘋狂地調整自己的生活，避免再度刺激恐懼。這種劇烈改變的調適方法，可能會導致創傷者徹底改變性格，而這完全是單一事件造成的。

第二重焦慮（secondary anxiety），也就是害怕再次經歷最初的創傷感覺，通常是給創傷者製造最直接問題的原因。它會導致我們退回到舊有、且通常不適當的調適方式，以便控制我們的情緒。

一個部位過大的交易者在情緒激動期間，遭遇非常巨大的經濟損失，這相當於造成了交易創傷。未來即使是正常的損失，也足以重新觸發初始事件時的憤怒、挫折與恐懼，讓交易者淹沒在痛苦之中。由於無法仰賴正常的調適機制來處理這種突如其來的猛烈情緒，交易者只能求助於那些在早期人生階段能起作用的方法，比如退縮、否定、自責與衝動的對抗性調適方式。到了這個時候，交易者在管理部位時就不再客觀，而是拼命地想要控制那些翻騰的情緒。

如果你冷靜、理性地交易了好幾個小時，但卻因為一次失手而導致你徹底放棄所有紀律，這就是原因所在：從交易者的角度來看，看似缺乏紀律的行為，實際上是在面對創傷信號時，過去的調適機制在起作用。在這種時候，其實你就已變成另一個人。

> 我們為了逃避情緒痛苦而做的事，通常不是為了有效管理
> 交易而需要做的事。

創傷與大腦：我們如何變成另一個人？

　　認知神經科學能幫助我們區分：創傷性壓力的大腦路徑，
與我們平常面臨正常壓力的大腦路徑。我們大部分的經驗都是
有意識地處理的，這使我們得以慎重地評估自己吸收與沒有吸
收的訊息。假設我做多10口合約，但市場走勢對我不利，跳
動了1個整點。如果我做的是極短線，這個進場點顯然並不好。
我可能會有點沮喪，但我可以擺脫這筆損失，回頭去看圖表和
錄像，弄清楚自己哪裡做錯、該怎樣修正。虧損會造成壓力，
但不是創傷性壓力。

　　現在假設我的部位是1萬口，而不是10口。以E-mini S&P
500合約來說，換算下來每一點就是50萬美元。在我持有10
口合約時令我惱火的4個Ticks，此時卻對我的生計產生潛在威
脅了。我很容易對每個Tick做出強烈的反應（無論是要戰鬥或
逃跑），而且對危險有極端的感知。可想而知，我可能會完全
不知所措、脫離整體狀況，或者本能地做出恐慌反應，逃離部
位和與之相關的精神痛苦。最有可能的是，我沒有辦法像操作

10口合約那樣抱著部位不動，能冷靜評估市場是否能給我回報。我對事件的處理已經不是有意識的思考，而是被引發出無意識的制約反應，不是謹慎選擇下的反應。

根據認知神經科學家約瑟夫・雷杜克斯（Joseph LeDoux）等人的研究成果指出，有意識地處理事件會緩解其中的情緒和感官特性。我喜歡用「重複聽一個笑話」的比喻來說明這一點。當我們反覆聽同一個笑話，就失去了它的幽默意味。所有的情緒刺激都是如此：重複會使它們變成常規，再也無法引起強烈的感覺。當我們從認知上處理情緒事件時，就像在聽笑話一樣。我們消化了這些事件，並在過程中剔除了它們的大部分影響。**繞過意識的事件──由大腦杏仁核傳達的事件──其中的情緒成分在編碼後似乎完好無損。**這是為什麼「創傷後壓力症候群」（post-traumatic stress disorder, PTSD）的患者在事件過後，依然可以清晰重現原始的創傷記憶。這也是為什麼與創傷記憶有關的信號，會引起如此強烈的反應。創傷事件不同於正常情緒事件，往往繞過了意識，沒有經過消化。就好像阿茲海默症患者在聽笑話：每次聽同一個笑話都像第一次聽時那般好笑，因為我們沒有在記憶中處理過這個經驗。

行為治療的運作方式就是反轉這個過程。這個治療法由各種技巧組成，可讓我們處理未經意識消化的事件，基本上就是重新編碼、設定記憶。它能解除某些反應的條件，並幫助我們調適成其他反應。

中度創傷：強大的新概念

　　你可能會想，前述的內容究竟跟交易有什麼關係？沒錯，交易虧損會造成情緒上的不安，但很少有人會把這些情緒歸納到戰爭或侵犯身體等這一類的創傷壓力中。

　　錯就錯在這裡。

　　我認為，我們未能將創傷視為是一個連續體——跟程度強弱有關，而不是一種全有或全無的現象，這是我們無法用標準的自助方法解決問題的主要原因。

　　令我恍然大悟的關鍵是，在那些跟我合作、被心理問題所困的交易者中，有很多人都出現中度的持久性創傷壓力。我知道「中度創傷」這個說法聽起來有點矛盾，但是請容我繼續說下去。中度創傷是指經驗中的某些部分是正常經過意識處理的，但其他強烈、往往與痛苦不堪的情緒相關的部分則沒有。這些經驗構成制約反應的基礎，即使個體似乎沒有遭受典型的創傷，也會因為環境信號而觸發。結果就成為一種混合狀態，也就是交易者大部分的時間都處於正常狀態，但卻會突然感受到似乎無法解釋的中度創傷壓力事件（請見圖表9-1）。

　　或許最引人深思的是，中度創傷——在高度情緒化事件中形成的制約反應模式——可能出現在極端正面的經驗中，也可能出現在極端負面的經驗中。難以治療的成癮性疾病，大多牽涉到會產生強烈亢奮作用的藥物。就像一般的創傷會產生激烈

圖表9-1　創傷壓力與正常壓力

	創傷壓力	正常壓力
處理方式	無意識	有意識
情緒與知覺	隨著時間過去而再次體驗	隨著時間過去而緩解
調適	退回稍早的模式	慣常的調適方法
意識	解離	完好無損
後續反應	誇大，由環境信號觸發	合乎情況，與信號沒有關聯
對交易的影響	打亂交易計畫與意圖	當成交易中可預期的部分處理

的恐懼和失控體驗，快克古柯鹼（crack cocaine）之類的藥物也會產生極度的興奮快感。這些體驗就跟創傷經驗一樣，淹沒了意識的處理工作，因此始終沒有經過消化。它們也和各種脈絡背景信號產生關聯，這些信號隨後又進一步與渴望產生關聯。眾所周知，企圖以談話療法抑制這些渴望和減少藥物濫用是徒勞的。只要信號一被觸發，原本治療中一直活躍的大腦理性推論部分，就不再掌控情況了。

想成為自己的治療師，這一點是最重要的概念：**創傷是強烈情緒體驗作用的結果，包括正面及負面的體驗。**任何情緒體驗只要力道足夠，都有可能淹沒在意識處理機制中，並成為制約反應的刺激因素。

我記得我曾跟一位名叫黎安的年輕女子合作過。她在一個酗酒的家庭中長大，遭受嚴重的冷暴力和身體虐待。在後來的

人生中，那些她覺得習以為常或被忽視的事件，卻給她留下無法處理的大量怒氣。有一天，她怒不可遏，以至於把情緒發洩到自己身上，割腕自殘。正如柯林‧威爾森的觀察，她的行為帶來的震撼，帶動了一種危險和專注的感覺，讓她暫時從憤怒中解脫。事實上，她的解脫程度是如此之大，使得自殘本身成了一種和憤怒經驗有關的制約反應。等到她找上我的時候，她已經對自殘上癮了，就跟吸毒者對毒品產生依賴一樣。

　　不出我所料，黎安在自殘的時候會進入一種解離狀態，但事後她又會對這種行為深深感到歉疚。從這點來看，她就像那些為了體重而消沉沮喪、轉眼間卻又吃了一夸脫冰淇淋而內疚的暴食症患者；或是為了排遣空虛而賭博、輸了錢又滿心悔恨的賭徒；或者信誓旦旦不沾毒品、卻無法控制自己不碰毒的癮君子。這些成癮行為要不是與強烈的正面刺激有關，就是與消除強烈的負面刺激有關。**這會造成與戰爭創傷一樣深刻的印記。**黎安是一名成績傲人、有許多朋友的學生。但她的中度創傷，會導致她在人生中的某些重要時刻嚴重失控。

　　我們往往會認為，人要麼是神智正常，要麼就是瘋狂錯亂；要麼能夠控制自己的生活，要麼就是生活一團亂。然而，那些經歷過中度創傷的人，他們擁有的**控制程度不一**，而這樣的人比你想像的還要多很多。當他們的制約反應沒有被觸發，也就是沒有暴露接觸到與情緒衝擊事件相關的信號，他們就跟普通人沒兩樣。但一旦被觸發了，他們的反應會變得難以預測

且扭曲，彷彿被另一個人附身了。

　　問題是，為什麼有那麼多交易者，會呈現出中度創傷的跡象呢？

交易是怎麼讓你受創的？

　　絕大多數來找我尋求情緒協助的交易者，都有一個特徵：**過度交易**。我所說的過度交易，是指兩個方面：（一）他們做的交易已超出有正當理由為根據的範圍；（二）相較於他們帳上的資金和承受損失的情緒能力，他們交易的部位都相對過大。綜合這兩者，意味著這些交易者面臨異常高的財務與心理風險。

　　交易心理學家的傳統看法認為，過度交易是情緒問題的結果，通常會被列入「缺乏紀律」這個類別。但我在此提出情況則完全相反──**過度交易，以及一再暴露在過度的風險與報酬之中，會產生中度創傷壓力，只要時間一長，就會破壞交易者遵循交易計畫的能力。**這就解釋了為什麼這些情緒上的困擾，會令交易者如此困惑不解，正常的協助手段也難以治癒。

　　諷刺的是，交易上的情緒干擾出現在交易失敗前的傾向，跟出現在交易成功前一樣。提高交易頻率和規模的人，通常不是新手或本來就不成功的交易者，而是初嘗成功滋味的交易者──他們變得（過度）自信，開始超出合理的風險參數。我

合作過的許多交易員在生涯初期，都是相當沉著有紀律的專業人士。但後來他們遇到情緒問題，偏離了交易計畫，連帶影響到績效。

或許有人認為，如果缺乏紀律是因為性格使然，那麼這個問題應該會持續存在才對。然而，情況並非如此。若仔細詢問他們的交易史後會發現，只有在交易規模或交易頻率大幅增加之後，這個問題才會浮現。

心智訓練 💡 **Tips**

極端成功的交易讓交易者陷入的情緒危險，跟極端損失一樣大。

此外，我發現罪魁禍首不僅僅是巨大的虧損。交易者在心理上同樣沒有準備好去處理巨額的獲利。這一點極為重要。那些將投資組合的一大部分（或每日虧損上限的一大部分）押注在單一交易、並且經常這麼做的人，一開始或許會因為大膽冒進而得到巨額獲利：利潤超出交易者的正常經驗。這種勝利的高潮，和賭徒獲得彩金的高潮、或藥物濫用者的強烈快感並無二致。經驗感受的強度確保它不是經過正常意識的管道處理。這種情緒印記是所有成癮行為的基礎，即便是像自殘、或反覆賭上自己的身家這樣的毀滅性行為也是如此。

我的意思是，過度交易的人如果贏了是該死，輸了也活

該。如果他們贏了，那就是一大筆錢，而且可能引起創傷印記，導致重複冒險，最終暴露在毀滅的風險之中；如果他們輸了，那也是一大筆錢，造成的創傷性損失是無法正常處理、透過平常的調適機制來解決的。簡而言之，過度的風險與報酬會造成過度的情緒體驗，進而產生創傷性影響。

交易中有情緒困擾的人，因為曾經歷中度創傷，看起來不像是創傷壓力的受害者。他們一切正常，而且在正常的交易條件下，他們的表現也可能相當令人滿意。不過，只要有一個創傷信號出現，一次出乎意料（而且通常是大額）的獲利或損失，就會觸發以前的調適模式而令他們發作。有趣的是，許多交易輔導者似乎憑本能就能認出這一點，他們會建議陷入困境的交易者減少部位規模、更嚴格地篩選交易及恢復冷靜。不過，輔導者通常沒有看出來的是，規模和缺乏篩選正是情緒困擾的源頭，需要持續不斷地加以解決。

許多獨立自營交易者明裡或暗裡的業務計畫，都包含了過度交易。許多帳戶規模較小的交易者都曾告訴我，他們之所以下大注，是為了有機會靠交易謀生。這讓他們的交易計畫承擔過度風險。**結果就是，無論最後他們是輸是贏，隨著時間推移，他們幾乎都會造成自己的創傷。**

我們可以說，訓練是防止中度創傷的預防措施。訓練能確保將高風險／高報酬的活動當成正常壓力處理，而不是造成異常、創傷性的壓力。

布瑞特博士給你的建議

如果你正在發展自己的交易專業技能，請務必要以穩定、循序漸進的方式來進行，這樣既不會造成情緒過度亢奮，也不會導致情緒極度低落。不要給自己製造創傷：**最好的治療方式就是預防。**

如果你覺得以這種溫和的方式來追求交易成功，對你來說很無趣，一點也不令人興奮或刺激，那麼我會建議你另謀生路。因為你遇到的創傷性影響最終會傷害你、傷害你的交易，以及傷害那些依賴你的人。

心智訓練 Tips

將心理學融入交易計畫的最佳方式，就是透過風險管理，確保你絕對不會讓自己暴露在過大的市場結果中。

你大概聽過一種說法：有老的交易者和大膽的交易者，但沒有又老又大膽的交易者。太過大膽的交易者就像尼爾楊（Neil Young）的歌曲〈針頭與傷害〉（Needle and the Damage Done）中的吸毒者，有如落日一般。我以一個曾經受過中度創傷、也曾目睹這種創傷會如何造成傷害的心理學家對你說：我看過有人為了挽回損失而努力了數週，卻在一筆巨額交易中損失更多；我也看過有人散盡家財，跑去借錢來追逐獲利。海洛

因成癮者在得不到毒品時，會「榨取」自己的血——抽血保存，然後重新注射到自己體內——以達到輕微的快感。

　　傷害或許已經造成。

　　慢慢來。一步一步來。先獲得合格的能力，然後才是專家。不要陣亡。

行為治療的第一步：放鬆訓練

　　正如我們看到的，要改變由高度情緒化事件制約的行為模式，傳統的協助方法可能成果有限。和一個受創傷的人坐下來討論交易計畫、目標、交易業務、紀律與正面態度，就好像在指導一名性侵受害者找出合適的戀愛伴侶一樣。**如果問題是高度情緒化的事件，已在無意識的狀態下被處理了，那麼治療就必須在那個無意識層面作用，重新處理那些經驗。**

　　行為治療會在兩個基本面向上起作用：

1. **解除已經建立的反應模式**：有些行為治療會藉由製造重複的中性情緒體驗，讓人有機會從意識面處理高度情緒化的事件，以此反轉創傷過程。

2. **設定條件建立想要的反應模式**：行為治療可以創造我所說的「正面的創傷」（positive trauma），方法就是產生有高度影響作用的情緒經驗，做為積極行為模式的信號。

　　一般所謂的行為治療，其實是多種技巧的總稱，用以忘卻有害的制約反應，並灌輸積極正面的新反應。要成為自己的行為治療師，必須先學習和施行基本技巧，再進展到更高階的技巧。

　　我們就從最為基本的行為介入開始：放鬆訓練（relaxation training）。這種技巧用在減輕焦慮和挫折感相當有效。

　　放鬆訓練的第一步就是學習腹式呼吸。深入、緩慢、有節制的呼吸，是檢查自己生理與認知激發最簡單、最有效的方法之一。做腹式呼吸時，要先找個舒適的坐姿，然後閉上雙眼避免分心。接著從腹部深而緩慢地呼吸。一開始，可以將手放在你的肚子上，確定肚子在你吸氣時擴張，呼氣時收縮。呼吸應該深入、平順、緩慢；避免過度換氣。吸氣時，大聲數出呼吸的次數。呼氣時，說出「放鬆」這兩個字。盡可能將心思集中在呼吸的次數和「放鬆」這兩個字上。一開始，你可能會分心，覺得從腹部呼吸有困難。但經過練習之後，就會變得相當容易且自然。過了10到15分鐘，通常就能達到高度放鬆的狀態。

　　在練習的時候，有些人也會聆聽音樂或想像放鬆的場景，讓心思也能跟著放鬆，無論是靠計數、意象，還是其他方法都可以。持續做這樣的練習後，只要用幾個腹式呼吸，就能讓你的心境平靜下來。

　　把呼吸練習結合壓力情境，就成了一種放鬆訓練。交易者可以透過以下的方式來練習：

- **預防性介入（preventive intervention）**：如果你即將要面對來自市場的壓力，你可以主動讓自己放鬆。
- **早期介入（early intervention）**：當壓力出現時，你可以在交易當下使用前述的腹式呼吸法。
- **中斷交易休息**：在觸發交易問題後，你可以暫時離開電腦螢幕，進行呼吸練習，以更為中性的狀態回來交易。

這種放鬆法是透過反轉創傷信號觸發的生理、情緒與認知激發，來發揮作用。

放慢呼吸、將心思集中在相對中性或正面的刺激上，就能從與較差的調適機制相關的狀態，轉變成在意識面對自己的行為有更大控制的狀態。要注意的是，這個方法本身並非針對創傷的治療；這種方法不能在一開始就防止觸發信號，也無法重新設定信號。不過，它可以讓我們快速解除、緩解制約的影響。

這對於那些身在交易之中、沒有機會討論問題、寫日誌，或以其他方式尋求緩解的人相當有幫助。只要經過練習，就能快速有效的讓自己放鬆。

行為治療的第二步：找出觸發因素

從某些方面來說，找出觸發因素是行為治療最困難的部分。先前提過，觸發已改變的調適機制和打亂交易的信號可能

相當明顯，但許多時候它們太過於細微，以至於很難被識別出來。行為治療的第二步就是將這些因素分類整理。我們希望找出所有導致交易被打亂的事情。也就是說，我們要將情緒反應、圍繞這些反應的相關事件，以及當下出現的想法與知覺都妥善分類。這個編目愈完整，就愈有可能發現自己特有的觸發因素（請見圖表9-2）。

如果辨認這些觸發因素很困難，你也可以在情緒化交易事件爆發後問自己：「導火線是什麼？」通常能發現是某件事觸發了你的反應。我們希望鎖定的就是這個觸發因素。你沒有必要深入分析它為什麼會觸發你。對你來說最重要的，是知道「當 X 發生時會讓我發作」。觸發因素往往是有強烈情緒影響的事件或看法。看到它再次出現在你整理的編目中時，這一點就能得到驗證。

圖表9-2	擾亂交易的信號編目

常見的觸發因素

- **狂喜**：極為興奮、積極正面的感情，它會觸發過度自信與過度交易。
- **焦慮**：強烈的恐懼會觸發衝動行為，以緩解這種狀態。
- **無聊**：缺乏活動及空虛感，觸發了尋求刺激活動的動作，以緩解這種狀態。
- **市場驟然變動**：這會與特定情緒狀態產生關聯，觸發恐懼、貪婪、過度自信與挫折。
- **巨大或突然的虧損**：這會觸發失落／沮喪、挫折／憤怒、恐懼等感覺，進而觸發調適反應以抑制它們。
- **連續獲利或連續虧損**：這也會觸發過度自信和挫折，導致過度交易和扭曲的交易管理。

行為治療的第三步：從意識層面處理觸發因素

　　重新處理觸發因素最簡單的練習，或許是最早由心理學家唐納德・梅欽鮑姆（Donald Meichenbaum）提出的「壓力免疫」（stress inoculation）方法。壓力免疫的概念是，讓人在受控制的環境中，暴露在低程度的預期壓力源，喚起適當的調適方式。如此一來，當人們實際感受到壓力源時，就更有可能表現出這種調適方式。梅欽鮑姆將這個過程比擬為「預防接種」，就像我們施打疫苗，預防流感之類的疾病一樣。讓身體暴露在程度微弱的病毒中，喚起身體的防禦力，為全面接觸病毒做好準備。

　　進行壓力免疫的方式之一，就是使用前述的放鬆練習，搭配編目好的觸發因素。意象在這方面相當好用。比方說，如果快速變動的市場是焦慮的觸發因素，而且交易者也知道，一旦某項報告公布之後，市場還會變動得更快，如此一來，他就能靠著清晰鮮明地想像報告發布、市場反應、他自己的有效調適，**同時進行放鬆練習**，做好迎接這個事件的準備。重點是運用意象的力量，創造溫和的創傷觸發因素，用腹式呼吸讓自己處於正常控制之下，然後練習在這個情況下希望使用的調適行為。理想的情況是以各種想像情境再三重複，逐次加強想要的調適反應。比方說，如果你想確保在不利的走勢中履行停損點，可以一面清晰地想像市場走勢不利於你，一面維持緩慢的

深呼吸。接著你會在想像中看到,即使專注在不利的市場走勢,你還是會在選定的點位出場。

　　這個基本的練習實現了行為治療的兩個目標。首先,讓你在面對具威脅性的處境時,同時也練習了自我控制。經由再三重複,你解開了觸發事件(不利的市場走勢)和制約反應之間的相關連結。這麼做的主要原因是,**你要求自己以充分的覺察,在意識層面處理觸發事件。**重點在於,你建立的是在事件發生期間「保持自我覺察」的能力,而那些事件過去曾經淹沒了你的意識。

　　行為治療的第二個目標是,在放鬆的自我控制與觸發情境之間,建立新的相關連結。透過重複進行,其實就創造了新的制約反應,在這種制約反應下,當你在面對緊急狀況時會平靜而專注。也就是說,「再三重複」對成功進行這類重新處理至關重要。清晰鮮明的意象、對情境的情緒投入,以及頻繁重複,增加了改變既有制約反應和創造新反應的可能性。

　　與「壓力免疫」練習有關的,是被稱為「系統減敏法」(systematic desensitization)的行為治療。系統減敏法不但要找出有害行為的各個觸發因素,還要根據它們與「主觀苦惱」(subjective distress)的關聯按照層級排列。圖表9-3以扼要的等級結構,說明一名交易者因表現焦慮,導致無法按照合理有效的交易構想行動。仔細觀察這張圖表會發現,一開始的最低等級包括溫和的觸發因素,漸漸地增加到有高度影響力的觸發

圖表9-3　系統減敏法的觸發因素等級結構

等級	觸發因素	型態	SUDs
高	在我持有部位時，看到市場劇烈波動	實境	90
	在我持有部位時，看到市場劇烈波動	模擬	75
中	看到市場走勢對我的部位不利	模擬	60
	心裡想著市場走勢將對我的部位不利	意象	40
低	在交易之前查看我的帳戶對帳單	實境	30
	在交易之前查看我的帳戶對帳單	意象	10

因素。心理學家有時候會請當事人按照0至100的主觀苦惱單位（subjective units of distress, SUDs）量表，給他們的觸發因素評級。因此等級結構中最底層的項目，可能評級在0至25，最高層的項目可能在75到100。

　　要注意的是，這個等級結構包含了想像的觸發因素，以及在模擬與實際交易中遇到的觸發因素。等級結構較低的項目，很多是想像的觸發情境。而同樣的情境，你也可以在模擬與實際交易時真實的面對它們。我們在討論交易學習工具時提到的模擬程式，在這裡會發揮關鍵作用，交易者可以在逼真但安全的環境下，面對他們的觸發因素。在模擬中控制焦慮和衝動，藉此提供建立信心的經驗，處理在危及金錢時的情緒化狀況。

　　在繼續進行等級結構之前，有必要先培養前述呼吸練習的基本技能（或類似的放鬆技巧）。一般來說，在交易者能夠視

需求以腹式呼吸放鬆之前，我不會開始進行有針對性的等級結構工作。一旦你學會了放鬆技巧，你就能建立一個至少十層的詳細等級結構，確保低、中、高各層都有好幾個項目。重點是這個等級結構能讓你和觸發因素的接觸愈來愈接近現實，最終是在實境中經歷最高層的項目。

　　當你建立了等級結構，你就能從最底層開始往上，以第一層界定的觸發因素配合放鬆練習。此時要盡量清晰生動地感受觸發情境，同時進行腹式呼吸。每次遇到一種情境，無論你是使用意象、模擬、實境，都要以0到100的量表給主觀苦惱評級。這個技巧的關鍵就是，**在行為治療環節中不斷重複觸發情境，直到主觀苦惱達到零**。最後，藉由再三重複，等級結構中界定的觸發因素會開始失去它們的影響力。

　　系統減敏的基礎之一，就是在你徹底消除較低層級的苦惱之前，不能進入更高的層級。比方說，如果意象層次的苦惱沒有減脫敏感，就跳到模擬和實境接觸，這樣只會重新觸發舊的模式。

　　系統減敏之所以有效，有部分的原因是它製造了掌控與功效的漸進式感受。藉由建立大型的等級結構，從一個層級平順地推進到下一個層級，可以確保你是在意識層面與觸發因素接觸，同時將認知、情緒與行為的干擾降至最低。

　　我再強調一次，成功的關鍵是重複：再三從意識面接觸創傷信號，對解除這些信號的制約反應尤其有效。

心智訓練　Tips

成功的行為治療法能創造出掌控原本失控情境的體驗。

暴露治療：加強意識的作用

　　賓州大學臨床心理學家愛德娜・福艾（Edna Foa）的研究發現，正是暴露在創傷信號中，才讓行為治療如此有效，這比起腹式呼吸等技巧的效果大得多。她還發現，許多人其實不需要等級結構的漸進方式。延長暴露時間，用在重新設定創傷事件可能極為有效，這種方法有時又稱為「洪水法」（flooding）。

　　暴露治療可以在暴露於創傷信號之中時，利用呼吸和其他放鬆技巧，但通常也會使用其他調適方法。有一些是認知方法，例如演練特定的思考情境；還有一些方法純粹是行為性的，例如在情境發生時大聲說出來，確保能從意識層面處理。其中，我發現有一個特別有效的調適技巧，就是在暴露期間積極主動地對自己說話，彷彿你就是自己的治療師。以前面提到的情況為例，交易者害怕進入市場，是因為擔心波動時的損失，此時你可以藉由在模擬的市場暴露中跟自己對話，給自己保證、鼓勵與展望。重點就是在面對有強烈影響的情緒觸發因素時，啟動有效的調適。

　　暴露治療之所以有效，是因為暴露在創傷刺激的期間，投

入了注意力、專注、特定方向的努力。從本質來看，暴露療法是在最有可能繞過意識的時候，啟動大腦的額葉區域，也就是大腦的執行中心。如果是這樣，暴露治療的效用應該就如同在生動、有影響作用的暴露過程中，成功吸引推理思維一樣。我閱讀一些當事人的案例紀錄也支持這個看法，他們接受暴露治療的問題，從恐慌症到創傷後壓力等都有。他們的治療內容包括在強化意識處理的時候，重新經歷恐懼。**這種方法成功的關鍵，就是在我們最有可能無意識地反應時，啟動這種強化處理，迫使我們在意識層面處理原先繞過意識的東西。**

暴露治療的第一步：產生「尤達狀態」

暴露治療的第一步就是建立可靠的程序，以進入強化的意識處理過程。這代表你需要兩件事：（一）一個可以減少模擬並提高注意力的流程，以及（二）與這個流程相關的特殊信號，而這些又與強化的專注狀態有關。這兩個要素為創造力提供很大的空間，看看什麼對你最有效。

我用的第一個方法就是靜坐冥想（與一般冥想形式略有差異）——保持靜坐不動的姿勢，閉上雙眼，專注在一個重複的刺激因素很長一段時間，就可以達到非常專注且平靜的狀態。正如我在《從躺椅上操作》描述的，我發現菲利普・葛拉斯（Philip Glass）早期的音樂尤其有助於專注。長時間減少感官

刺激（我合作的一些交易員會利用降噪耳機，閉上雙眼，專注在一個重複的詞語中，把注意力牢牢固定住），加強集中注意力，有助於強化意識處理。這個方法的成功關鍵，是堅持的時間要夠久，藉此適應已經改變的感官條件。如果你覺得這個練習很無聊，堅持得不夠久，適應作用就無法扎根。只要充分練習，時間久了，你就能快速達到這種強化狀態（通常只需要幾秒鐘）。

　　第二種方法是利用前額皮膚溫度的生理回饋，追蹤額葉的活動情況。我發現，長時間玩數獨遊戲，同時在一個極端安靜的環境中靜坐不動，就能穩定維持高體溫讀數，這代表血流已經轉到大腦的額葉區域。這種透過監測血流變化（以及因此導致的溫度變化）評估額葉活動的方法，稱為「**腦血流造影**」（hemoencephalography），自從我在《從躺椅上操作》提到它以來，已經獲得業界的認可；這個方法還是《神經治療期刊》（*The Journal of Neurotherapy*）一期特別號的主題，不久前還由提姆・泰尼厄斯（Tim Tinius）編輯成書出版。在情緒及生理激發期間，前額皮膚的讀數較低；在注意力集中的時期，讀數則較高。有趣的是，放鬆不會提高溫度，緊張費力也不會。安靜專注肯定有一點作用。

　　腦血流造影的先驅傑卡曼博士（Dr. Jeffrey Carmen）與涂敏博士（Dr. Herschel Toomim）指出，電影《星際大戰》中的角色尤達（Yoda）完全就是這種態度的具體化身：讓專注力貫

穿你全身。可惜，腦血流造影的裝置目前尚未普及。所幸，其他形式的生理回饋，在這方面的應用似乎前景可期。比方說，生理回饋程式〈聖野之旅〉（the Journey to Wild Divine），將電腦遊戲連結到心率和膚電傳導回饋（skin conductance feedback），能協助使用者達成「尤達狀態」。雖然傳統的生理回饋本身不能測量血流和額葉活動，但是控制膚電反應和心率的螢幕程式則需要持續專注，因此對我們的目的很有用。比如在〈聖野之旅〉中，使用者必須降低激發程度來移動螢幕上的氣球；另一個叫CalmLink的程式，進行的其實也是一種暴露治療，它讓使用者置身在「壓力」環境（類似電玩遊戲小精靈〔Pac-Man〕）中，同時讓他們進行放鬆練習，藉此接收有關膚電反應的回饋。

　　對於難以透過冥想等方法建立沉浸體驗、進入「尤達狀態」的交易者來說，這類程式結合螢幕活動與生理回饋，就相當有幫助。而有動機持續精進技能，希望看到績效隨著時間改善的人，立竿見影的回饋對他們也很有幫助。我個人玩〈聖野之旅〉的經驗是，平靜專注讓我在腦血流造影裝置上的前額溫度升高，也讓我成功完成這個程式的遊戲。雖然我覺得它有一些聲音功能令人分心，但基本任務都是要求平靜和專注。經過再三重複，身心真的就開始產生熟稔的感覺，知道需要做什麼才能成功完成遊戲。這種感覺包含的許多正向制約信號，都能將之帶到真實交易中。

┌───┐
│ **心智訓練**　💡 **Tips** │
│ 　達到「尤達狀態」本身就是一種可以藉由練習而進步的表 │
│ 　現技能。 │
└───┘

　　對心理衛生專業人士來說，使用這些精密生理回饋裝置（尤其是腦波圖〔EEG〕）需要經過訓練，而且它們通常缺乏人性化的使用介面，因此一般我不會建議交易者去使用。在我撰寫本文時，許多主打「大腦開發」的電子遊戲隨著在日本大受歡迎，正準備上市。將這些遊戲與簡單的心率或膚電傳導回饋結合，可以為加強額葉活動提供潛在的訓練。

　　無論你是用冥想或是用生理回饋來提高額葉活動，至關重要的是，你每次都要以同樣的方式去執行例行程序，如此才能為「尤達狀態」創造正向的制約信號。比方說，葛拉斯的音樂和靜止不動的坐姿，就是我的兩個信號。另外，在玩生理回饋遊戲時點燃線香或改變照明情況，都會創造鮮明的信號，久而久之，就能與平靜專注產生連結。這些是我們要帶進交易的信號。

暴露治療的第二步：在「尤達狀態」中漸進暴露

　　愛德娜・福艾與戴維・巴洛（David Barlow）等重要臨床

心理醫生進行的研究顯示，暴露治療之所以有效，是因為產生了「認知重建」（cognitive restructuring）。一般人透過暴露而了解到，他們確實可以處理自己最糟糕的恐懼，並控制自己的反應與調適。這是非常重要的直接成功經驗，也是暴露療法在實境中進行時效果最強大的原因：應用在真實生活中的壓力。

值得注意的是，福艾的暴露治療通常會用到兩個小時的治療時段，而不是 50 分鐘的標準治療時間。這代表暴露的強度和持續時間，對成功的行為治療來說是關鍵要素。我們因為創傷壓力而養成的制約反應，很多都牽涉到逃避與創傷相關的痛苦。比方說，我們面對市場虧損的恐懼，反應可能是在達到獲利目標或停損點之前，就衝動地退出部位。暴露治療會阻止這種逃避反應，並讓我們沉浸在原本設法逃避的壓力之中。

觸發因素與強化意識狀態的搭配組合，可藉由實際交易來實現，在整個交易時段創造沉浸感。方法就是透過「**漸進式暴露**」（graded exposure）。相較於系統減敏是藉由操控觸發情境的輕微或高度緊張，漸進式暴露則是處理整個交易時段中出現的所有觸發情境，只不過，**它是從大幅降低交易規模開始**，然後再以漸進的方式增加交易規模，以此增加暴露程度。因為風險是交易規模造成的，在暴露治療期間操縱交易規模，可以創造出比任何一種等級結構更精細的漸進式暴露。利用規模來漸次推進暴露程度，也代表沒有必要藉由停止交易來進行暴露治療。**這個方法的優點，是在安全的交易中創造沉浸式體驗。**

心智訓練　Tips

重新設定創傷信號最快速的方法，就是在安全的背景下持續不斷地召喚信號。

　　這種漸進式暴露方法成功的關鍵，就是複製那些讓你在交易時能維持在加強處理狀態的行為。因此，假設你進入專注集中狀態的制約條件是重複的音樂，你就必須在交易時播放那些音樂；如果你進入心流狀態與端坐不動、降低感官暴露有關，那麼當你在關注市場時最好也保持不動，並戴上降噪耳機。在你不斷努力嘗試進入「尤達狀態」的同時，你應該已經記住特定信號與這個狀態有連結——喚起那些信號，就能讓你隨即喚起這個狀態，並進入與專注集中相關的調適方式，就像創傷信號勾起痛苦而導致的退化性調適。這是創造「正向創傷」（positive trauma）的例子：一種強大的經驗，可喚起你想要的反應。達成心流狀態的訓練已經成為一種典型的條件制約。

　　再說一次：在實際暴露在交易環境之前，先熟練掌握進入專注模式是很重要的。**我深信，與大量短時間的練習相比，幾次長時間進入和維持專注模式，更能有效幫助你熟練掌握「尤達狀態」**。我第一次自己做訓練的時候，是在深夜時用葛拉斯的《十二樂章》（*Music in Twelve Parts*）陪伴著進行了三個半小時，心無旁鶩。那是我做過最聰明的事。在超過200分鐘的

時間裡，你會遇到一次又一次令你分心的機會，但你清楚知道自己必須無視它們、保持專注。而這種專注，也是你要帶進漸進式交易暴露中的東西。

　　在實境中以非常小的規模操作，妙處就是每個觸發因素最終都會發生，**但現在是以一種不會威脅到你帳戶對帳單的方式在發生**。如此一來，要練習在那些觸發因素發生時保持專注和集中，就會容易得多。只要在規模最小的時候，成功避免了負面的交易型態，你就能循序漸進地提高交易規模。重點就是創造成功經驗，並重複熟練那些已掌握的經驗。

心智訓練　💡 Tips

> 進行暴露療法時，你並不是為了賺錢而交易，而是為了重新灌輸控制感與安全感，這對你往後的交易會大有助益。

　　透過能在螢幕上提供圖形反饋的生理回饋工具，你可以在交易時將生理回饋納入漸進式暴露。心率和膚電反應回饋就適用在這裡。交易期間，你肯定不會玩生理回饋遊戲；你需要的只是你的讀數，最好是可以記錄讀數隨時間變化的圖表。**如此一來，在你必然會從意識層面看出觸發因素的存在之前，讀數就能提醒你**。讀數的數值高，將成為你抑制激發程度、提高專注力的機會——即便你此時只是在關注市場；等到你在觸發事件期間都能成功降低讀數，此時才進行真正的交易。有時候這

可能代表你要結清手上的部位，離開交易螢幕，進行尤達練習來恢復專注。如果有這個必要，你就知道在那個規模下，你需要更多時間在受控制的情況下進行交易；你甚至可能會希望回到最小的規模，加強在那個層級的收穫，然後再往上加碼。

適當的訓練是最好的治療

自從《從躺椅上操作》一書出版以來，我和許多交易者合作過，其中有很多的指導是在即時交易中進行的。這些經驗讓我得出一個必然的結論：**絕大多數的情緒性交易問題，都是部分創傷的結果。**這代表許多交易的心理干擾是醫療性的，它們是由交易本身引起的，而不是交易以外的因素。當我們在沒有經過適當訓練就進行交易時，當我們的交易規模超出帳戶和心理所能適應的程度時，以及當我們頻繁以那樣的規模交易以招致毀滅的風險時，就會產生情緒上的困擾。

跟交易有關的創傷本來就沒有進行暴露治療的必要，如果你能正確地訓練自己，輔以審慎的風險管理，那麼你承受的應該是損失，而不是創傷。治療創傷最好的方法並非是行為治療或認知治療，而是透過有系統的訓練來加以預防。我寫這本書的目的，並不是鼓勵你要自己去治療創傷。**我的目的是從一開始就要讓這樣的治療沒有存在的必要**。經過理想設計的交易，是擴大意識的工具，而不是損害意識的工具。

後記

一個專業交易者的
養成與再造

……當人們在靠交易維生時——是以理智為最後仲裁者,而非蠻
力——能贏才是最好的產品、最好的表現、判斷力最好且能力最高的
人——生產力的多寡,就是他的報酬多寡。

——艾茵·蘭德,《阿特拉斯聳聳肩》(*Atlas Shrugged*)

我們對專家交易者的了解大多是來自訪談,而不是直接觀察。訪談能提供訊息,但仍遠遠不及第一手的經驗。過去一年,感謝金斯崔交易公司的老闆查克·麥克艾文和專業交易員史考特·帕希尼,准許我每天貼身接觸史考特和他的交易。我坐在他的辦公室裡看他交易,我一路關注他發展成為交易員,還採訪過他,以及他的家人朋友——鉅細靡遺。

我腦海中浮現的畫像就是一名專家交易者,為本書至今看到的概念添加血肉。這不是一幅淨化過、賞心悅目的畫像。我

觀察過史考特最好與最差的時候；我看過他一個月天天賺大錢，只花了幾天就從市場上撈到超過 100 萬美元；我也目睹過他在市場變化時苦苦掙扎，在行情低迷時的挫折，以及不斷努力適應變幻莫測的行情。

這是一個對家人朋友極為忠誠的人，以他的話來說，他最大的長處就是當個「夢想家」；這也是一個性情反覆無常的人，他自己也坦承不諱，他也會「像個蠢蛋一樣」交易。

簡而言之，這是一個有血有肉的人，只是他剛好有判讀市場短線型態的驚人天賦。否則怎麼解釋一個人打破了知名的專業技能「十年法則」，交易剛滿一年就賺了超過 200 萬美元，隔年又翻了四倍呢？

沒辦法，這不是偶然靠著幾次槓桿和幸運交易就能做到的，相反的，他是靠每天交易幾千口 E-mini S&P 500 合約來打敗市場，過程中付出各種滑價和必要的手續費。看著史考特預先設定其中一些數字進行交易，會讓人難以接受隨機、有效市場的概念。

史考特的成就只可能出現在天賦與訓練決定成敗的表現領域——只有在不斷適應市場情況才能取得長期成功的領域，他的這種艱難掙扎才能成其可能。

像史考特這樣的超級交易者是怎樣養成的呢？

這並不完全像巫師奧茲（Oz）：當我們拉起簾幕，看到巫師只是一個人，但是那個人也是個巫師。

少年交易者的畫像

　　史考特・帕希尼1972年3月1日出生於伊利諾州芝加哥海茲。早在他做第一筆交易之前，他就已處理過虧損問題了。在史考特兩歲時，他的生父就因過量吸食海洛因去世了。直到今天，史考特都還記得看到父親倒斃在地板上的樣子，以及他身上蓋的毯子。

　　剛上大學時，他目睹一個足球隊的朋友在一家餐廳外頭被人拿刀刺死；這件事後來仍不斷困擾著他，讓他的學業脫離軌道。二十一歲時，他看到他的繼父因為肝癌日益消瘦。心理學家賽門頓注意到，許多擁有過人天賦的人都有年幼失怙的經歷。這類經歷要麼會成就你，要麼也能摧毀你；它迫使你自立自強，或者讓你的人生失去目標。

　　史考特學會了自立自強。

　　在缺乏男性榜樣下，你很難要求一個小男孩認同與內化男子氣概。在年紀很小的時候，史考特覺得自己弱小無助，老是被人找麻煩。他提到，小學一年級的某件事成了他的轉捩點——有一名惡霸會在每天放學時追著他回家，恐嚇他。史考特的繼父教他練習打拳擊沙袋，後來在課堂中，史考特堅定地對上比他大四歲的男孩，毫不退讓。他朝對方的嘴巴揍了一拳，令對方血流如注。直到今天，史考特提到這個結果仍會開懷大笑：那名男孩的母親找到史考特家，忿忿不平地控訴史考

特痛打她兒子！也因為這件事，史考特覺得自己從弱雞轉變成一個「能為自己挺身而出」的人。

　　每個人一生中都會重複上演某些課題，而這就是史考特的課題之一，它是由早年缺乏一位榜樣角色造成的。當時的他並不知道，這個「弱雞」與「男人」的課題，會在多年後的交易生涯挑戰中浮現。

　　史考特最遺憾的是，他少了「父親」這個角色在運動方面引導他。史考特是個活潑的孩子，儘管家人給了他上學的動機，但他仍覺得待在教室裡的時間特別難熬。「我討厭固定坐在一個位子上，教室就像監獄一樣，」他對我說，「除非上的是我感興趣的科目。」史考特四歲時，他的母親再婚，他有了一位新的父親。不過，他的繼父不擅長運動，而他所屬的少棒聯盟也管理不善。「從來沒有人教過我打球，」他解釋道，因此他拼命看書自學。「我通常五點起床，用打擊座來練習揮棒，」他跟我描述，「我也會對著牆壁丟球，再去接反彈回來的滾地球，一切自己來。」這種在年輕人身上罕見的自立自強，多年後成為史考特發展交易生涯時很重要的一部分——他會利用一大清早的時間，破解交易教科書上的所有規則，自學交易。

　　韌性與堅毅，是我們會在成功者身上觀察到的特質，而史考特年紀輕輕時就展現了這些特質。說起他早年投入運動的決心，他解釋說：「這就是我對棒球的熱愛。如果我想要什麼，我就會全心投入。我會做到精通掌握。」

有成就的人，大多在很小的時候就會展現出他們對專精一件事的狂熱。

　　七年級時發生的一件事，後來成為小史考特的「明朗化經驗」之一。當時，他在深夜的雨中投籃，努力培養技能，希望能在即將到來的球隊選拔賽中入選。一輛車子停了下來，駕駛對他喊道：「你一定會成功的，小子！」

　　史考特始終忘不了那個人，以及那句話。事實上，在發覺到朋友們紛紛染上毒癮後，史考特選擇進入瑪麗安天主教高中，那裡有更好的同儕及更濃厚的學習風氣。他認為這個選擇極有可能挽救了他的人生。

　　懷抱著決心，史考特培養出紮實的棒球技巧。他整整四年都是校隊的先發選手，也是一流的三壘手。憑著 6 英尺（約 183 公分）、205 磅（約 93 公斤）的身材，他也是足球隊的先發中鋒。

　　「足球讓我鍛鍊成大人，」史考特回憶，「它讓我學會勇往直前，清除一切障礙。」只不過，他的夢想是到史丹佛大學打棒球。運動是這個年輕人競爭動力的出口，此時的他已經是一個夢想家，想像自己是大學和職業球星。然而，這個夢想很快就破滅了，年輕的史考特將迷失方向。

大學生交易者的畫像

史考特第一次接觸股市是因為祖父的關係。他記得那時熱衷於查詢股票，對股票的走勢大為著迷。「我喜歡未知，不知道隔天會發生什麼事，」他解釋。中學時他加入了「ATT投資挑戰」（ATT Investment Challenge），最後名列全國前一百名。他對此深感驕傲，從那時候起，他就知道自己想要投入市場。

他大學時主修金融，在伊利諾州立大學的第一年，他的足球隊好友在一家餐廳外被人持刀刺死，在這之後他就飽受痛苦煎熬。這件事讓史考特極為難過，描述起當時的情況，他聲音中的情緒依然明顯可見。他失去了對學業的專注，帶著差勁的成績離開伊利諾州立大學。他嘗試轉學到愛荷華州達文波特的聖安布羅斯大學，但是被拒絕了。一直到他寫了兩封信，展現出非比尋常的入學動機後，他們才同意讓他嘗試看看。他沒有讓人失望，最後他以平均成績（GPA）高於3.0畢業。不過，他還是沒有找到自己的利基。在史考特以為可以靠著自己的技巧進入大學的棒球隊時，他的棒球生涯便半途而廢了。他的狀態欠佳，沒能通過球隊的選拔。「那是我人生中的一大挫敗，」史考特回憶，「我備受打擊！」

大學時期，史考特對未知事物的熱愛——對接下來不知道會發生什麼的興奮感——從「賭博」中找到了出口。讓步賽中的智力挑戰讓他受到賽馬的吸引。他花了大把時間鑽研賽馬的

形式，希望大獲成功。「我是一個夢想家，」史考特說，「我一向認為凡事皆有可能。如果別人做得到，我為什麼不行？」然而，失去「運動」這個夢想的史考特此時也失去了方向。「我常常出去喝酒賭博，」史考特回憶。儘管如此，他依然保有追求成功的動力。他自學高爾夫，並練出了個位數的差點。

　　我們將畫面定格，客觀地觀察年輕的史考特。他在普通人家長大，小小年紀就失去至親，還得面對負面的同儕影響。不過，他展現了在「運動」這個領域追求成功的決心，也有勇氣立下遠大的夢想。然而，當他念完大學，沒有人認為史考特會成為非常成功的職業運動員。他在棒球上的失敗，透露出他的過度自信，因為他停止了當初讓自己不斷進步的艱苦訓練；他酗酒和賭博的那一面則與嚴以律己、追求夢想的這一面相牴觸。簡而言之，在大學時代結束時，我們看到的是兩個史考特：一個是自立自強的夢想家和勤奮努力的人，能熟練掌控任何他想全心投入的事；另一個則是過度自信、追求刺激的人，認為沒有繼續努力的必要。

　　大學畢業後，史考特沒有什麼職業前景，也沒有社會人脈可以敲開大門。不過，他有一個隱而未現的優點，最終塑造出他職業生涯的第二個人生課題：**他深信可以靠自己弄懂問題。**他有辦法學習各種運動，也有辦法搞懂賽馬。史考特擁有知識份子的自信，即使他沒有經歷知識份子的人生。他相信不管其他人弄懂了什麼，他也可以。人際關係上的損失和棒球生涯的

終結，完全沒有打消他的那種自信。

青年交易者的畫像

　　史考特的暑期打工做的是挨家挨戶地銷售肉品，這個經驗沒有什麼獨特之處。不過，這倒是幫他獲得了美邦（Smith Barney）公司的實習機會。不久之後，在史考特的婚禮上擔任伴郎的丹・雷辛斯基（Dan Lesinski）幫他找到一份在芝加哥期貨交易所的工作——在五年期選擇權交易站負責跑腿，週薪200美元。他做了快兩年，然後申請調到一個自己幾乎毫無準備的債券交易站，擔任後台作業人員。同樣的，他深信自己可以弄懂一切。「我這輩子從來沒有壓力那麼大過，」史考特形容，當手握動輒數百萬美元的交易員朝他大喊時，他只能勉強地努力跟上他們快速的手勢。「我就是這樣經過戰火洗禮的，」史考特堅稱。他指著他現在的交易室開玩笑地說：「比起交易所的工作，這裡簡直就是按摩沙龍。」

心智訓練　Tips

我們最深層的信心來源，就是克服重大挑戰和障礙。

　　儘管日復一日被經紀商和客戶大吼，還要辛苦費力地跟上交易場內源源不絕的指令，史考特仍堅持他的新崗位。那是在

他真心想要某樣東西時，展現鍥而不捨的另一個跡象。不過，他最終想要的是當個交易員，而不是後台作業人員。當他的朋友羅伯‧洛斯（Rob Ross）把他帶進金斯崔公司的時候，他的機會來了，儘管老闆查克‧麥克艾文一開始有些疑慮，但史考特抓住了這個成為自營交易員的機會；此時他的收入僅是被天賦所限。

可惜，史考特的時機不算太好。他是在2001年8月加入金斯崔，當時熊市蓄勢待發。他進公司的第一天就虧損了2,600美元，只交易了1口！事實上，他有一個半月的時間都在賠錢。如果在那個節骨眼上，有人看似註定只會有短暫的交易生涯，那個人一定是史考特‧帕希尼。彷彿這樣還不夠，隨後又發生九一一事件，市場關閉。幾乎事事不順。史考特囊中羞澀，工作岌岌可危。

我們再次把他的人生定格住。請花一點時間想想，史考特是怎麼開始他的自營交易生涯的？在單口合約部位上損失2,600美元，代表一天下跌超過50個S&P點位。這不只是錯誤，而且還是連續錯誤。接著請想像，在那之後他持續好幾個星期每天都在賠錢。史考特當時非常絕望，不是因為他覺得自己學不會，而是因為他可能在真正學會之前就要被公司開除了。他交易虧損，資金耗盡，卻看不到獲利。還有什麼可以讓史考特不屈不撓地熬過這段時期呢？

有兩件事似乎對他有利。首先，他待過交易所那種極度緊

張的環境。如果在人人同時對著他大吼的情況下,他都還能保持冷靜,那麼他現在肯定也能應付得來。不過,或許更重要的是,**交易所的經驗顯示史考特有種獨特的天賦:在高風險的情況下快速處理買賣單的能力**。他學會解讀交易手勢,也培養出同時注意多名交易員的能力,從而成為一名稱職的後台工作人員。他從來不曾讓他的交易員損失大筆金錢過。有多少人在進入忙碌的交易所之後,能成功做到這一點呢?

　　儘管當時的他還沒發現,但史考特已經找到自己的利基了,也找到在這條新的學習曲線中堅持下去的信心。

成功交易者的畫像

　　有一次,史考特和羅伯・洛斯去釣魚,對方建議他去看《股票作手回憶錄》[1]這本書,這能讓他用不同的視角來看待交易。之後,史考特回到自2001年9月開始關閉的市場。那天夜裡,他開始交易德國股市(DAX)。在前面經歷那麼多次的虧損之後,獨自待在辦公室裡練習掌握交易是很孤獨的。他聽著葛萊美獎得主夏恩・柯文(Shawn Colvin)[2]的音樂來振奮自己的心情。當史考特第一次在DAX上賺到錢時深感自豪。他問

1　《股票作手回憶錄》(*Reminiscences of a Stock Operator*),記述華爾街大亨傑西・李佛摩的交易生涯與心境轉折歷程,是無可取代的作手操盤聖經。繁體中文版由大牌出版。
2　柯文的音樂對史考特後來的成就,有很大的鼓舞作用。

自己：「有多少人能在凌晨五點之前就賺到1,000美元呢？」

當S&P市場重新開放時，史考特回來了。套句他自己的話：「就像你某天突然開竅一樣。」他開始賺錢了，自信也跟著增加了。到了翌年的一月，他自信滿滿，甚至還跟老闆查克打賭，那一年結束時他將成為金斯崔的頭號交易員。最後他贏了那個賭注。

「我的動機大多來自於競爭的動力，」史考特對我說，「如果這些傢伙可以賺錢，我也可以。」史考特確實喜歡賺錢，他立下賭注的那年一月，他賺了超過20萬美元，等到那一年結束時，更賺了超過200萬美元；但史考特覺得最有激勵作用的還是與其他交易員的競爭。

但是，先讓我們退一步去想。我們要如何解釋，是怎樣的學習曲線，可以讓一個八、九月有6週每天都在虧錢的交易員，轉為在隔年一月之前連續賺大錢呢？

正如我在本書前面提到的，大部分的解釋可以從史考特獨特的交易風格找到答案。[3]按照一般的定義，一天之中成交多筆交易的人，就算得上是積極交易者；在收盤前結清部位的人，則是當沖交易者。史考特是積極的當沖交易員，但這還不足以說明他的交易風格。他的積極程度到了幾乎無時無刻都在接觸

3　出於對史考特和金斯崔的尊重，我在描述他的交易時盡可能詳細準確，但不透露其中的自營交易資訊。因此，我堅持讓史考特與查克，以及書中提到的其他交易員審閱本書的內容素材。

市場資訊和型態的程度。隨便哪一天的市場活動，他都會接觸到比一般交易員累積數週的資訊還要多。我堅信這一點，再加上他的天賦與性格，就能解釋他那速度驚人的學習曲線。

心智訓練　Tips

密集的市場經驗可以加快交易技能的發展。

看吧，史考特發揮造市者的作用，為市場帶來流動性。他會在低於市場行情時買進，高於市場行情時賣出。市場的自然走勢確保他的許多買賣單都能成交，而且在交易日的大部分時間他都待在市場中。他的目的就是低買高賣，從價差中獲利。不同於技術交易者是評估幾分鐘、幾小時、幾天的圖表型態或趨勢，史考特專注在市場極短線的供需變化，並快速做出回應，從頻繁的小幅波動中獲益。「我做的和教科書告訴你的相反，」史考特解釋，「我想要的是五十次1個Tick的變動，而不是一次50個Tick的變動。」這的確是他成功的法門。久而久之，史考特的交易規模漸漸擴大，因而每天都能達到4萬至5萬回合的完整交易。單一跳動點或許不像是一大筆錢，但若乘以這樣的規模和交易頻率，就累積成可觀的利潤了。

史考特將他的成功歸因於能夠判讀市場極短線的走勢型態。他對高於／低於市場行情的買賣單規模與部位很敏感，而且會追蹤每一筆交易，包括規模及發生點。他能敏銳地察覺市

場什麼時候清淡，而且由場內自營商主導，什麼時候有機構法人的參與而比較忙碌。他憑藉著這種警覺，得以根據一天的市況變化而快速調適。他在交易所擔任套利交易後台作業人員時期，幫助他順利完成工作的觀察技巧和快速反應，也是現在他擔任電子交易商的優勢。

但請想想他發展出什麼樣的新優勢。想想在 E-mini S&P 500 市場做幾萬回合交易的手續費，更別說其他相關的費用與支出。**你一天至少要有數千美元的獲利，才能達到損益平衡。**一年要賺數百萬美元，更需要極為驚人的優勢，而這種優勢必須連續多年、日復一日地複製下去。只有世界級的天賦和技能，可以解釋這樣的成果。

如果非得挑選出史考特身為交易者最厲害的天賦，我會說是他驚人的專注力、精準的短期記憶和心智運作的速度。他長時間待在螢幕前，積極追蹤市場上發生的一切。包括我在內的大多數交易者，會覺得那些事讓人筋疲力竭。但史考特不一樣。就像那個不得不安靜坐在課堂上、覺得深陷牢籠的小男孩，史考特討厭不上不下的行情。他最挫折的時候，就是遲滯的行情讓他無法成交。他的績效仰賴市場活動，他覺得波動的市場既刺激又有挑戰性。他快速的心智處理能力和超強的記憶力能讓他掌握近期走勢的上方和下方都發生了哪些事，因此當 ES 市場一有風吹草動，他一定是那個最早察覺並做出相對回應的人。當市場熱絡時，對史考特來說，在一分鐘內同時操作

多單和空單、兩方都賺到錢，這一點也不稀奇。

　　這些天賦沒有辦法傳授。他那兇猛的競爭動力也不是靠學習就能獲得的。正是童年時讓他在清晨 5 點起床練習揮棒、在暗夜雨中練習投籃的那股動力，讓他得以做出駭人的賭注、獲利能力領先全公司。也正是那股動力讓他即使面對接連不斷的失敗，依然能日復一日地持續努力學習。我清楚地看到，史考特最大的資產，就是在最令人氣餒的情況下，也堅持要熟練掌握市場。他一開始的假設就是，「如果其他人做得到，他也可以」。

　　這些認知與個人天賦、加上具體的交易技能，帶來了成功。以史考特的例子來說，他的技能包括判讀市場短期的供需型態。因為他大部分的時間都待在市場中，所以能直接感受到大型交易商究竟傾向站在買方還是賣方，然後據此決定自己的部位。如果他下的大單只有部分成交，他也能從中獲得買盤或賣盤枯竭的線索，然後善用這項寶貴的數據。他多數的行動和決策都是快速且不假思索，他不會花太多時間做外顯分析，就跟賽車手操控車輛時一樣：根據在現實生活中獲得的經驗，以磨練過的直覺進行交易。即便事後他可以告訴你他下單和刪單的理由，但他的推論全都是在交易當下瞬間產生的，其中整合了大量快速變化的數據。

　　簡而言之，史考特之所以能迅速取得成功，是因為他很快就找到自己的交易利基：一間鼓勵交易員成長的公司、一個讓

他可以積極交易的市場，以及充分利用他以行動為導向的性格和獨特認知天賦的交易風格——這讓他不到一年就從菜鳥變成公司裡最賺錢的交易者。

只不過，就像市場會變化，交易利基也會變化。

天賦＋性格＋表現利基＋訓練＝成功

轉型中的交易者的畫像

到目前為止，史考特還沒能複製他績效最好的那一年——2003年他賺了1,000萬美元。事實上，他2005年還虧損了約30萬美元。那是一段艱難，甚至痛苦的重新適應期。

在不同因素的驅使下，讓先前熱絡的股市短線交易如今變得相當困難，不僅對史考特來說是如此，其他造市者也一樣。ES與NQ指數的特性已經改變。我的研究顯示，過去七十年來，市場不曾遇過這種低趨勢與低波動的組合。可能有人會想，像史考特這樣的短線搶帽客不需要趨勢和波動，但事實並非如此。如果市場變深了，即各種價位都有大筆買賣單參與，卻沒有波動性，走勢就會鎖住不動。他們來回交易，但卻無法穿越任何價格帶。敲出買賣指令後可能過了好幾分鐘都沒有得到回應。這種狀況會讓極短線交易者成為長期持有的部位交易者。

這對史考特來說有如心理毒藥，他彷彿回到被迫安靜坐著不動的教室。交易變得挫折多過於樂趣，他的交易室成為了監獄。更糟糕的是，由於市場不再回應史考特下的買賣指令，因此他能藉此得到的數據又更少了。他的觀察力、快速資訊處理能力、優異的短期記憶力等核心天賦，都未能得到充分的利用。他被市場隔絕在外，愈來愈覺得自己像那個被惡霸打敗的孩子。他想反擊，但這次卻沒有可以朝他出拳的對象了。久而久之，兒時那種不夠男人、膽小怯懦的感覺又悄悄回來了。

> **心智訓練** **Tips**
>
> 最大的市場壓力，就是重新觸發你早期個人掙扎的壓力：
> 損失與無能為力。

起初，史考特一直在等待市場重回往日時光。「停留在自己的舒適區是人類天性，」他說，「我不想轉做不同的市場。」此時，他的自信變成了過度自信，彷彿當年毫無準備就去參加大學棒球隊的選拔一樣。只要待在舒適區，就不需要做出艱難的改變：調整生活方式、做額外的工作、轉換交易風格。他知道市場一直在變化，但用他的話來說，就是：「沒想到這會發生在我身上。」

隨著自動化交易興起，市場狀況只會更加惡化。短線交易者難以更快地拿到好價格。就像我在前文說的，ES 市場裡有

愈來愈多的成交量在追逐愈來愈少的市場變動，許多交易者在收盤後，才發現自己在市場的大風吹遊戲中沒有位子可坐了。

此時我們就能看到，交易者是如何遭受第九章所說的「中度創傷」的。這並不是在說「他們過去一年豐收，如今這一年歉收」，而是在說「他們過去年復一年都很成功，但現在卻發現先前行得通的方法已經不管用了」。

想像一下，如果一個籃球隊中鋒突然得面對加高2英尺（約61公分）的籃框，還有兩倍寬的籃下禁區，這會發生什麼事？無論是要得分還是要搶籃板，他都無法像過去一樣占據籃下的主導地位，因為只要進入加大的禁區，就有可能導致三秒違例。過去一直能奏效的基本戰術，比如讓球員切入禁區再轉身跳投，現在也行不通了──這就是市場發生變動時的情況：遊戲規則改變了。史考特就像那個中鋒，現在被迫得適應意料之外的新規則。

在市場變動的相對早期，史考特突然想到可以把當天的交易錄下來，了解自己犯的錯和新的市場型態。他買了一套裝有大容量硬碟的錄影設備，足以儲存和重播好幾天的市場動態，這樣他就能看到自己是在哪裡下單、如何下單，還有在哪裡成交、如何成交，以及他如何管理部位，藉此讓自己在交易時做出關鍵的調整。

可惜，這些調整讓史考特離他的利基愈來愈遠離。長期的部位交易根本不是他的強項，也無法運用他獨特的天賦。他改

做長線交易，就像麥可‧喬丹去打棒球：雖然還是有能力，但無法達到世界級的表現。對史考特來說，這樣遠遠不夠。無論如何他都必須讓自己的天賦發揮作用，畢竟他是那個會在雨夜中拼命練習的孩子，天生就要當贏家。

居家交易者的畫像

　　老虎伍茲在稱霸球壇之前，經歷過一段長時間未能贏得大賽的低潮；偉大的投手諾蘭‧萊恩在1973到1974年的大聯盟賽季中連續拿下二十場比賽的勝投之後，就不曾在單一賽季中重現這項紀錄。事實上，他的職業生涯有幾年都投得很糟（1976、1978、1985與1987年），但我們不會記住他輸球的時候，我們記住的是他二十七年的精彩生涯，和他323場的勝投。對大多數高階表現者來說，低潮是他們事業的一部分，史考特也不例外。他讀過許多交易界名人的故事，也知道那些人有許多都曾經低潮過。在了解適應的必要性之前，你很難去適應市場。

　　不過，這樣的看法並不會減少低潮時期的痛苦。即使是最有韌性、最有競爭精神的人，也很容易在這個時期懷疑自己。史考特的挫折不僅看得見，有時還聽得見。我不只一次在他的交易室裡，看到他盯著鎖死的行情，一分鐘又一分鐘過去，始終停留在1個Tick上，他大聲質疑著這世上怎麼可能會有這樣

的市場。這樣的挫折會影響到交易紀律和情緒觀感。

跟交易者有關的書有很多，但內容鮮少會提及他們的伴侶。我相信，許多交易者的另一半跟聖人相差無幾。

交易的壓力、市場變動的挑戰，以及日復一日、年復一年的不穩定性（無論是收入或績效），都讓我們不可能不把問題帶回家。能夠理解交易、體諒伴侶壓力的人屈指可數。當然，也很少有交易者能體諒另一半的難處，他們必須忍受對方心情與收入的起伏，對此卻無能為力。

在相識了三年半之後，安與史考特在2004年11月結婚。那是一場美好的盛會，婚禮歌手是夏恩・柯文（她的音樂陪伴年輕孤獨的史考特度過難熬的2001年）。安是特殊教育工作者，這讓她比一般人更有耐心，也更能體諒他人，因為她的學生正是那些經常感到挫折與沮喪的人。

「安有一種鎮靜效果，」史考特解釋。在糟糕的日子過後，「我能忘了它，但不是馬上。我以為世界要完蛋了。安會對我說：『一切都會好起來的。別擔心。』」

「身為一位老師，」安解釋，「這就是我一直在做的事：這不是世界末日。到了年底你就會知道。」

接著，安又真情流露地說：「這聽起來很奇怪，但我去學校教書是為了嫁給他。」他們的婚姻就像是團隊合作，由安提供穩定的作用。

隨著他們的女兒蘇菲亞在不久前出生，安與史考特發展出

一套可行的分工方式。安知道史考特需要全神貫注地投入交易和學習過程中，她指出，史考特在工作後，「可以跟小孩玩耍、參與那些有趣事情。」安解釋道：「我希望孩子是我們生活中最棒的良藥，而不是挫折。」事實也證明是如此。史考特說，在他辛苦煎熬了一天回到家，看到蘇菲亞，「她讓我露出笑容。我的心情就好起來了。」

我的看法是，安在自己的工作上，跟史考特一樣有天賦又熟練。有太多的配偶在面對另一半的挫折時，是以自己的挫折去做回應，這讓原本的困局雪上加霜。安的核心天賦是耐心和穩定的情緒，這使她能為學生的成功學習做出貢獻，同時也成為她那好勝丈夫的精神支柱。

即便是個人的成功，背後也往往是一項團隊運動。如果缺乏情感上的支持，很少有人能順利熬過低潮和新的學習曲線。這需要特殊的伴侶去察覺、鼓勵彼此最好的一面。

心智訓練　Tips

專家型配偶就是在另一半暫時失去洞察力時，他們依然能洞若觀火。

成長中交易者的畫像

在我寫到這裡時，史考特已有了長足的進步。他發展出新

的交易方法，將他的天賦與技能運用到比原先的利基更有前景的市場上。至今他還未下過任何離譜的賭注，但可以肯定的是，當他下注時，我絕對不會想與他對作。

他在交易室的牆上貼了一句座右銘：「忍耐必能克服。」他確確實實是靠自己奮鬥而來的；在他忍耐時，他也克服了。

諾蘭·萊恩在職棒生涯的中期就意識到，他必須做出改變才能成功。他學會少用速球、發展其他球種，同時精進自己的控球能力。結果，打擊者在面對他每小時 90 英里的球時，威脅感更甚於他們面對 99 英里的球。與此同時，他也成功保護了他的手臂，因為若他還堅持自己原本的速球優勢，他肯定會受傷報廢。我相信諾蘭在轉型期間肯定會遇到挫折，並為此承擔不少賽季中的敗投，不過，他依然進入了名人堂，因為他堅持這套發展過程，把眼光放在更長遠的職業生涯上。

心智訓練　Tips

偉大不是一種成就，而是一生都在取得成就。

諾蘭·萊恩不是因為放棄自己的優勢而找到成功的。 他沒有企圖成為一個蝴蝶球投手、打擊者或美式足球員，而是調整自己的優勢去適應比賽的變化。同樣的，史考特之所以能成功，也不是把自己變成長線投資者或系統交易者。他的速球是指他心智運作的速度，能快速洞察市場型態，還有快速將洞察

力轉換成行動的能力，而比賽中的新層面將會補強他的這些優勢，而不是取而代之。1976年的諾蘭・萊恩是一名失敗的投手，當時的他並不知道自己往後的十七年會有傳奇般的表現。對那些渴望進入交易名人堂的人來說也是如此。

天賦、技能、動力和韌性──這些是我們可以在所有領域的專家身上學到的成功基石。史考特的例子，具體呈現出本書前幾章所述的重點：找到發揮個人天賦的利基之重要性、沉浸式體驗對加速內隱學習的作用，以及不斷跟隨市場發展自我的必要性。我們還能從史考特身上觀察到菁英表現者的心理：那個會在一大清早練習打擊和守備、自學棒球的小男孩；適應難以言喻的壓力、在交易所站穩腳跟的後台作業人員；用幾個月的自主學習就濃縮了多年市場經驗、累積能力與信心以通往專家之路的交易員。

在史考特交易生涯的初期，當他連續六週、天天虧損的時候，他陷入了財務的最谷底，不得不向母親借了100美元。「沒有什麼壓力大得過在你身無分文時還天天賠錢，」史考特說，「如果我能過得了這一關，就沒有什麼事能難得倒我了。」

四個月後，當許多人（還有許多公司）可能會放棄他的時候，史考特卻賺到了六位數。這就是我為什麼從不放棄每一個願意付出、努力適應變動環境的成熟交易者。我深深地認為，史考特的例子告訴我們：當天賦與準備遇上機會時，永遠有可能會發生了不起的事。

結語

成為真正自由的人

　　困難會突顯人的本質。當你遇到困難時，請記住，上帝之所以讓你面對兇猛的對手，可能是要讓你成為一位征服者，而這個成就不可能不勞而獲。

——愛比克泰德

我們已經來到本書的尾聲。寫作一直是挑戰也是樂趣。寫作不只是將個人的想法抄寫下來。在將這些想法付諸於文字時，我們難免會去分析它們、擺弄它們、修改它們。本書記錄了我對「成為專業交易者」有何意義的想法，同時也磨練精進了這些想法。真要說的話，它讓我更加尊重那些在市場上常勝不敗、培養自己成為精英表現者，以及他們的天賦和努力。寫作也釐清了我的一些重要想法，而這些想法無疑會引導未來我和交易者的合作，以及我自己作為交易者的發展。

　　現在讓我們來總結這些想法，並探討這些想法對你的交易生涯有什麼實質作用。

交易績效表現的要素

　　本書有幾個主題一再出現，它們會為你捕捉到交易成功的基本要素：

- **交易是一種表現領域**：交易不是一般固定的機械性任務，或是固有天賦的無意識表達方式。交易就像運動或表演藝術，是一個需要基本程度的天賦，再隨著時間慢慢發展而漸漸達到精煉表現的領域。以表現領域來說，交易需要在競爭環境與壓力下，發揮高水準的技能。
- **交易是由各種表現利基組成的**：在某種程度上，交易的成功取決於在你的天賦與興趣、交易的市場，以及交易方式之間，找到一個最理想的組合。
- **交易表現是訓練的結果**：這個訓練可能是正式且經過設計的，又或者是自發性的，但交易的專業技能就跟其他表現領域的專業技能一樣，是源自從「刻意練習」開始的學習。
- **交易專業技能是一個發展的過程**：所有領域的專業技能都是從入門等級開始，進展到能力與專業技能。從一個

階段到下一個階段所需完成的任務，以及每個階段的導師角色，都有極大的差異。要想持續地成功，就像在其他表現領域一樣，需要多年的發展並接觸各種不同的市場情況。

- **交易專業技能的學習曲線是可以加速的**：學習是透過將交易拆解為個別的技能組件來推動；在逼真的模擬情況下練習這些技能；蒐集詳盡的表現回饋意見，藉此引導未來的演練。

- **交易的專業技能發展是一個持續不斷的過程**：市場會不斷變化的本質，使每位交易者在職業生涯期間都會經歷不同的學習曲線。能長期成功的人，大多是取決於這段重新學習期間的風險管理。

- **大多數交易中的情緒困擾都是可以避免的**：情緒困擾的來源有三個：（一）訓練不足和由此產生的挫折；（二）交易者的優勢與交易利基的需求不相配；（三）風險管理不足導致過度交易。

- **交易的情緒困擾通常會不定期出現**：在高度感知威脅與危險的情況下，因認知與情緒處理出現扭曲而觸發困擾，導致調適機制改變及按部就班行動的能力減弱。

- **傳統的談話諮詢和自助方法，對遭受情緒困擾的交易者幫助有限**：這些干擾是繞過正常意識處理的制約反應引起的，因此需要同樣繞過外顯想法的干預。

- **對交易者最有效的心理幫助，就是已證實可成功治療創傷的方法**：其中包括認知療法與行為療法，這些方法將情緒干擾視為是局部創傷引起的結果；這些方法讓人得以重新處理思想、感覺和行動的制約模式，擴大交易者意圖性行為的能力。

那麼，這些結論對你和你的交易生涯有什麼意義呢？有幾個特別重要的含意：

- **發揮你的優勢**：將交易利基結合你原本就很擅長的能力，這是你最有可能取得交易成就的方式。其中包括你在生活中其他層面的獨特能力。
- **在交易世界中，你需要過濾掉很多東西**：如果交易確實是一個表現領域，那麼你就沒有理由相信，菁英表現會出現在更好的交易指標、更強大的交易軟體、新聞摘要或明牌建議中。唯有針對性的發展過程，能讓你將市場型態內化，滿懷信心地根據這些型態採取行動。更好的球桿不會讓差勁的高爾夫球員變成職業高手；最精良的扳手也不會讓門外漢成為機械修理大師。在交易世界中你會聽到許多標榜能快速賺到報酬的承諾，但這些都不能取代紮實的訓練。
- **交易表現的高峰與低谷可能是常態，而非例外**：如果市

場真的隨著時間而改變趨勢型態和波動性，交易者永遠
不可能真正到達學習曲線的終點。當市場發生週期性變
化的時候，交易者也許尚未將新的型態內化，因而績效
慘澹。重點是要透過積極主動的風險管理、謹慎的儲蓄
計畫，下定決心不讓自己受到精神創傷而阻礙新的學
習，藉此熬過這些表現低谷。衡量一個交易者是否能長
期成功的絕佳預測指標，就是看他在賺錢時是否能未雨
綢繆。

● **你在交易中的情緒體驗，將反映你設計的訓練是否成
功**：設計得當的訓練會產生持久的學習、熟練掌握與自
信的體驗，這些將有助於產生一種效能感。而這些正面
的情緒體驗，正是你在提高部位規模時，應對不可避免
的風險與報酬壓力所需要的。配置得當的訓練也可以作
為進入及維持心流狀態的訓練，在心流狀態下，我們會
觸發大腦的執行功能，做出最好的決策。如果你的學習
體驗結構設計得不盡理想，你就有可能面臨更大的情緒
挫折及打亂調適機制的調節效應等風險。

總之，我最好的建議就是，如果你是專職交易者，你就必
須認真看待這門專業。專業是需要進修和專門訓練的領域，這
是一個需要你承擔責任，以職業精神去履行責任的領域。交易
可能是一項有驚人的挑戰性和報酬的活動，但它也會讓毫無準

備的人受到心理和金錢上的傷害。不要急著拿自己的帳戶冒險，冀望能馬上賺到錢。花時間學習，才能建立一個可以持續終身的事業。

拉瑞・康納斯的最後建議

不久前，我問了拉瑞・康納斯[1]一個問題：「根據你的經驗，交易者要改善績效表現，最需要做的一件事是什麼？」拉瑞的回答非常縝密，因此我在這裡完整地引用：

首先，你必須找出一個有系統的方法，去除交易中大部分（即使不是全部）的情緒和主觀判斷。要有心理準備……這可能需要花上幾年的時間。等你找到可以在一段時間內獲利的系統，接下來就必須培養一種心態：

1. 專注讓每一筆交易都完美地執行你的系統；
2. 專注於每週或每月的利潤，而不是單筆交易的結果；
3. 毫不留情地追蹤你的績效表現並加以量化；
4. 每天、每週、每月結束時，評量你的操作，然後隔天努力做得更好；

1　拉瑞・康納斯是 Trading Markets 網站的創辦人，也是資產管理者兼市場作家／研究員。

5. 你的想法和說出口的話要保持積極正面；

6. 遠離會讓你懷疑身為交易者的能力和恐懼的負面影響；

7. 教其他人發揮他們最好的表現，同時也發揮你最好的表現。

　　請注意，拉瑞說的是：**要在市場上成功，首先要找到你的優勢**。然後就放手去做吧。身為一個胸懷抱負的專家，第一個任務就是要找到你的機會。除此之外，其他都是次要的。

交易的終極目標

　　如果成功的交易生涯需要做如此多的努力和訓練，那又何苦呢？這樣一想，我們到底為什麼要交易呢？為什麼每天都要竭盡全力的鍛鍊呢？為什麼要訓練成為一名成功的運動員、舞者、西洋棋大師呢？為什麼要靠著接觸創傷信號來掌控壓力，而且還要反覆這麼做呢？為什麼要為了創業夢想，拿畢生積蓄去冒險呢？我們大可以把錢存起來，觀賞電視節目，避開危險，做一份安穩的工作。我們可以避開所有的風險和不安。

　　但是我們沒有。為什麼？

　　只有一個理由說得通：**我們想成為自己能力所及中最好的樣子。**

　　沒有經過考驗，我們永遠不知道自己的力量；除非考驗更

加嚴格，否則永遠不可能增強那股力量。相較於追求表現可能遭遇的所有痛苦、損失與疲憊，報酬只有一個：實現成就的驕傲，以及知道自己有所成就、沒有虛度人生光陰的安全感。

　　我寫了這本跟交易有關的書，但它不是一本交易書，而是一本關於自由的書。交易就像我們曾經談及的其他輝煌表現領域，只是發展自由的一個場域。

自由的意義

　　請不要忘了我們身為交易者的意義。這代表我可以自由擁有財產：私人公司的股份或商品合約。我可以拿著我的財產，隨自己的意願處置，或者將它交易給其他人。我的決定是我自己做的，我不需要聽從那些將其他利益（上帝、政府或槍枝）置於我的利益之上者的命令。如果我輸了，損失是我的；如果我獲利了，利潤也是我的。

　　自由意味著我有發言權。如果我喜歡一項投資，我可以在線上公布欄或部落格宣傳它。如果我不喜歡政府掌管經濟的方式，我可以憑良心投票，不僅是透過投票箱，也可以在市場上投資或撤回我的資金。

　　但自由還不止於此。自由是一種根據自己的判斷來謀生的能力，而不是僅限於靠雙手付出勞力來勉強維持生計。自由就是此時此刻，讓一個人坐在電腦前，寫下多年後在遙遠的國度

依然可以被人閱讀的字句。自由是下載大量的市場數據以進行研究，而這些研究在幾年前必須耗費數週才得以完成。自由是一種能看到誰在全球市場上出價、報價、買進與賣出的能力。這些都是參與開發中國家經濟發展、不受拘束的機會。

沒有自由，就沒有交易。交易是經濟與政治自由的慶典；奴隸被買賣，但他們無法做交易。

不過，假如我們自己不能隨心所欲、不受束縛，那麼這些自由都將一無是處。最諷刺是，我們體驗到比前人更大的自由，還有更廣泛的可能性，然而在面對自己的人生、掌握自己的能力上，我們卻沒有更自由。在機會之中，我們依然有偏頗：受限於我們自己的制約反應。

自由的意義就是能有所選擇，帶著意圖與目的在生活。自由的生活是由我們自己去引導的：有目的、有方向、有意義的生活。

交易，就像所有偉大的表現活動一樣，是一個培養「有意圖生活」的機會。用正確的方式去追求它，那麼交易就是一條通往自由之路。

自由的訓練

當我們在為任一領域的專業表現做訓練時，我們真正發展出來的東西是什麼呢？當然，我們必然會發展出技能和知識，

但遠遠不止於此。**我們能加強自己的意志：制定目標及引導行動以達成目標的能力。**所有訓練環節都是意志的戰役：克服極限、達成特定表現目標的艱苦奮鬥。

　　我在杜克大學念書時，籃球隊員在結束一天的訓練之前，必須要連續投進十次罰球。罰球有那麼重要嗎？若以單一項目的練習來說，這麼做或許很重要，但若把它當成意志力的訓練來說，球員的感受就更強烈了。當經過一天的辛苦練球之後，你身體的每一寸都在想著回家休息，此時你就得被迫在壓力下專注地投進十次罰球。過濾掉這些壓力，就能幫助你無視真正比賽中的壓力，也能幫助你克服大賽中的壓力。我們是為了「自由」而訓練──擺脫外在與內在的束縛。

　　在缺乏壓力的情況下，制定與遵循交易計畫相對容易。但是當交易正熱、利潤或虧損迫在眉睫時，那些相對容易的能力就會受到考驗。這也是軍隊領導者所稱的「戰爭迷霧」（fog of war）：所有的決策和行動都圍繞著不確定性。許多軍事訓練的設計目的，就是幫助士兵即使身處迷霧中，也能不假思索地執行困難的任務。交易也是在迷霧中進行──它提供了巨大的風險與報酬、機會與危險，以及無時無刻的不確定性。接受專業技能訓練的交易者，和接受軍事訓練的士兵並無二致：擴展他們在迷霧中做出明智、有意識行動的能力。在面對所有想像得到的干擾中制定與遵行計畫──這就是自由！

　　訓練終究會為我們帶來擺脫限制的自由。藝術家發現更好

的表達方式；科學家發展出更好的方法來研究、辨識與預測自然的各種層面；運動員提升了他們的分數或時間。當賽車維修站團隊在納斯卡賽事中以創紀錄的時間把車輛送進賽道中，就是又克服了一項限制。達到這個層級時，外在力量的控制變少了，取而代之的是更多的「自我決定」（self-determining）。看看芭蕾舞者、賽車手、大聯盟投手和世界級神射手發展出來的自我控制能力；他們的勝利就是自我意圖戰勝了偶然和隨機性。

當你加強身為交易者的表現時，就是在用意圖取代一小部分的隨機性。從這個層面來說，你的結果就是由你自己決定的。如果你能適當地自我訓練，不僅能成為成功的交易者，還能成為一個更有自主權的人。那些讓你進入心流狀態的因素，也會提升你的技能，使你在人生的其他面向有所表現。**心流是通往自由的道路**。心流將使你沉浸在任何需要「自我決定」的活動之中。訓練將一步步、勢不可擋地帶你走向自由。

臨別贈語：什麼才是最重要的？

下一筆交易賺不賺錢不重要；你做不做交易也不重要。

重要的是，你必須發現人生的重點，發展成一個自由、自決的人。成為世界級的交易者或任何領域的菁英表現者，並不重要；真正重要的是，你要有自己的表現領域，一些可以讓你展現天賦並發揮所長的地方。

也許是為人父母、當個生意人、為人師表，或者是當個治療師。說不定並不是一個交易者。

這沒有關係。

重要的是，你在世上的時間有限，天賦有限，但你有發揮天賦的自由。如果其中包含了交易，我最深切的期望，就是希望你覺得本書所述的某些想法令你茅塞頓開，或者有所裨益、鼓舞人心。如果交易不是你該走的路，我同樣衷心企盼你找到自己的表現利基，以及生活得深刻滿足。

活得自由，就能活得完滿。

交易者的超級心流訓練
華爾街頂尖作手的御用心理師，教你在躺椅上重建贏家心態，直線提升投資績效！

Enhancing Trader Performance:
Proven Strategies from the Cutting Edge of Trading Psychology

作　　者　布瑞特·史丁巴格（Brett N. Steenbarger）
譯　　者　林奕伶
主　　編　郭峰吾

總 編 輯　李映慧
執 行 長　陳旭華（steve@bookrep.com.tw）

社　　長　郭重興
發 行 人　曾大福
出　　版　大牌出版／遠足文化事業股份有限公司
發　　行　遠足文化事業股份有限公司
地　　址　23141新北市新店區民權路108-2號9樓
電　　話　+886- 2- 2218 1417
傳　　真　+886- 2- 8667 1851

封面設計　陳文德
排　　版　藍天圖物宣字社
印　　製　成陽印刷股份有限公司
法律顧問　華洋法律事務所　蘇文生律師

定　　價　550元
初　　版　2022年11月

電子書EISBN
978-626-7191-17-0（EPUB）
978-626-7191-16-3（PDF）

國家圖書館出版品預行編目（CIP）資料

交易者的超級心流訓練：華爾街頂尖作手的御用心理師，教你在躺椅上重建贏家心態，直線提升投資績效！ / 布瑞特·史丁巴格 著；林奕伶 譯 . – 初版 . -- 新北市：大牌出版，遠足文化發行，2022.11, 432 面；14.8×21 公分
譯自：Enhancing Trader Performance: Proven Strategies from the Cutting Edge of Trading Psychology
ISBN 978-626-7191-08-8（平裝）
1. 股票投資 2. 投資技術 3. 投資分析

563.53　　　　　　　　　　　　　　　　　　　　　111013944